KB201857

자유인의 하늘뜻펴기

향린교회 평신도 설교 모음

이 도서의 국립중앙도서관 출판예정도서목록(CIP)은
서지정보유통지원시스템 홈페이지(http://seoji.nl.go.kr)와
국가자료공동목록시스템(http://www.nl.go.kr/kolisnet)에서 이용하실 수 있습니다.
CIP제어번호: 2017010790(양장) 2017010928(반양장)

자유인의 하늘뜻펴기

향린교회 평신도 설교 모음

향린 생활목회자
하늘뜻펴기 모음
편찬위원회 엮음

Lay People's
Preaching Words as
the Protestants

:: 일러두기

1. 향린교회는 교회 개혁의 일환으로 민족정서를 담아내는 예배용어들을 개발해가고 있다. 그중 하나가 '하늘 뜻펴기'로서 이는 '설교'의 다른 표현이다.

2. 하늘뜻펴기 성서본문은 공동번역 성서를 사용하는 것을 원칙으로 하였다. 그러나 설교자가 설교 중에 다른 번역본을 인용한 경우, 특별히 내용상 문제가 없으면 그대로 두었다.

3. 하늘뜻펴기 성서본문은 2010년 12월 12일까지는 제1성서(구약)와 제2성서(신약)에서 하나씩 사용하였고, 2010년 12월 19일부터는 세계교회의 성서일과(3년 주기)에 맞춰 대개 시편, 제1성서, 서신서, 그리고 복음서에서 각각 하나씩 모두 네 개의 본문이 주어졌다. 이 책에서 시편의 본문은 제시하지 않았다.

4. 원래 대부분의 생활목회자는 자신의 설교에 제목을 붙이지 않았다. 그래서 이 책에서는 그날 함께 설교한 교회목회자가 설정한 제목을 적용한 경우도 있고, 그것이 적절하지 않거나 어색해 보일 때에는 편찬위원회에서 새로이 제목을 붙이기도 했다.

5. 이 책 말미에 조헌정 목사의 평신도 신학 및 평신도 설교론을 집약적으로 보여주는 설교문 두 편을 부록으로 실었다.

차례

교회 개혁의 과제 | 조헌정 목사 |

루터의 개혁

올해는 비텐베르크 대학 성당의 신부였던 루터가 교황청을 향해 면죄부 판매에 대한 95개 조의 반박문을 성당 정문에 내건 것이 계기가 되어 타올랐던 서구 기독교 개혁운동의 햇불이 점화된 지 500주년이 되는 해이다. 물론 이러한 개혁운동은 루터 이전 영국의 위클리프나 체코의 후스를 비롯한 여러 개혁자들에 의해 꾸준히 진행되어온 일이었다. 또 16세기의 기독교 개혁운동이 루터 개인에 의해 주도된 것도 아니다. 칼뱅, 츠빙글리 등 당대 유수의 개혁가들을 중심으로 진행되었던 이 사건에 대해 우리는 흔히 "종교개혁"이라 명명한다. 그러나 당시 교황은 국가의 왕과 제후들을 임명하는 등 실로 막강한 권력을 행사하고 있었으므로, 실상 기독교 개혁운동은 교회의 울타리를 넘어 정치·사회·경제·문화 전반에 걸쳐 일어난 대사회변혁운동이었다.

그래서 나는 '종교개혁'이란 용어가 주는 잘못된 선입관을 극복하기 위해

'기독교 개혁'이나 '교회 개혁' 혹은 '리포메이션(Reformation)'이라는 단어 그 대로를 사용할 것을 오래전부터 주장해왔다.[1] 더구나 우리와 같은 다종교 사회에서 '종교'라는 포괄적 단어를 특정 종교에만 적용하는 것은 이웃종교 를 무시하는 오류를 낳는다. 본래 종교개혁이란 단어는 오래전 메이지유신 시대 일본 학자들의 번역어로, 현재의 우리 사회와는 맞지 않다.

최근 20여 년 동안 한국 교회는 빛과 소금의 역할을 감당하지 못함으로 인해 심한 지탄을 받아왔다. 특히 젊은이들은 기독교를 '개독교'로, 목사를 '먹사'로, 평신도를 '병신도'로 폄훼해왔고, 이제는 비판을 넘어 아예 교회를 외면하기 시작했다. 교회에 실망하여 떠도는 '가나안 신도'들이 백만을 넘는 다는 통계도 있다. 젊은이가 없는 한국 교회의 2, 30년 후의 모습은 불을 보 듯 자명하다. 최근 여러 교단과 기독교 단체에서는 루터의 교회개혁 500주 년을 기념하는 대대적인 행사를 계획하고 있다. 그러나 요란한 잔치에 먹을 것이 없다고 알맹이 없는 겉치레로 끝날 가능성이 높다. 왜냐하면 교회의 양적, 물적 팽창과 하느님 나라 확장을 동일시하는 이른바 '성장번영 신학' 이 교계 지도자들의 마음속을 떠나지 않고 있기 때문이다. 복음서 속 예수 는 분명히 가난하고 소외된 민중들이 살아가는 갈릴래아의 마을과 거리를 찾아다니면서 하느님 나라 운동을 펼치셨고, 예루살렘 성전에 올라가서는 채찍을 들어 숙청을 감행하셨지만, 오늘의 교회는 자기 자신을 향한 채찍을 들지 못하고 있는 형국이다.

500년 전 무소불위의 교황 권력에 저항했던 루터의 개혁운동에 맞먹는 오늘의 교회 개혁운동은 과연 그 내용이 무엇이어야 할까? 어떻게 해야 '저

---

1) 이 외에도 필자는 '구약/신약성서'라는 용어 대신 제1성서와 제2성서로 지칭해왔다. 구약 안에도 새롭 게 하는 신약적인 말씀이 있는가 하면 신약 안에도 오래된 구약적인 말씀이 있기 때문이다. 또한 향린 교회는 공동번역성서를 공식적인 성서로 사용하기에 '하느님'으로 표기한다.

항하는 자들'이라는 뜻을 가진 '프로테스탄트(Protestants, 개신교)'의 명예를 회복할 수 있을까? 루터는 교황과 신부들의 독점물이었던 라틴어 성서를 독일인의 민중언어로 번역했다. 이는 신도들에게 하느님의 말씀을 되돌려 줌으로써 사람들이 스스로 성서를 읽고 해석할 수 있게 했다. 사제에 의해 일방적으로 끌려 다니던 신앙민중들에게 주체적 신앙의 길이 열리게 된 것이다. 이는 마치 예수께서 성전숙청사건을 통해 성전 벽(성전 권력)에 갇힌 야훼 하느님을 백성들이 직접 만날 수 있도록 한 것과 같다.

평신도(생활목회자) 신학과 평신도 설교(하늘뜻펴기)

그렇다면 기독교 개혁신앙의 연장선상에서 한국 교회에 주어진 개혁과제는 무엇일까? 그중 최우선의 주제는 500년 전 루터에 의해 설파되었으나 아직도 실행되지 못하고 있는 만인사제 신앙(벧전 2:9)에 기초하여 교회와 목회현장에서 구경꾼으로 전락한 교인이 목회의 주체가 되도록 하는 일이다. 사제들의 전유물이었던 성서를 모든 신도들에게 돌려주었듯이, 현재 목사들의 전유영역인 '목회를 모든 신도들에게 돌려주는 일'이다. 이를 흔히 '평신도 신학'이라 일컫는데, 평신도라는 말은 평범한 신도라는 말로 오해받을 수 있다. 평범하지 않은 신도를 제외할 수 있다. 또한 그에 반대되는 용어인 특수 혹은 특권 신도를 전제할 수 있다.

그렇기에 오래전부터 나는 평신도와 목회자에 대해 각각 '생활목회자'와 '교회목회자'라는 표현을 사용해왔다. 영어단어 '레이어티(Laity, 평신도)'는 전제군주 시대에 소수의 지배계층을 떠받들어야 했던 바닥계층을 뜻하는 용어이다. 다만 이 단어가 생경한 독자들을 고려하여 이 책 부제에는 '평신도'라는 단어를 그대로 썼다. 그러나 책 내용에서 평신도라는 단어 사용은 극도로 제한하고 있다.

향린교회는 1953년 5월 17일 한국전쟁 휴전 직전 십여 명이 특별한 선교 목적을 갖고 시작했다. 창립정신은 대체로 네 가지로 정리된다. 함께 모여 기도하고 살아가는 생활공동체, 민족의 화해와 소외된 이들을 위한 사회선교, 교단에 가입하지 않는 독립교회, 그리고 목사가 없는 평신도(생활목회자) 교회이다. 여러 가지 이유로 생활공동체는 2년 동안 지속되다 중단되었고, 독립교회 또한 면세를 받기 위해 창립 7년 만에 한국기독교장로회에 가입하면서 중단되었으며, 평신도교회 또한 23년이 지나 교인 증가로 말미암아 목사를 청빙하게 되면서 온전히 지켜지지는 못했다. 그렇지만 여전히 이러한 창립정신은 지금도 향린교회 목회 전반에 깊이 뿌리내려 있다.

　전임 고(故) 홍근수 목사 시절이던 1993년, 창립 40주년을 맞이했던 향린은 교회갱신을 위한 여러 제안들을 사회적으로 공포했다. 이 가운데에는 '국악예배', '6년 장로임기제'[2]를 비롯하여 '목회위원회'[3] 설치, '재정의 30% 이상 사회선교 책정' 등등 지금 보아도 획기적인 안들이 있었으며, 120개 조에 달하는 통일헌법(안)을 내놓기도 했다.

　이때 선포된 평신도목회 관련 항목을 보자. "평신도도 목회적 사명을 부여받았다는 점에서는 목회자와 아무런 차이가 없다. 만약 차이가 있다면 그것은 직책상의 차이일 뿐, 본질적인 차이는 아니다. 교회의 모든 생활에서 목회자와 평신도 간의 차별은 철폐되어야 한다. 예배에 있어서도 예배를 인도하는 목사와 예배자가 구분되어 목사가 일방적으로 이끌어가고 평신도는 따라가는 형식에서, 공동체 구성원 전원이 참여하는 예배의 형식으로 바뀌어야 한다."[4]

---

2) 그 뒤 2003년 교회정관을 제정하면서 7년의 목사임기제(안식년 포함)도 시작되었다.

3) 지금은 기능이 대폭 강화된 '목회운영위원회'이다.

4) 향린40년 편찬위원회, 『향린 40년』, 565쪽. 한편 이에 대해 더욱 자세한 내용은 조헌정·김진호 외, 『자

그러나 예배에서 설교 외에 다른 일들은 교우들과 함께 나누었지만 그 이상의 진전이 있지는 못했다. 그리하여 나는 향린교회 부임 후 몇 가지를 실행에 옮겼는데, '생활목회자 하늘뜻펴기(평신도 설교)'와 '공동축도'가 그 대표적인 예이다.[5]

개인적으로 올해는 향린의 정관에 따라 14년의 임기를 마무리하는 해이다. 여기에 실린 글들은 내가 부임한 2003년 이후 주일 예배에서 생활목회자들에 의해 선포된 하늘뜻펴기 가운데 일부를 편찬위원회 소속 위원들이 추린 것들이다. 임기를 마무리하는 시점에서 동고동락했던 교우들의 하늘뜻펴기 모음을 출간하는 감회를 이루 말로 형언할 수 없다.

이 책의 출판을 통해 한국 교회에서 생활목회자들이 목회의 주체가 되어 새로운 기독교 개혁, 그리고 전 사회적 변혁운동이 일어나기를 간절히 희망한다. 지난 14년 동안 삶의 여러 일들로 인한 어려움 속에서도 하늘뜻을 펼쳐주었던 교우들, 책 출판을 위해 수고하신 위원들, 심적·물적 지원을 아끼지 않으셨던 교우들, 그리고 한울엠플러스(주) 김종수 사장님과 편집으로 수고해주신 배유진 팀장님을 비롯한 모든 담당자들에게 감사의 마음을 전한다.

2017년 5월
또 다른 변혁을 꿈꾸며
조헌정

유인의 교회: 향린교회를 말하다』(한울, 2013) 참조.

5) 교회 일반에서 축도는 목회자 1인의 권한으로 인식되고 있다. 향린교회는 교회갱신선언에 의거하여 예배 중 온 회중이 고린토전서 13장 13절을 바탕으로 만든 공동축도를 함께 나누고 있다. 전문은 다음과 같다. "주 예수 그리스도의 은총과 하느님의 사랑과 성령께서 이루어주시는 친교가 우리 가운데 영원토록 함께 있기를 주님의 이름으로 축원합니다. 아멘!"

제1장

향기로운 이웃이 되고자

창립정신

너희가 서로 사랑하면 세상 사람들이 그것을 보고 너희가 내 제자라는 것을
알게 될 것이다.

요한복음 13:35

평신도교회의 비밀과 기적 | 김창희 |

사도행전 16:16~34, 요한묵시록 22:12~14/16~17/20~21, 요한복음 17:20/26/35

성경은 잡놈들의 이야기

성경은 어찌 보면 '잡놈'들의 이야기입니다. 오늘 사도행전 본문에도 그런 사람들이 많이 나옵니다. 필립비(빌립보) 성에서 귀신 들려 점치던 여종이 그렇고, 그 여종을 앞장 세워 돈벌이를 하던 주인들이 그런 사람이며, 바울로와 실라의 옷을 찢고 매질한 치안관의 부하 역시 그렇습니다. 두 사람이 갇혔던 감옥의 간수도 하급관리였을 테니 높은 지체의 사람은 분명히 아니었습니다.

그 사람들은 모두 지위와 계급, 처한 상황은 다르지만 공통점이 있었습니다. 마케도니아의 첫 성, 필립비라는 도시를 움직이는 정치·경제·문화 또는 행정의 중심부와는 거리가 먼 사람들이었다는 점입니다. 우리가 매일 길거리에서 만나고 보는 그저 그런 사람들이었다는 얘기입니다. 마케도니아는 알렉산더 대왕의 고향이니 꽤 번성한 곳이었을 겁니다. 그 큰 도시를 움직이는 거대한 체계 속에서 그저 자기 몸 하나 건사 잘하면 좋겠다는 생각으로 하루하루를 살아가던 작디작은 사람들이었으며, 그러다가 우리가 알 수 없는 어떤 사연으로 감옥이라는 막장에 처한 죄수들까지 본문에는 등장합니다.

그렇게 인간이 만들어낸 도시와 행정의 체계 속에서 가장 작은 사람 '잡놈'들이 가는 가장 마지막 장소 '감옥'에 우리의 바울로와 실라가 갑니다. 저 같으면 지진으로 감옥문이 열렸을 때 뛰쳐나갔을 것 같은데 오늘 본문에 보면 바울로가 "우리가 다 여기 있소"라고 말한 것으로 봐서 죄수들이 대부분 그대로 감옥에 머물렀던 것 같습니다. 그런 상황에 감동한 간수가 바울로와 실라를 자기 집으로 데려가 씻기고 대접하고 말씀 듣고 세례까지 받았지요.

저는 지진이 일어난 뒤의 감옥 상황, 그리고 바울로와 실라가 방문하게 된 간수의 집이 바로 '교회'이자 '작은 하늘나라'였다고 생각합니다. 그 두 곳은 모두 가장 낮은 곳인 동시에 감동이 있는 곳이었습니다. '가장 낮은 곳에 임하는 감동', 그것이 오늘 사도행전 본문이 전하는 요체이자 오늘의 교회가 있어야 할 자리를 상징적으로 보여주는 것일 겁니다.

오래전 일본의 ≪아사히신문≫에 '무릎 높이에서 본 동경'이라는 제목의 시리즈물이 있었습니다. 무릎 높이에서 본 동경 시내의 풍경 사진을 한 장씩 싣고 거기에 간단한 사진설명을 붙이는 기사였습니다. 어떻게 무릎 높이에서 동경을 봅니까? 그건 다름 아니라 우리로 치면 명동 같은 번화가에서 매일 쭈그리고 앉아 구두 닦는 사람의 시선으로 동경을 본다는 것이었습니다. 구두닦이는 무릎 높이의 시선으로 거리를 볼 수밖에 없습니다. 정말 말 그대로 낮은 자입니다. 그 입장에서 보는 세상은 우리가 일반적으로 보는 세상과 같을 수가 없습니다. '그런 위치에서도 한번 세상을 보라. 그러면 세상이 달라 보일 것이다. 아니, 그렇게 보는 세상이 진짜 세상일 수도 있다'는 뜻이 그 ≪아사히신문≫의 기사에는 숨어 있었던 것 아니겠습니까?

바울로와 실라도, 의도했든 아니든, 그런 위치에 처했습니다. 그랬을 뿐 아니라 거기서 낮은 자들을 배려한 겁니다. 정확하게 알 수는 없지만, 그 두 사도가 지진이 났음에도 감옥을 뛰쳐나가지 않은 것은 아마도 간수를 배려 한 것이 아니었을까 생각해봅니다. 그 필립비 성에서 이방인인 입장에서 혼 란 중에 감옥을 뛰쳐나가 다른 성으로 도망쳤다면 잡히지는 않았을 테지만, 첫째, 감옥에 갇히다 보니 그곳에 있는 낮은 자들의 입장이 바울로와 실라 의 눈에 들어왔고, 둘째, 혹시 자기들 때문에 곤란에 처할 수도 있는 간수를 배려해서 감옥에 그대로 머물렀던 것이 아닐까 생각해봅니다.

그런 해석이 맞다면, 그런 작은 배려가 큰 감동을 낳았고, 그 감동이 하늘 나라를 낳았습니다. 그런 배려 속에 하느님의 역사하심이 있었던 것입니다.

자유인의 교회

다음 주 창립 기념주일을 앞두고 만들고 있는 책이 한 권 있습니다. 우리 교회가 움직이는 방식을 좀 객관적으로 알 수 있게 해주는 책자가 하나 있 으면 좋겠다는 외부의 요청이 많아서 그런 책을 한 권 준비하고 있는데, 그 제목을 "자유인의 교회"라고 붙였습니다. 마음에 드시나요? 이건 몇 년 전에 펴낸 증언록이나 센서스 보고서와 같이 그저 우리끼리 나눠 갖는 비매품이 아니고 제대로 책의 꼴을 갖춰서 정식으로 출판하고 대중을 상대로 판매할 책입니다.

그 책에 우리 교회의 내부 필자가 10여 분이 되고, 외부 전문가들이 서너 분 필자로 참여해주셨습니다. 고마운 일입니다. 그 글들을 읽고 편집하는 과정 속에서 많은 것을 깨달았습니다. 우리의 60년은 그저 우리가 만들어온 게 아니고 하느님의 동행 속에 이뤄진 것이구나 하는 겁니다. 그중에서 안 병무 선생의 평신도교회론을 새롭게 해석하는 김진호 목사의 글이 오늘의 본문과 관련해 많은 것을 시사하고 있었습니다.

우리 교회의 창립자이기도 한 안 선생이 처음에 생각했던 평신도교회라는 것은 목사의 지도력을 평신도가 대신하는, 다시 말해 평신도의 지도력(leadership)이 중요한 교회였다는 것입니다. 그런데 안 선생의 민중신학이 절정에 이르던 1985년 전후해서는 그 평신도교회라는 것이 평신도 중에 어떤 지도력을 갖춘, 다시 말해 목사를 대신하는 몇몇 사람(안 선생 자신이 그런 분 중의 한 분이었지요)에 의해 이끌어지는 교회가 아니라 그 교회를 구성하는 모든 사람이 나눔의 주체가 되는 평등공동체라는 개념으로 바뀌었다는 것입니다. 다시 요약하자면 '평신도 지도자'들이 중심이 되는 평신도교회에서 '모든 평신도가 주체가 되는' 평신도교회로 생각이 바뀌었다는 겁니다.

이것은 달리 얘기하면 이렇게 됩니다. 그전에는 신학자나 지식인들인 평신도 지도자가 대중을 이끌고 가는 평신도교회의 모델(초기 향린교회가 그런 것이었지요)이었던 데 반해, 1980년대, 특히 1985년을 넘어서면서부터는 그런 계몽적이고 예언자적인 지식인의 역할보다 더 중요한 게 있다고 본 겁니다. 그것을 대중이라고 하든 민중이라고 하든 '지식인이 아닌 존재'들이 지식인들에 의해 가르침을 받고 각성된다는 도식적인 생각이 아니라 오히려 대중 혹은 민중이 지식인들에게 영향을 미치는 측면이 더 중요하다고 생각한 겁니다. 이 시기에 안 선생이 쓴 「그리스도교와 민중언어」와 같은 중요한 논문들이 그런 내용을 분석하고 증명하고 있습니다.

김진호 목사는 새로운 평신도교회를 말하는 안 선생의 뜻을 두 가지로 나눠서 이렇게 요약합니다. 첫째, '교회 밖'에서 보자면 교회가 이웃, 특히 가난한 자, 실권을 박탈당한 자, 여러 측면에서 수난당하는 자와 자신을 일치시키는 것이고, 둘째, '교회 안'에서도 공동체 지도자들(그게 목사든 평신도든)과 민중인 교인들 간의 일치도 의미한다는 것입니다. 이런 교회 내적인 평등공동체 지향은 교회 내에서 누구도 이야기를 독과점하지 않도록 하는 것,

누구나 참여할 수 있는 공론장(公論場)의 형성에 관심을 기울일 것, 누구나 설교자가 되고 예전의 집전자가 되는 것 등으로 나타난다는 것입니다.

이렇게 되면 평신도교회라는 개념은 그저 목회자가 없는, 그래서 평신도가 그 지도자의 역할을 대신한다는 초기 향린교회의 이념에서 상당히 달라집니다. 목회자가 있든 없든 교회 안팎으로 평신도 스스로가 주체가 되어서, '교회 안'으로는 모든 논의와 예전의 주역이 되며, '교회 밖'으로는 가장 어려운 곳에서 자신의 모든 것을 낮은 자들과 나누는 역할을 해야 한다는 것입니다.

이미 우리 교회의 지향은 그렇게 가고 있습니다. 목회운영위원회가 구성되어 평신도가 교회 안에서 벌어지는 거의 모든 논의에 참여하며, 이렇게 평신도 설교도 하고, 또 공동축도를 하고 있지 않습니까? 교회 밖에서 고난당하는 이들의 현장에 함께하는 일은, 모든 교우는 아니더라도 상당히 많은 수의 교우들이 일상사처럼 하고 있습니다. 이렇게 된 데에는 조헌정 목사님께서 취임 후에 목회자의 권리를 상당 부분, 아니 거의 대부분 내려놓으신 것이 중요한 계기였습니다. 저희가 정관을 제정하고 목회운영위원회를 운영하며 평신도 설교를 하게 된 것이 모두 조 목사님 취임 이후인 최근 10년 안에 이뤄진 일들입니다.

우리가 익숙한 것들은 잘 인식하지 못합니다. 일상사처럼 하고 있는 일은 더욱 그렇습니다. 그러나 안 선생의 지적에 비춰볼 때, 우리 향린교회는 초기의 평신도교회 모습에서 상당히 달라진, 그리고 상당히 의미 있게 진전된 평신도교회의 모습으로 와 있는 겁니다. 이제 우리는 몇몇 지도자가 아니라 교우 모두가 주인이고 주역이고 주인공인 상황에 와 있다는 얘기입니다.

향린의 비밀: 다양성 안의 일치

향린교회가 초창기나 지금이나 평신도교회이기는 하되 그 모습이 초기와 많이 달라졌다는 이런 해석에 대해 어떻게 생각하십니까? 생각하기에 따라, 우리가 평등지향적 공동체로 간 것을 자랑스러워하고 시대의 흐름에 맞는 다고 생각하는 분도 있을 것이고, 뭔가 가르침을 받고 일사불란하게 가지 못한다는 점에 내심 불만스러워하는 분도 있을 겁니다. 어쩌면 두 가지 생각을 동시에 하는 분도 있을지 모르겠습니다.

평등이란 원래 그렇게 조금 불편한 겁니다. 모두가 주인이고 모두가 평등하게 자기 소리를 낸다는 게 원래 조금 시끄러운 것이니까요. 민주주의가 조금 불편한 것과 비슷한 겁니다. 민주주의란 본래 잡놈들의 제도이니까요. 향린교회가 움직이는 이런 모습에 '향린민주주의'라는 이름을 붙여봅니다. 잡놈들이나 하는 민주주의를 향린교회라는 거룩한 공동체에 가져다 붙이는 게 불편하십니까?

저는 우리 모두가 조금씩은 속물의 성격을 다 갖고 있다고 생각합니다. 괜히 과시하고 싶기도 하고, 경우에 따라선 화를 못 참아 사태를 그르치기도 하고, 더 적나라하게 얘기하자면 가끔은 야동을 보고 싶기도 하고('야동'이 뭔지 모르는 분은 자제분들에게 물어보시기 바랍니다), 때로는 명분이나 의리보다는 월급 더 주는 회사가 낫다고 생각해서 옮기기도 하고…… 그런 것이지요. 여러분이 그렇다는 것이 아니라 제가 그렇다는 얘기입니다. 우리가 본래 거룩한 모습들만으로 이뤄진 완전한 존재들이라면 어쩌면 교회가 필요 없을지도 모릅니다. 속물이나 잡놈이나 뭐가 다르겠습니까?

그런 불완전한 사람들이 모여서 오케스트라를 형성하려고 하니 잡음도 나고, 이른바 삑사리도 나고, 경우에 따라서는 큰소리도 나는 것 아니겠습니까? 제가 위원장을 맡고 있는 목회운영위원회의 회의가 대개 그렇습니다.

입장들이 부딪치는 경우가 많습니다. 그러나 나 스스로가 부족한 존재라는 걸 인정한다면 남이 내는 소음이 그리 거슬리지 않을 수 있을 겁니다.

그런 점을 생각하면서 오늘의 본문 가운데 요한복음의 말씀을 다시 봅니다. "아버지, 이 사람들이 모두 하나가 되게 하여 주십시오"라고 예수님은 간구하셨습니다. 문맥을 보면, 여기서 '이 사람들'은 제자들을 가리키고 있습니다. 만약 제자들이 이미 하나였다면 이렇게 기도하지 않으셨을 겁니다. 제자들이 워낙 제각각이고 생각들의 편차도 컸다는 점을 잘 아시지 않습니까? 조금 과장하자면 천방지축인 제자들이 하나가 되게 해달라고 기도하신 겁니다. 하물며 예수를 직접 뵌 제자들도 그랬는데 지금 우리가 하늘말씀에 대한 생각, 선교에 대한 생각, 하느님나라에 대한 생각이 조금씩 다르다고 해서 그게 뭐가 이상합니까? 어떻게 생각하면 너무도 당연한 겁니다.

그런데 바로 그렇게 서로 다르기 때문에, 예수께서 기도하신 것처럼 "하나가 되게 해달라"는 기도는 더욱 절실하기도 합니다. 절실할 뿐만 아니라, 다른 것이 분명한데, 다시 말해 하나가 아닌데, 그럼에도 불구하고 하나가 되는 '기적'을 이뤄달라는 바로 그 기도에 하늘나라의 비밀이 숨어 있다고 생각합니다. 인간의 논리에 의하면, 같은 것은 같은 것이고 다른 것은 다른 것입니다. 다른 게 같아질 수는 없습니다. 다른 게 같아진다는 것은 기적입니다. 아마 예수께서 돌아가신 뒤 바울로와 실라가 전도여행 중에 갇혔던 필립비 감옥과 같이, 본래는 서로 생각과 입장이 달랐지만 배려에 의해 일치를 이룬 곳, 나아가 식구들 모두가 생각지도 못했던 구원에 이른 간수의 집, 그런 곳들이 바로 그런 일치의 기적이 일어난 하늘나라가 아닌가요?

향린도 마찬가지입니다. 뭔가 교회 이 구석 저 구석에 제각기 모여서 와글와글하는데, 즉 분명히 하나가 아닌데, 그렇지만 하나가 되게 해달라는 성경말씀을 오늘 모여서 함께 읽고 그렇게 되었으면 좋겠다고 기도하지 않았습니까? 형식적으로 기도한 것이 아니지 않습니까? 우리가 서로 다르지만, 다시 말해서 모두가 평등하게 발언권을 행사하고 서로 다른 소리를 내지만, 그럼에도 불구하고 가장 낮은 곳에서 이해와 배려를 통해 하나가 되고자 하는 노력, 바로 그 노력에 하늘나라의 비밀과 마찬가지로 평신도교회로서 향린의 내일의 비밀도 숨어 있을 겁니다. 왜냐하면 바로 그곳에 하느님이 역사하셔서 기적을 이뤄주실 것이기 때문입니다.

오늘의 사회선교는? | 강은성 |

창세기 11:1~9, 사도행전 2:1~8, 요한복음 14:8~17

제가 이번 주일 하늘뜻펴기를 맡은 것은, 우리 교회의 창립이념 중 하나인 입체적 선교 내지 사회선교를 설명하는 데에 이번에 우리가 교회 창립 60주년을 맞아 발표하는 '교회갱신과 사회선교 실천을 위한 제안'을 소개하는 것이 적절하다고 조헌정 목사님께서 보셨기 때문인 것 같습니다.

우리 기장 교단은 세계교회협의회가 주창한 '하느님의 선교'를 믿습니다. 선교의 주체가 교회가 아니라 하느님이시며 교회와 그리스도인은 하느님이 벌이시는 선교 활동에 참여한다는 것입니다. 따라서 선교의 본질은 사람을 교회에 많이 불러 오는 것이 아니라 하느님의 창조질서를 보전하고 하느님의 뜻에 맞게 세상과 사람을 변혁시키는 일입니다. 이는 우리 교회 사회선교의 핵심 근거이기도 합니다.

또한 사회선교의 본질은 사랑입니다. 이것을 온 삶으로 보여준 분이 바로 예수님이십니다. 예수님은 당시 로마 제국주의의 압제에 헤롯과 같은 지방권력, 유대 종교권력의 착취까지 3중고를 겪던 이스라엘 민중을 보며 가슴 아파하셨습니다. 자신의 주위에 몰려드는 군중들을 먹이고 고치고 말씀을 전하시는 동시에, 그들을 옥죄는 정결법, 안식일법 등의 본질을 드러내고 권력을 가차없이 비판하셨습니다. 마침내 예수님은 당시 권력의 중심지 예루살렘에 올라가 권력 피라미드의 정점에 있는 성전 권력을 뒤엎으셨습니다. 그 끝은 십자가 처형이라는 것을 뻔히 아시면서도 말입니다. 예수님의 민중 사랑의 정점은 성전숙청 사건이라고 저는 생각합니다. 십자가는 이 사건의 자연스러운 결말인 것이지요. 그분이 민중을 사랑하는 척만 했거나 조금만 사랑했어도 정치범으로 십자가 위에서 처형당하지는 않으셨을 것입니다.

1970년대부터 산업선교로 시작한 이 땅의 사회선교 역시 노동자, 도시 빈민, 농민과 함께 아파하고 눈물 흘리고 따뜻한 마음으로 그들을 안아주면서, 그들을 그렇게 만든 사람들과 독재, 공권력, 기업, 구조적 폭력에 분노해왔습니다. 연민만 하고 그 원인을 제거하기 위해 함께 투쟁하지 않는다면 그것은 2% 부족한 사랑일 것입니다.

우리 교회가 창립 40주년에 발표한 교회갱신선언에서 우리는 교회가 예배와 문화에 민족 정서를 담고 민주적 공동체, 선교지향적 공동체로 갱신하기를 제안하였습니다. 60주년을 맞이하여 정책과 선언을 준비하면서, 40주년 이후에 발표한 여러 선언의 실천에 대한 평가와 반성, 그리고 이후 20년 동안 변화된 상황에 교회가 응답하고 지향해야 할 사항을 60주년 선언에 담는 것으로 그 기본 방향을 잡았습니다.

그래서 교회갱신선언의 예배 문화와 민주적 공동체 내용 중에서 우리 교회와 한국 교회가 실천하지 못했거나 좀 더 심화 발전시켜야 할 사항을 60주년 선언의 '예배 문화와 교회 개혁' 분야에 묶어 넣었고, 그동안의 우리 경험을 바탕으로 '교회 내의 차별 없는 평등'과 '교회 개혁을 위한 연대'를 추가했습니다.

교회갱신선언 중에서 선교지향적 공동체에 관한 내용은, 40주년 이후 우리 교회의 실천 경험, 변화한 사회환경과 남북 및 국제환경을 반영하며 우리 교회와 사회가 앞으로 지향해나가야 할 네 가지 분야, 즉 평화통일, 인권, 생태환경, 교육의 내용으로 확대하였고 구체화시켰습니다. 그만큼 지난 20년 동안 우리 교회의 역량이 커졌고, 선교 활동의 범위도 다양해지고 넓어졌을 뿐 아니라 참여 교우들의 폭도 크게 늘어났음을 볼 수 있습니다. 여기에서는 선언에 들어가는 몇 가지 사항을 짚어보고자 합니다.

평화통일

지난 4월에 '통일토론회'를 했습니다. 그날 주요 의제 중 하나가 북한 핵 문제였는데요. 토론회 후에 우리 향린교회에서 통일의 상대방인 북한을 그렇게 비판하는 토론회를 할 수 있느냐, 비판 내용이 냉전수구세력이나 마찬가지 아니냐는 우려를 들었습니다. 실향민이거나 한국전쟁에서 고초를 당하신 교우님들, 일생을 통일운동에 헌신하시고 오랫동안 향린교회에 다니시면서 고난의 행군을 겪는 북에 대해 안타까워하며 기도와 헌금으로 함께했던 많은 교우님들이 그러셨을 것 같습니다. 저 역시 그 전통의 한 자락에서 살아왔기 때문에 그 마음을 충분히 이해합니다. 그런 말씀을 듣다 보면 마음이 찡해집니다.

하지만 우리가 처한 현실도 객관적으로 보셔야 한다고 말씀드리고 싶습니다. 우리 사회의 20대에서 40대 초반까지의 세대, 즉 사회주의권이 무너져 내리면서 민주화운동 세력이 덩달아 흔들렸던 90년대 초반 이후에 대학에 들어갔던 세대, 또 1997년 외환위기 이후에 사회에 첫발을 내디뎠던 세대는 이전 세대가 독재에 항거하면서도 압축적인 경제성장의 과실을 따먹는 기간에 성장하여 그 압축성장의 부작용이 극대화되었을 때의 피해를 입은 세대입니다. 혹시 20년 뒤에 통일이 된다고 가정할 때, 그들은 통일비용을 세금으로 내고, 가족과 함께 사회적 혼란과 불안을 겪으며, 기쁨과 어려움을 사회 일선에서 짊어져야 할 사람들입니다. 그래서 그들에게는 통일이 더 현실적인 무게로 다가옵니다.

남한 통일운동이 국민의 지지를 확보하지 못하면, 김대중-노무현 대통령의 대북정책을 잇는 정부가 들어선다 하더라도 자신의 재임기간 동안 우리가 바라는 만큼 통일에 진전이 이뤄지기는 어려울 것입니다. 오랫동안 함께해온 향린교회 20~40대 청년들이 통일운동에 나설 수 있도록 하는 과정을 통해 통일운동이 대중운동으로 자리 잡을 수 있는 방법을 찾으면 좋겠습니다. 그러기 위해서는 무엇보다도 외환위기 이후 확연히 달라진 삶의 환경에서 가장 큰 어려움이 무엇인지, 소통의 문법이 다른 그들과 어떻게 대화할 수 있을지 함께 고민해주시고 마음을 열어주시면 좋겠습니다.

그래서 이번 선언에는 이러한 고민을 평화통일 분야에 담았습니다.

> 기성세대는 일제강점기와 분단, 한국전쟁으로 이어지는 질곡의 역사를 끝내지 못하고 전쟁과 분단의 상황을 후대에 물려주게 되었다. 이 점에 대하여 교회는 젊은 세대에게 사죄해야 마땅하다. …… 교회는 기존 통일운동의 긍정적 성과를 계승하면서도 그것을 뛰어넘는 내용과 방식을 통해 청년들이 함께할 수 있도록 해야 한다.

인권

둘째로, 인권 분야에는 우리가 연대하고 지원했던 현장의 경험을 많이 반영하여 국가폭력과 기업의 폭력 중단, 여성·장애인·성소수자·양심적 병역거부자와 같은 약자와 소수자의 인권에 대한 내용이 포함되었습니다.

예를 들어, 작년에 동성혼 결혼식장 대여 문제로 교회 홈페이지 게시판에서 날선 논쟁이 벌어졌고, 그 과정에서 여러 교우들이 상처를 입었습니다. 실제로 날선 논쟁의 글을 올리셨던 교우들을 만나 보니 생각의 차이가 그리 크지 않았지만, 내상이 커서 그런지 그 뒤로 교회 안에서 성소수자 문제는 아예 말이 나오지 않습니다.

작년 8월에 당회에서 동성혼 결혼식장 대여 논쟁에 관한 당회의 입장을 낸 뒤 그에 따라 한국성적소수자문화인권센터 한채윤 대표를 초대해 교육을 받은 적이 있습니다. 10명 정도의 당회원들이 모여서 궁금한 점을 묻고 토론도 하면서 서로 상황을 많이 공감하고 이해하게 됐습니다. 사실 다수 교우들에게는 성소수자 문제가 익숙하지 않을 것이고 그동안 개별적인 경험과 지식을 통해 갖고 있는 인상도 있을 것입니다. 저 역시 마찬가지였습니다. 작년의 고통스런 경험과 교육을 통해 60주년 선언에는 성소수자 문제가 이렇게 반영되어 있습니다.

> 교회는 성소수자가 하느님의 형상으로 창조된 존엄한 인간이라는 평범한 진리를 깨닫고, 그들에 대한 사회적 혐오가 근절되며, 성소수자 교우와 비성소수자 교우가 함께 살아갈 수 있도록 힘써야 한다.

생태환경

셋째, 생태환경 분야를 보겠습니다. 기독교환경운동연대에서 실무자로 일했고 우리 교회에서 생명환경위원회 실무 역할을 훌륭하게 해왔던 정 아무개 집사가 오래전에 한 말이 참 인상적이어서 기억하고 있습니다. 환경운동단체에서 열심히 할수록 단체의 주장과 내 생활 사이의 괴리가 생겨서 괴로워서 그만뒀다고 했습니다. 사실 냉정하게 보면 도시에 사는 우리 삶 자체가 지구 환경에 폐를 끼치는 일입니다.

생태환경 분야 작성을 주도하신 이상춘 장로님의 지론은 단순하고 소박하게 살아야 한다는 것입니다. 완전 공감되는 말씀입니다. 이 분야는 친환경 농산물, 생명살림 자매결연, 탈핵운동에 이르기까지 익숙한 내용이 들어 있습니다. 여기에서 무엇보다도 중요한 것은 우리 개인과 가정의 생활이 좀 더 생태적인 삶으로 변화해야 하고, 그러기 위해 생태공동체가 조직되어 조그만 활동부터 체계적으로 해나가야 한다는 점입니다. 이러한 활동에 많은 교우님들께서 함께하시면 좋겠습니다.

교육

끝으로 교육 분야입니다. 교육에 대한 고민은 반성에서 시작했습니다. 많은 어린이와 청소년들이 학교 교육과 사교육으로 고통에 가까운 어려움을 겪고 있고 부모들도 그에 못지않게 힘들어하는 환경에서, 신앙교육을 통해 아이들에게 올바른 가치관과 세계관을 가르치고, 학부모와 함께 소통하며 이러한 문제를 함께 헤쳐 나가야 할 우리 교회교육이 교회 차원의 과제가 되지 못한 채 교육담당 목회자와 교사들만이 그것을 허덕이며 감당해왔다는 사실을 알고 반성하게 되었습니다.

교회교육은 어린이, 청소년을 위한 교회학교 교육과 성인교육으로 나뉘는데 60주년 선언에서는 교회학교 교육을 시급하다고 보고 주로 다뤘습니다. 교회학교에 교회 차원의 힘을 실으려면 발상의 전환이 필요한 것 같습니다. 교회학교를 향린교회의 다음 세대가 아니라 이 땅의 2세들을 키우는 교육으로 봐야 한다는 것입니다. 향린에서 교육받은 아이가 다른 교회를 가거나 아예 교회를 다니지 않더라도 향린에서의 배움은 천하보다 귀한 한 생명의 긴 인생에 매우 큰 힘이 될 것입니다.

바로 저 자신이 거의 완전히 교회교육의 산물인데요. 그 보수적인 예장합동 측 교단에서 모태신앙으로 자라서 교회학교에서 배우고 대학 때는 성서공부모임, 사회과학 공부모임 등 성인교육을 통해 성장하여, 20대 중반에 향린교회에 와서 지금까지 그럭저럭 봉사하고 있으니 향린교회는 남는 장사를 한 셈입니다.

이번 선언에 학부모회와 교육위원회 조항이 포함되어 있습니다. 이미 영아부, 유아부에 아빠모임과 엄마모임이 잘되고 있는데요. 초등학교 고학년, 중학교 아이를 둔 교우님들은 학부모회를 구성하여 교회학교 교사와의 교류, 학부모 사이의 공유와 토론, 신앙지도교육 등을 체계적으로 한다면 자녀를 양육하는 데 정말 큰 도움이 될 것입니다. 어린이와 청소년 자녀를 둔 학부모로서 저도 꼭 참석하겠습니다.

향린교우 생활실천 다짐

40주년 이후의 선언과 실천을 점검하면서, 개인과 가정에서의 실천이 부족하지 않았나 저 자신부터 반성하게 되었습니다. 그래서 60주년에는 개인과 가정의 실천을 강조한다는 측면에서 '향린교우 생활실천 다짐' 12개 항목을 작성했습니다. 다섯 가지 분야별로 모두 40여 개를 놓고 3주 동안 교우님들이 스티커를 붙여주신 것 중 다득표한 항목을 고른 것입니다.

"우리는 교회와 가정, 직장의 모든 관계에서 차별적 언어나 행위를 하지 않도록 민감하게 성찰하며 행동한다"와 같이 개별적인 생활실천부터, "우리는 한반도 평화협정 실현을 위한 다양한 활동에 나선다"와 같이 공동의 실천이 필요한 것까지 다양한 생활실천 다짐이 선정되었습니다.

공동의회에서 채택되면 쉽게 가지고 다닐 수 있게 만들어 드리려고 합니다. 늘 보시면서 실천하시면 좋겠습니다. 교회갱신선언 중 시행하는 데 시간이 걸린 것들이 여럿 있습니다. 목회자 및 장로 임기제, 우리가락 예배, 사회선교센터 등이 그것인데요. 그래서 60주년 선언을 준비하면서 실천의 주체와 방안에 관해서도 고민이 많았습니다. 목회운영위원회, 당회, 목회실, 교육부, 사회부 등 각 부서, 신도회, 평화나눔공동체 등이 정책이나 활동 방향을 정할 때 이 선언을 참고해주시고, 선언의 추진 방안이나 선언내용 중에서 좀 더 구체화되어야 할 부분이 있다면 구체화 방안도 더 고민해주시면 좋겠습니다.

오늘 사도행전 성서본문에는 베드로를 비롯한 12제자들이 예루살렘 거리에서 말씀을 전파하는 장면이 나옵니다. 세계 각국에서 온 유대인들이 자기 나라의 말로 말씀을 들었다는 기적 같은 이야기입니다. 매우 익숙한 이 본문을 사회선교 관점에서 여러 번 읽다 보니까, 선교의 본질을 참 잘 드러내는 말씀이라는 생각이 들었습니다. 제자들이 여러 나라에서 온 유대인들에게 그 나라 말로 예수 그리스도를 전하듯, 우리 사회 곳곳에서 고난받는 이들에게 그들이 처한 상황에 맞게 예수 그리스도의 사랑을 전하는 것이 바로 사회선교의 본질이기 때문입니다.

고난받는 분들께 그리스도의 사랑을 가장 잘 전하는 방법은 그분들이 계시는 현장에 찾아가는 것입니다. 사회부와 촛불교회에서는 매주 목요일마다 현장에 가서 예배를 함께 드리고 있습니다. 주보에도 소식이 계속 나고 있으니까 챙겨 보시고 함께하시면 좋겠습니다. 그리고 1년에 한두 번은 주일에 현장예배나 거리예배가 있어서 온 교우들이 은혜로운 시간을 함께하면 좋겠습니다. 사회선교 주무부서에서 꼭 고려해주시기 바랍니다.

가끔 언론에 나오는 '묻지마 범죄' 소식을 들으며, 이제 우리 사회에서 나 혼자만, 내 가족만 잘사는 것은 불가능하다는 걸 생각합니다. 그래서 신앙이 없는 분들도 진지하게 사회를 바꿔야 하는 고민을 하고 시민단체에 참여하기도 합니다. 우리 그리스도인들은, 고난당하는 이웃들에게 삶과 죽음을 통해 사회선교의 모범을 보이신 예수님의 뒤를 따라 지금 여기에서 교회 갱신과 사회선교 실천에 적극 나서야 할 것입니다.

향린공동체로 함께 살아가기 | 나명훈 |

사도행전 11:1~18, 요한묵시록 21:1~6, 요한복음 13:31~35

도입

저는 2010년 5월부터 향린과 인연을 맺었습니다. 향린에서 하는 여러 가지 프로그램들이 신선하고 많은 자극을 주었기 때문에 늘 감사하는 마음으로 적극적으로 참여하고자 하였습니다. 특히 작년 6월부터 참여하게 된 향린예배영성공동체는 다양한 예배와 영성의 경험을 통해서 우리의 생각을 넓히고 배워보자는 것과, 그 경험들을 통해서 향린에 접목할 수 있는 부분을 찾아보자는 취지를 가지고 있습니다.

그런 가운데 60주년을 맞아 향린 창립정신 중 공동체교회에 대해서 생각해보는 측면에서 예배영성공동체의 경험을 나누어보자는 목사님의 요청이 있었고, 그래서 오늘 하늘뜻펴기는 자연스럽게 지금까지의 영성공동체 활동 내용에 대한 정리 및 중간보고 성격도 생기는 것 같습니다.

지금까지 다녀온 곳으로는 여러분들도 잘 아시는 천안 디아코니아자매회, 평화통일운동을 하는 김포 민통선 평화교회, 공동소유와 소비를 실천하는 생활공동체인 예가교회, 얼마 전 휴전선에 국경선 평화학교를 개교한 평화의 씨앗들 철원교회, 수유리에 있는 아름다운마을공동체, 기독교 계통에서는 가장 불교의 선(禪) 전통에 근접한 침묵기도를 하는 퀘이커 모임, 찬양이 곧 기도임을 유감없이 보여주는 떼제공동체 등입니다.

영성공동체 모임 참여를 계기로, 저 개인적으로는 관심을 조금 더 넓혀 노자, 장자 등의 동양철학 공부와 템플스테이(Temple stay) 불교참선도 경험해보게 되었습니다. 오늘 하고자 하는 이야기는 공동체와 영성에 관한 것입니다.

왜 특히 교회에서는 공동체 얘기가 끊임없이 나오는 것일까요? 성경을 통한 하느님의 명령이기 때문인가요? 아니면 우리의 삶을 통해서 아래로부터 우러나오는 필요성, 절박함 때문일까요? 전자도 중요하지만 저는 후자에 더 중점을 두고 싶습니다. 우리는 삶을 통해 우러나오는 깨달음이 있을 때 진정으로 변화할 수 있기 때문입니다.

대부분의 기독인들의 공통 고민이겠지만, 저도 신앙과 삶의 일치, 일상에서 예수살기가 늘 고민이고 과제입니다. 주일예배를 통해서 큰 감명을 받을수록 "세상에서 자유인으로 사십시오"라는 향린의 파송사는 늘 제 어깨를 무겁게 짓누릅니다. 일요일과 달리 나머지 평일은 예수의 가치관과는 180도 다른 가치관을 가지고 괴물처럼 돌진하는, 자본 세상의 부속품으로 자유롭지 못한 삶을 사는 제 모습이 떠오르기 때문입니다. 파송사를 들을 때마다 제 속마음은 "나 자유인 아닌데……"라는 생각이 드는데 자꾸 자유인으로 살아가라니 조금은 불만스럽기도 합니다. 나만 이런가? 내가 못났구나라는 자괴감에 빠지기도 합니다. 그러다가 교회가 자유인으로 정의롭게 양심적으로 살라고 신자들에게 얘기만 할 것이 아니라 책임도 져줘야 하는 것 아닌가? 구조에 억눌려 신음하고 있는데 설교만 하고 있는 것은 아닌가? 과연 일상 속에서 예수살기를 개개인의 책임으로만 맡겨놔서 되겠는가? 하는 생각이 드는 것입니다. 선데이 크리스천으로서 세상을 변화시켜나갈 수 있는 것인가? 세상은커녕 나 하나 건사하기도 쉽지 않은 것이 현실적 고민인 것 같습니다.

관찰

이런 고민을 바탕으로 예배영성공동체 모임을 통해서 보고 느낀 것을 세 가지 꼭지로 얘기해보고자 합니다.

먼저 공동체로 함께 사는 것입니다. 지난 1월, 수유리에 있는 아름다운마을공동체를 방문했을 때 마침 운 좋게도 마을 내 결혼식이 있어 참관할 수 있었습니다. 이렇다 저렇다 말이 필요 없이 마을의 행사를 직접 경험할 수 있는 자리였습니다. 일반 예식장이 아니라 마을과 가까운 장소를 빌려 마을 사람들이 직접 기획하고 결혼식을 준비하였습니다. 마을 사람들이 다 모여 마을 잔치를 벌였습니다. 시간에 쫓기지도 않고 자유롭고도 여유 있게 결혼식을 마치고, 그 자리에서 뒤풀이까지 진행하면서 놀았습니다. 이런 자리에 함께 있으면서 '아, 이 사람들은 일요일만 만나는 사람들이 아니구나. 같이 사는 사람들이구나. 같은 동네, 같은 마을 사람들이구나. 하나의 큰 가족이구나' 하는 생각이 들었습니다. 복잡한 예식장 빌리고 비싼 뷔페 준비해도 식사만 하고 바쁘게 뿔뿔이 헤어지는 일반적 결혼식의 모습이 아니라 정말 같이 기뻐하고 축하해주는 사랑하는 가족들이구나. 옛날 대가족하에서의 마을처럼 누구네 엄마, 누구네 아들 하며 서로 챙겨주는구나. 지금까지 교회 모임에서 그런 것을 느껴보지 못했기 때문에 신선한 문화충격이었습니다. 부러웠습니다.

결혼한 사람이나 못한 사람이나, 취업한 사람이나 못한 사람이나, 부자나 가난한 사람이나 구별 없이 함께 마을을 이루고 사는 것입니다. 저녁에 아이들 손잡고 마실 나갈 수 있는 거리에 모여 산다는 것입니다. 대학 동아리에서부터 시작해서 일상에서의 예수살기를 철저히 고민하면서 20년을 일군 마을이라고 합니다. 하루아침에 이루어지는 일은 없습니다.

이 공동체는 공동소유·공동소비를 기본으로 실천하고 있고, 마을 내 공동밥상(공동식당)의 운영을 통해 매일의 밥상공동체 실천도 하고 있었습니다. 마을 내 유치원, 초등대안학교, 수도원, 교회, 젊은이들의 육성을 위한 '기독청년 아카데미' 및 생명평화연대 등의 사회참여활동도 활발히 하고 있었습니다.

두 번째로 느낀 것은 진정한 가족이 되기 위한 훈련입니다. 서울역 근처 기장 예가교회의 사례인데요. 교회 이름인 '예수님의 새 가족'이라는 의미 그대로 기존의 혈연 중심의 가족을 무작위로 섞어 교회 내에서 새로운 가족을 만들어줍니다. 가족의 구성은 일반 가족과 같이 할아버지와 할머니, 아버지와 어머니 그리고 아이들로 구성하고, 새로운 가족이 함께 돌아가면서 예배 준비를 비롯한 교회 청소, 주일날 대략 80명분의 식사 준비까지 합니다.

중요한 것은 이것을 단순히 당번이 아니라 교회와 다른 지체를 섬기는 훈련으로 알고 아주 진지한 마음가짐과 정성으로 한다는 것입니다. 교회에 관리집사를 별도로 두지 않는데, 그 이유도 자기 집 청소를 외부 사람 고용해서 하지 않는 것과 같다고 합니다.

한번 상상해보십시오. 내 집 창틀 및 구석구석을 직접 쓸고 닦고 하면서 집에 애정이 생기듯이, 우리 교회도 교우들이 직접 나와서 청소하고 다른 지체들을 위해 직접 장 보고 음식 준비하여 먹인다고 상상해보면 쉽게 이해할 수 있을 것입니다. 교회가 커질수록 이런 것은 점점 힘들어지겠죠.

저희 집 아이들이 올해 경기도 시골에 있는 대안학교에 편입하였는데 비슷한 경험을 하였습니다. 이 학교는 학생, 학부모, 교사의 주체적이고 민주적인 참여 및 교육공동체 추구, 획일적인 제도권 교육에서의 독립 등 우리 교회 창립정신과 비슷한 방향을 가지고 있습니다. 학교 청소나 학교건물 보수 등의 일을 외부 사람 부르지 않고 학부모와 교사가 나와서 같이합니다. 아이들을 위한 교육적 고민이 담겨 있는 색깔 페인트 작업, 창고 수리, 지붕 수리, 대청소 등을 하다가 보면 자연스럽게 학교에 대한 애착 및 아이들에 대한 관심과 사랑이 더 생기게 되고 동시에 같이 땀을 흘리는 학부모들 간의 유대감은 더 깊어져 마치 가족과 같은 느낌을 갖게 되는 것입니다.

그리고 예가교회는 매주 성찬식을 실시하는데, 그 의미가 기본적으로는 예수님의 살과 피를 기억하고 기념하는 것이지만, 한걸음 더 나아가서 내 살과 피를 다른 지체들에게 떼어준다고 하는 의미를 강조하여 이것도 사랑의 실천을 위한 훈련으로 삼고 있습니다.

세 번째로는 기도를 중심으로 한 영성훈련입니다. 이번 영성공동체 모임은 지금까지의 기도의 틀을 넘나드는 경험을 할 수 있는 기회였습니다. 몸의 독을 빼고 사랑하는 몸으로 만들기 위한 수련으로 호흡 기도를 실천하는 예가교회, 우리 안에 있는 하느님의 빛의 미세한 소리를 침묵으로 기다리는 퀘이커 모임, 역시 퀘이커에 기초를 둔 기도를 실천하고 계시는 평화의 씨앗들 철원교회 정지석 목사님(정 목사님의 평화를 위한 큰 비전과 과감한 실천은 매일의 소이산 기도에서 시작되었습니다), 단순하고 쉬운 가사와 음으로 우리의 깊은 내면을 울리고 종교의 차이를 넘어 전 세계 수많은 사람들을 쉽게 모이게 하는 묘한 힘을 가진 떼제기도모임 등 각 공동체 생명력의 중심에는 나름의 기도훈련이 있었습니다.

기독교는 지적인 종교가 아니라고 합니다. 기독교의 메시지는 사랑 하나로 요약될 수 있습니다. 단순하지만 기독교는 이것이 전부입니다. 이것을 하기 위해 우리는 우리 몸을 변화시킬 수 있는 영성수련이 필요합니다. 마음이 아니라 몸의 변화입니다. 사랑은 생각으로 마음으로 하는 것이 아니라 몸으로 하는 것이기 때문입니다. 사랑을 실천하는 데 몸이 가벼워질 수 있도록 하는 것이 기도훈련입니다. 무엇을 달라, 무엇을 달라고 하면서 나를 채우는 것이 아니라 끊임없이 나를 버리고 비워서 궁극적으로는 하느님 체험을 추구하는 것입니다.

불교에서 많이 하는 절도 하심(下心), 즉 몸과 마음을 지극히 낮추고 비우는 좋은 수련방법입니다. 퀘이커는 모든 일을 하기 전에 10분이고 20분이고 반드시 침묵한다고 합니다.

우리의 모습

이제 이런 공동체와 영성 측면에서 우리 향린의 모습을 돌아보았으면 합니다. 첫째, 우리는 함께 사는 공동체라고 말하기 어렵습니다. 물론 향린은 주중에도 공부모임이나 거리기도회 등의 활동이 나름 활발하지만, 일주일에 정식으로는 한 번 모이는 기성교회의 모습을 하고 있습니다. 대안적인 공동체교회로서의 역동을 기대하기는 상당히 힘든 상황입니다.

그럼에도 해내야 하는 활동은 많고 목표도 높아서 이런 일들이 주일날 집중이 됩니다. 주일날은 일이 중심이 되고 회의가 많아집니다. "안식일의 주인은 사람이다"라는 주님의 말씀이 생각납니다. 사람이 먼저라고 알고 있지만 원치 않게 일이 우선이 되기 쉽습니다. 마음을 낮추고 고요히 하느님을 바라보고 싶은데 일요일은 오히려 기도하기 힘든 날입니다. 그런 공간도 찾을 수 없습니다. 우리 교회만이 아니라 기성교회 일반의 공통적 문제이겠지만, 이것을 어떻게 생각하십니까?

외부적으로 함께 살자고 외치지만 정작 내부적으로 우리는 함께 살고 있지 못합니다. 서로 이름도 모르는 사람이 많다는 얘기가 끊임없이 나오고 있지만 뾰족한 수를 찾지 못하고 있습니다. 경조사가 교회 전체의 행사가 되지 못하고 아는 사람들만 참여할 수밖에 없는 상황입니다. 부끄럽지만 오히려 교회 밖에서 이런 함께살기 노력들이 활발해지고 있는 것 같습니다. 마을공동체, 협동조합, 문턱 없는 밥상 같은 밥상공동체, 교육을 주체적으로 스스로 만들어가고자 하는 대안학교 등이 그렇습니다. 함께 사는 것의 가치, 함께 살아야만 하는 필연성, 상대가 없으면 내가 없다는 인식, 너와 내가 그물처럼 연결되어 있다는 인식, 인간과 자연이 연결되어 있다는 인식 등이 그 어느 때보다 활발히 얘기되고 있습니다. 가만히 있으면 돌들이 소리치리라는 주님의 말씀이 생각납니다. 『향린 40년사』에 이런 대목이 있습니다.

> 이들이 추구했던 교회상은 …… 일주일에 한 번 일요일에 잠깐 교회 나와서 한 시간 예배 보고 설교를 듣는 것으로 만족하는 교회가 아니었다. 자기 삶의 일부분만을 바쳐서는 올바른 신앙운동을 할 수 없다는 것이 그들의 체험에서 비롯된 확신이었다.

공동체로 살고자 하는 본질적 출발은 무엇입니까? 그것은 '혼자 살아보니까 안 되겠더라'고 하는 철저한 반성에서 나온 것입니다. 특히 신자유주의라는 이름으로 자본주의가 극단으로 치닫고 있는 이 시대에 무방비상태로 내던져진 개인과 가족들은 무력하게 삶의 대부분의 시간을 자기와 가족의 생존 문제에만 몰두하게 되고 있고, 그 생존마저도 지켜내지 못해 곳곳에서 아우성치는 상황입니다.

이런 시대에 가난하고 힘없으며 아픔을 당하는, 예수님이 사랑하셨던 우리의 이웃들에게 향기로운 존재가 되자는 사명으로 존재하는 향린이기에 스스로의 모습이 더 고민스러울 수밖에 없는 것 같습니다.

둘째, 앞의 '함께살기'와 연결되는 것이지만, 서로 하나되고 사랑하는 훈련이 약합니다. 모임의 하나됨을 해치는 요인 중 가장 기본적으로 경계해야 할 것이 '끼리끼리'인데, 우리 사이에는 원하든 원치 않든 간에 여러 가지 형태의 끼리끼리가 존재하는 것 같습니다. 그것이 혈연 가족이든, 세대 차이이든, 부서 활동이든 간에 말입니다. 서로 모르니 사랑하는 훈련이 될 수 없습니다.

이의 해결을 위해 소통의 필요성을 얘기하지만 일주일에 한 번 만나서, 그것도 그날은 각자의 일들로 분주해서 가능하지도 않습니다. 별도의 프로그램을 만들어도 단발성 이벤트가 되어 지속적이 되지 못할 때가 많습니다.

그리고 교회 일에 있어서 과도한 분업화가 이루어져 있는 것은 아닌가 싶습니다. 물론 교회에서 각자 맡은 일을 정성을 다하고 최선을 다해야겠지만, 더 크고 중요한 전체 상황에서 분업은 2순위가 되고 교회라는 전체 상황으로 힘을 집중할 수 있어야 하는데, 그렇지 못할 때가 있는 것 같습니다.

셋째, 기도모임이 양적으로 질적으로 부족한 것 같습니다. 순수하게 기도만을 위한 모임은 거의 없습니다. 어색합니다. 침묵하고 기다리는 데 익숙하지 않습니다. 같이 기도하더라도 5분, 10분 침묵하기가 쉽지 않습니다. 누군가 대표기도를 하지 않으면 매우 낯설어집니다. 단지 우리 교회만의 현상이라기보다는 청원기도를 중심으로 하는 개신교회의 일반적인 현상인지도 모르겠습니다.

그러니 기도의 맛을 느낄 수 없고 그러니 더 안 하게 됩니다. 우리 가운데 계시는 호흡과 바람 같은 성령을 느낄 수 있는 영적인 감각을 발달시키지 못했습니다. 기도방법 같은 것을 소개하는 공부모임은 있었으나, 그것을 직접 실행하면서 수련해보는 프로그램은 한 달에 한 번 있는 수요기도회를 빼면 거의 찾아볼 수 없는 것 같습니다. 뿌리가 되어야 할 영성훈련의 부재로 향린의 상징인 적극적인 사회참여활동마저 지칠 수 있지 않을까 염려되기도 합니다.

제안과 실천

지금까지 공동체와 영성이라는 측면에서 외부 공동체를 방문하면서 느낀 것에 비추어 우리 교회의 현재 모습을 비판적으로 보았습니다. 저는 향린교회와 인연을 맺게 된 것을 큰 선물로 생각하고 늘 감사하고 있습니다. 2000일 가까이 외롭게 투쟁하는 재능교육의 친구가 되어주고 있는 것을 비롯하여, 남한 사회에서 핫이슈가 되고 있는 사회적 약자의 현장에 지치지 않고 좋은 이웃이 되어주려 하고, 그런 현장에 향린의 깃발이 휘날리고 있다는 것 자체만으로도 대단히 자랑스럽게 생각합니다. 그러나 오늘 얘기하고 있는 공동체나 영성 부분은 분명히 균형을 맞추어 향린이 더욱 온전한 교회로 나아가기 위함입니다. 이제 결론적으로 저의 꿈 및 작은 실천 제안을 말씀 드리고자 합니다.

먼저, 향린 마을에서 우리 동지/지체/교우들과 같이 살고 싶다는 꿈을 꿔봅니다. 지난번 아름다운마을공동체를 다녀오면서 그런 생각이 들었습니다. 이 괴물 같은 세상에서 사회적 약자들의 향기로운 이웃이 되겠다는 높은 목표를 이루기 위해서는 일주일에 한 번 만나는 것은 말이 안 된다는 생각이었습니다.

저는 향린동산이라는 말도 참 좋습니다. 향린의 선배들이 아마 그런 생각으로 부지를 조성하고 이름을 지었지 않나 생각해봅니다. 아름다운마을공동체처럼 아이들 손잡고 저녁 마실 나갈 수 있는 거리에 모여 살았으면 좋겠습니다. "형, 술 한 잔 하고 싶어요" 하면 밤늦게라도 나와줄 수 있는 사람이 있는 곳, 회의 때문이 아니라 밤새 자기 얘기를 들어줄 수 있는 사람이 있는 곳. 그런 곳이 공동체가 아닌가 싶습니다.

어디 멀리 갔다 와서 거기에 가면 향린 가족들이 살고 있는 그런 고향 같은 마을. 그곳에서 우리 아이들을 같이 돌보고 키우며 향린의 정신으로 청년들을 준비시키고, 어르신과 아이들이 같이 살고, 동네 경사가 있을 때에는 다 함께 마을잔치를, 슬픈 일이 있을 때는 상호 부조하고 함께 슬퍼하는 그런 마을을 꿈꾸어봅니다.

저는 이 생각을 하면서 이것이 비현실적이라는 생각이 들지 않습니다. 지금이라도 작은 실천들은 즉각 실행할 수 있습니다. 내 주변에 우리 지역/구역에 누가 살고 있는지 확인하고 적극적으로 삶을 나누고 친해지는 것입니다. 그리고 공동체로 함께 사는 것을 하느님의 지상명령으로서 의무적으로 해야 하는 것이 아니라, 우리 각자의 삶의 실상에서 우러나오는 홀로는 살 수 없다는 절박성으로 접근하면 어떤 방법이라도 나오리라 생각됩니다. 양평에서 향린공동체마을을 조성하는 것에 관심을 가지고 참여하는 것도 좋은 것 같습니다.

공동체와 관련해서 창립 이후 얼마나 많은 설교가 있었겠습니까? 조 목사님 설교만 해도 제가 본 것이 몇 차례 되는 것 같습니다. 몇 사람 중심으로 끌고 가거나 회의를 한다고 절대 이루어질 수 없는 일입니다. 각자의 내면 깊은 곳에서 우러나오는 자발적 열정과 선한 의지를 통해서만 이루어지는 일이라 믿습니다. 아무것도 없는 소이산에 혼자 오르면서 민족의 평화와 통일을 꿈꾸며 기도하고 실행에 옮기고 있는 철원의 정지석 목사님의 선한 눈빛이 생각납니다.

둘째, 향린 나름의 기도방법에 대한 연구와 실습을 당장 실천하면 좋겠습니다. 지난해 정지석 목사님의 소이산 기도에 자극받아 12월부터 매주 토요일 5시에 청소년부실에서 향린기도모임을 하고 있습니다. 지금까지는 저를 포함해서 세 명 정도 참석하고 있습니다. 특별한 형식 없이 자유롭게 촛불 켜놓고 앉아서 기도 실천을 합니다. 실습하고 수련한다는 마음으로 무조건 앉아 있습니다. 기도하고 싶으신 분들은 오셔서 같이 기도하면 좋겠습니다.

선불교에서는 참선하는 것을 '앉는다'라고 표현합니다. "자, 오늘은 30분

앉을까요?" 하고는 죽비를 세 번 칩니다. 그러면 일순간 침묵하면서 깊이 참선에 들어갑니다.

우리도 이런 분위기를 만들어보면 어떨까요? 어떤 복잡하고 중요한 일이 생겼을 때 바로 회의에 들어가는 것이 아니라 "같이 한 30분 앉을까요?" 하고 30분 동안 깊이 침묵하고 나서 회의하고 하면 좋지 않을까요? 사회적 약자들과 연대하는 현장에서도 향린 사람들은 모여서 "같이 한 20분만 앉읍시다" 하고 시작하면 어떨까요?

기도수련방법과 관련해서는 개신교 내 기도전통은 많이 사라졌기 때문에 타 종교에 대한 열린 마음을 가지고 넘나들며 배우려고 하는 자세가 필요한 것 같습니다. 요즘 가톨릭에서는 신부님이나 수녀님들이 참선을 배우려고 불교 선방을 많이 찾는다고 합니다. 이것으로 제 얘기는 마쳤습니다. 이제 종소리와 함께 3분 동안 침묵으로 기도하겠습니다.

제2장

새롭게 하시는 하느님과 만나기 위해

나와 신앙

일어나 가거라. 네 믿음이 너를 살렸다.

루가복음 17:19

돕고 베풀어 만나는 하느님 나라 | 이재호 어린이 |

루가복음 6:20~26

저는 많고 많은 성서구절 중에 루가복음 6장 20절부터 26절까지의 말씀을 선택했습니다. 이 구절의 내용은 가난한 사람, 불행한 사람, 굶주린 사람, 또 예수님 때문에 힘든 사람들은 모두 행복하고, 부유한 사람, 웃고 지내는 사람, 배부른 사람, 칭찬받는 사람들은 모두 불행하다는 내용입니다.

제가 이 구절을 선택한 이유는 이 구절이 우리에게 많은 것을 알려주기 때문입니다. 현재, 즉 지금 아무리 불행하고 힘든 인생을 살고 있더라도 우리는 예수님께서 도와주시기 때문에 용기를 갖고 미래를 준비해야 한다는 내용이라고 생각합니다. 또 지금 부유하거나 행복한 인생을 사는 사람들은 가난하거나 불행한 사람들을 서로 돕고 베풀며 살아가야 하느님 나라에 갈 수 있는 희망이 더욱 커진다는 내용을 예수님께서 하느님 대신 말씀하신 것 같습니다.

저는 이 구절을 통해 지금까지 해왔던 행동을 반성하고, 또 고치겠다는 생각을 하였습니다. 저는 아토피가 지금도 심합니다. 하지만 하느님께서 저를 돌보아주시고 지켜주시기 때문에 점점 좋아지리라는 희망을 가집니다. 이처럼 모두 자신에게 있는 현재의 모습은 영원한 것이 아닙니다. 우리는 하느님의 사랑 안에서 자기 자신을 새롭게 가꾸어가야 합니다.

거룩한 바보들 | 최영미 |

예레미야 29:1/4~7, 디모테오후서 2:8~15, 루가복음 17:11~19

저는 응급실에서 일하는 의사입니다. 응급실에는 다양한 환자들이 옵니다. 아프거나, 다치거나, 싸우거나, 술에 취해 들어옵니다. 매일매일 어떤 환자가 들어올지 예측하기 힘듭니다. 응급실에서의 일이 모험처럼 긴장돼서 지루할 틈이 없습니다. 해외로 나가 환자를 볼 때도 있습니다. 슬레이트 지붕에 비닐로 둘러막은 집들이 다닥다닥 붙어 있는 필리핀 까비떼 빈민촌, 하루 종일 대기환자가 줄지 않는 라오스 비엔티엔, 진료를 받기 위해 네다섯 시간 걸어와야 하는 네팔 신두팔촉에서도 상처를 꿰매고 청진기를 대고 약을 줍니다. 해외에서 환자를 보는 일은 모험과도 같습니다. 필리핀의 총기사고도, 라오스 가기 직전의 비행기 추락사고도, 네팔에서 진료하다가 느끼는 대지진의 여진도 감수할 만한 그런 '모험' 말입니다. 저는 모험을 좋아합니다. 사고와 행동의 영역을 뛰어넘는 경험을 통해 배움을 얻기 때문입니다.

지금부터 2년 전 있었던, 제대로 된 모험 이야기를 하려고 합니다. 어느 날 뉴스 한 조각이 제 눈에 꽂혔습니다. 2014년 10월 21일 자 뉴스 제목은

이랬습니다. "한국, 에볼라 바이러스 발병지역에 의료진 파견." 며칠 뒤에 공고가 떴는데, "응급의학과 전문의"가 지원할 수 있다고 적혀 있었습니다. 쾌재를 부르며 지원서를 쓰는데 남편 얼굴이 떠올랐습니다. 그래서 지우개를 꺼냈습니다. 남편 얼굴을 지웠습니다. 그리고 지원서를 보냈습니다. 치사율이 60퍼센트네, 90퍼센트네 하는 에볼라 바이러스 발병지역 한가운데로 가겠다고 지원서를 넣었으니, 이제 무조건 가는구나 했습니다. 그런데 경쟁률이 4대 1이었습니다. 저는 1차, 2차, 3차에 걸친 심사를 마치고, 그 경쟁률을 뚫고 에볼라 바이러스 진원지, 서아프리카 시에라리온으로 떠나는 티켓을 손에 쥐게 되었습니다.

에볼라 훈련은 혹독했습니다. 12월 8일부터 3박 4일 동안 대전에 있는 국군 간호사관학교에서 훈련을 받았습니다. 하루 종일 강의 듣고, 토론하고, 전신방호복을 입었다 벗었다 했습니다. 겨울인데도 온몸은 땀에 젖었습니다. 훈련을 마치고 며칠 뒤인 12월 13일 출국을 해서 먼저 영국으로 갔습니다. 저희는 런던 근처 한 도시에서 노르웨이, 미국, 영국 의료진들과 1주일 동안 교육을 받고 나서 12월 20일 런던을 출발해서 21일 새벽 드디어 시에라리온의 수도 프리타운에 도착했습니다. 그리고 버스를 타고 에볼라 치료센터가 있는 '가더리치'라는 도시로 갔습니다. 도시는 조용했고, 드문드문 차량과 행인이 보였습니다. 치료소 가까이에 숙소가 있었는데 숙소에서 치료소까지 걸어가는 길은 먼지 폴폴 날리는 모래자갈길입니다. 차라도 한 대 지나가면 먼지를 옴팡 뒤집어씁니다. 치료소 입구에 도착하면 먼저 소독액에 손을 씻고 탈의실로 들어갑니다. 옷을 갈아입고 장화를 신고 의료진 텐트로 가는데, 그 구역이 '그린존'입니다. '레드존'은 에볼라에 감염된 환자를 치료하는 구역인데, 주위에는 철조망이 두텁게 쳐져 있었습니다. 저희는 처음 며칠간 오리엔테이션을 받았습니다. 환자 차트는 어떻게 쓰는지, 처방은 어떻게 기록하는지, 레드존과 그린존 사이 무전기로 어떻게 의사소통하는

지 연습을 하였습니다.

저는 그곳에서 맞이한 2014년 크리스마스를 잊을 수 없습니다. 제가 에볼라 환자를 만나는 첫날이었습니다. 저는 방호복으로 갈아입고 레드존으로 들어가 병실 문을 열었습니다. 방 하나에 환자가 네 명 있고, 중앙에 손을 씻는 소독액 통이 놓여 있었습니다. 환자 침대 옆에는 모니터가 있고 수액이 주렁주렁 달려 있었습니다. 침대 옆 바닥에 빨간 플라스틱 통이 놓여 있어 환자가 구토할 때 사용했습니다. 침대 위에 누워 있는 환자를 바라보았습니다. 에볼라 바이러스에 몸을 내어준 그들은 사람이 아니라 고통 그 자체였습니다. 고열에 신음하고 구토와 설사를 하고 몸을 뒤흔들며 기침을 하고 축 처진 몸으로 누워 있었습니다. 제 첫 환자는 열두 살 난 하자(Haza)라는 소녀였습니다. 고통스럽던 하자를 떠올리며 저는 일기를 썼습니다.

"너의 고통이 어느 만큼인지 몰라 미안하다. 따뜻한 맨손으로 너를 만질 수 없어서 미안하다. 아픈 너를 가족과 떨어뜨려 외롭게 해서 미안하다. 이런 황량한 텐트 안에 누워 있게 해서 미안하다. 너를 만진 몇 겹 고무장갑마저 만질 때마다 소독해야 하는 나의 행동이 미안하다." 의료진들은 24시간 돌아가며 일을 했고 환자는 날마다 늘어 칠판 위에 명단은 빼곡해져 갔습니다. 환자를 돌보는 일도, 먹는 음식도 쉽지는 않았습니다. 하지만 저희는 일할 때나 쉴 때나 격려하면서 하루하루를 보내고 있었습니다.

그렇게 며칠이 지나고 12월 28일 오후 6시쯤이었습니다. 저와 파키스탄 출신 의사 우마르는 한 팀이 되어 레드존에 들어갔습니다. 그날 저희가 맡은 환자는 열 명이 넘었고, 레드존에 한 번 들어가면 두 시간이 원칙이라 부지런히 환자상태 파악하고, 환자들마다 피검사를 했습니다. 그날 제 마지막 환자는 20대 후반에 작고 마른 여성이었습니다. 그녀는 조용히 초점 없는 눈으로 천장을 바라보고 있었습니다. 저는 채혈을 하려고 그녀의 팔을 폈고, 바늘을 꽂아 주사기를 당기고 있었습니다. 갑자기 그녀가 팔을 들어올

렸는데, 순간 제 왼쪽 두 번째 손가락에 무언가 따끔한 게 느껴졌습니다. 잠시 몇 초간 멍하다가 '뭔 일이 생긴 거구나!' 정신이 번쩍 들었습니다. 그녀 팔에서 떨어져 나간 바늘 끝이 제 손가락을 찌르고 바닥에 떨어진 것입니다. 절망적인 순간이었습니다. 여기까지 어떻게 왔는데, 남편 설득하느라 얼마나 힘들었는데, 이 순간적인 일로 여기를 떠나야 한단 말인가? 마음 한 편에서 속삭입니다. '이 사실을 숨기면 어떻겠니?' 이내 저는 고개를 흔들고 우마르를 불렀습니다. 밖에 도움을 요청했고, 방호복을 벗으며 장갑을 확인했더니 두 겹이 모두 뚫려 있었습니다. 며칠 후 숙소에 격리되어 있던 저는 독일 베를린에 있는 병원으로 이송될 것이라는 통보를 받았습니다.

2015년 1월 2일 오후 2시에 숙소에서 짐을 꾸려 가더리치를 출발했습니다. 차량 네 대가 요란한 사이렌을 울리며 공항을 향해 달렸습니다. 아쉬움을 달래며 가는 동안 바라본 서아프리카 석양은 아름다웠고, 문득문득 보이는 집 마당에는 아이들이 뛰어놀고 있었습니다. 룽기 공항에 도착해서 몇 시간 기다리고 나서야 깜깜한 활주로 위에 요란한 쇳소리를 내며 전용비행기가 도착했고, 저는 그 비행기에 올랐습니다. 7시간 반 비행 후에 모든 상황이 뒤바뀌었습니다. 뜨거운 햇빛과 열기가 사라지고 음산한 추위가 찾아왔습니다. 레드존에 갇힌 환자를 돌보던 제가 감염병동의 한 병실에 갇혔습니다. 폴폴 먼지 날리던 길과 소독액 담긴 드럼통이 사라지고, 깔끔한 방과 최신식 모니터가 보였습니다. 방호복을 입고 벗을 필요가 없었으며 대신 누군가가 방호복을 입고 들어왔습니다. 이건 예측이 불가능하고 훈련도 못 받은 상황입니다. 커튼을 열면 창밖은 온종일 흐리고, 방 안에서 대여섯 걸음이면 갈 데도 없고, 밖으로 열리는 문은 굳게 잠겨 있었습니다. 그리고 스물 네 시간 카메라가 돌아갑니다. 이곳에서 3주를 보내야 합니다. 저는 가방을 뒤져 뭐가 있는지 찾아보았습니다. 도스토옙스키의『카라마조프 가의 형제들』세 권, 책에 딸려 나온 노트 한 권, 형광펜, 샤프, 지우개가 있었습니다.

의료진이 들어오는 하루 세 번 짧은 시간을 제외하고 나머지 긴 시간, 저는 뭔가를 해야 했습니다. 하루 종일 소설을 읽고, 글을 쓰고, 그림을 그렸습니다. 격리된 지 3일째 되던 날, 그날도 창밖에는 비가 내리고 있었습니다. 음악을 들으며 책을 읽고 있는데, 느린 피아노 연주로 〈오버 더 레인보우(Over the rainbow)〉가 흘러나왔습니다. 제 눈에서는 눈물이 흘러내렸고, 이렇게 하루하루 보낼 생각에 눈앞이 캄캄했습니다. 하지만 의료진들은 들어올 때마다 친구처럼 저를 격려해주었고, 멀리 시에라리온에서도 동료들이 카톡으로 응원해주었습니다. 아울러 가더리치에 있는 에볼라 치료소에 환자가 급격하게 줄어가고 있다는 소식은 큰 힘이 되었습니다.

3주가 흘렀고, 저는 건강하게 자유의 몸이 되었습니다. 저를 돌보던 의료진들은 거추장스러운 옷을 벗어버리고 저와 악수를 하고 허그를 했습니다. 저는 짧은 감사의 편지를 썼고, 병원을 떠나 귀국길에 오르게 되었습니다.

서아프리카 시에라리온은 죽음의 땅이었습니다. 치사율이 50퍼센트가 넘는 에볼라 바이러스에 감염되어 고통받는 환자가 가득한 곳, 그리고 레드존으로부터 들것에 실려 나가는 죽음이 매일 반복되는 그런 곳이었습니다. 하지만 고통과 죽음의 현장에는 삶을 향한 뜨거운 열정과 희망 또한 있었습니다. 온몸에 방호복을 뒤집어쓴 채 환자들을 돌보는 의료진들이 있었고, 장화를 소독하고 망가진 옷을 수선하고 음식을 만드는 지원팀이 있었고, 에볼라 치료소 주변에서 안타까운 마음으로 고개를 들고 안을 들여다보는 가더리치 마을의 순수한 사람들이 있었습니다. 그리고 많은 의료진들이 에볼라 환자를 돌보다 감염되어 희생되기도 했습니다. 그토록 두려웠던 에볼라 바이러스조차 지속적이고 끈질긴 인간의 사랑 앞에 굴복하고야 말았습니다. 결국 2015년 11월, 시에라리온 정부는 '에볼라 제로'를 선언했습니다.

서아프리카를 떠나 독일로 향하던 제 모습을 그려봅니다. 산산조각 난 계획 앞에 초라한 모습이었지요. 갇혀지고, 외로움과 고독 속에 침잠하였습니다. 그런데 저와 우마르와 동료들의 손을 통해 에볼라 환자를 돌보신 하느님은, 슈타이너와 아임과 아이스너의 손을 통해 예상치 못한 상황을 만난 제 아픔을 어루만져 주셨습니다. 저는 그들의 도움으로 좁은 공간에서도 활기차게 내면의 공간을 넓힐 수가 있었습니다. 무한하고 변함없는 사랑, 연약한 사람의 손을 통해 이루어주시는 하느님의 구원을 마주했을 때 시편 66편에서처럼 감사의 찬송을 드릴 수가 있었습니다.

생명의 숲이 되기까지 | 노은아 |

레위기 25:23, 루가복음 10:38~42, 요한복음 4:7~15

틈만 나면 뛰는 여자아이가 있었습니다. 따뜻한 햇살 가득한 봄이면 진달래꽃 만발한 산등성을 뛰었고, 벼이삭이 노랗게 토실토실 영글었을 땐 빛나는 들판을 잠자리들보다 빨리(?) 뛰었습니다. 또 그녀는 흰 눈 펄펄 날리는 추운 겨울에는 아무도 밟지 않은 눈 위를 차박차박 뛰기를 좋아했습니다.

그러나 그녀는 여름에는 되도록 뛰지 않았습니다. 특별한 이유는 없습니다. 덥기 때문이지요. 촌놈들은 대체적으로 그렇습니다. 여름 뙤약볕이 쨍쨍하게 내리쬐는 들에서 흙과 씨름해보신 분은 아실 겁니다. 사람의 몰골이 어떻게 되는지를……. 그래서인지 그녀는 지금도 여름을 그리 좋아라 하지 않습니다.

그녀는 열일곱 되던 겨울에는 부산 어느 신발공장에서 본드공으로 뛰었고, 드디어 어른이 된다는 스무 살에는 마치 내 세상이라도 된 것마냥 학교 교정과 거리를 날듯이 뛰었습니다. 하느님의 세상은 결코 그냥 이루어지는 것이 아니라는 소위 진보된 신앙인의 모습을 알게 된 그녀는, 돈 100만 원을 손에 들고 무작정 상경하여 불타는 사명감으로 노래하며 뛰었습니다(이쯤에서 그녀가 누구인지 눈치를 채셨겠지요?). 그렇게 방방 뛰던 그녀가 어느 날 돌에 걸려 넘어졌습니다. 무릎에선 피가 흐르고 일어설 수 없었습니다. 주위엔 아무도 없었지요. 아픔으로 주저앉아 엉엉 울던 그녀는 이제 아예 그 자리에 누워버렸습니다.

저는 말하는 것에 대한 많은 두려움을 갖고 있습니다. 제 속에 들어 있는 무언가를 속 시원히 말로 표현하는 데 많은 어려움을 느낍니다. 오히려 노래가 더 가까운 도구라고 느낍니다. 그런 저에게 다른 것도 아닌 하늘뜻펴기라니요, 심장은 쿵쾅거리고 손은 떨리고 가슴은 답답했습니다. 그래도 용기를 내어 이 자리에 선 것은 저보다 먼저 고통의 삶을 체험하고 굳건히 살고 계신 여러분에게 용기를 얻고자 하는 마음 때문입니다. 성령께서 이 자리에 함께하심을 의지합니다. 여러분의 마음도 저와 함께 해주시길 바랍니다.

지난 3월 중순 우리는 요한복음서 공부를 시작하였습니다. 첫날 진행하시는 전도사님께선 "이 공부는 여러분들을 위해서가 아닌 제 공부를 위해서입니다"라고 말씀하셨습니다. 아니, 무지한 우리는 들러리란 말씀입니까? 당시 하느님의 생생한 말씀에 갈급했던 저에게는 정말 야속한 말씀이었지요. 그래도 무언가 내게 다가오는 게 있겠지 생각하며 성서공부를 시작하였지요.

요한복음은 "태초에 말씀이 계셨다"로 시작합니다. 그 말씀이라는 것은 "로고스"라고 번역됩니다. 그 당시 스토아학파는 이것을 "절대적 진리"라고 하였습니다. 절대적 진리라……. 처음부터 어려운 이야기였습니다. 이런 말 외에 요한복음에서는 "빛과 어둠", "생명과 죽음", "영원한 생수", "성령", "구원"과 같은 삶의 본질적인 질문들을 던질 수밖에 없는 이야기들이 계속해서 소개됩니다. 계속되는 공부 속에서 "이건 내 문제를 얘기하는구나" 하는 생각이 들었습니다. 귀가 솔깃하였습니다. 성서 앞에 바짝 다가가 앉았습니다. 그리고 그 본질적인 질문은 오늘 본문인 "사마리아 여인과 예수의 대화"에서 정면으로 이야기되기 시작하였습니다.

이 이야기는 사마리아 지방 시카르(수가)라는 동네에 있는 우물가에서 어떤 여인과 예수의 대화를 그려놓습니다. 그 여인은 당시 그곳으로는 고개도 돌리지 않는다 할 정도로 멸시받던 사마리아인이었고, 사람 취급도 못 받는 여자였습니다. 게다가 이전에 남편이 다섯이나 있었고 현재 있는 남편도 제대로 된 남편이 아니었습니다. 비참한 가난 속에서 하루하루를 위태하게 살던 그녀는 다른 사람들에게 손가락질 당하는 게 두려워 사람들이 뜸한 한낮에 물을 길러 이 우물가에 나옵니다. 그런 그녀에게 유대인으로 보이는 낯선 사람이 말을 건넵니다. "나에게 물을 좀 주시오." 유대인이 말을 건 사실에 어리둥절해 있는 이 여인에게 예수는 이번에는 뜬금없이 그냥 마실 물도 아닌 영원한 생수에 대해 이야기하기 시작합니다. 이 여인은 처음엔 이 이상한 사람이 무슨 말을 하는지 몰라 자꾸 다른 얘기를 합니다. 다소 집요한 대화 끝에 예수의 존재를 알아본 여인은 예수를 주님이라 고백하게 되지요. 영원한 생수에 대한 비밀을 알게 된 것일까요? 여러분에게 영원한 생수는 무엇인가요?

사람은 역시 고통 중에 있을 때 삶의 궁극적인 질문들을 하게 되는 것 같습니다. 힘든 삶을 이어가고 있던 사마리아 여인에게 예수가 나타난 것처럼 말입니다. 저 역시 처절한 고통의 긴 시간을 보내는 동안 자기 존재에 대한 되묻기를 시작하였습니다. 외부적으로 내게 일어난 감당하기 어려운 사건과, 내 안에서 곪아 터진 오래된 상처로 인해 저는 영혼의 암야(暗夜)의 시간에 있었습니다. 그것은 살아 있으나 죽은 상태였지요. 저 자신의 존재가 한없이 작고 초라하여 마치 거대한 숲 속에서 눈에 보이지도 않는 아주 작은 잡초의 모습처럼 한껏 움츠리고 있었습니다. "인간은 왜 이토록 고통스럽지 않으면 안 되는가? 나에게 이 고통의 의미는 무엇인가?" 신을 원망하고 또

신의 존재를 거부하고 싶었습니다. 그런 저에게, 신은 어느새 제 곁에 함께 앉으시며 조용히 말씀하셨습니다. "그냥 있으라. 그냥 거기에 머물러 슬퍼하여라. 침잠하여라. 때가 되면 나를 보게 될 것이다."

일어날 힘도 없이 가슴 깊은 곳에서는 뜨거운 눈물만 흘렸습니다. 그때까지 저는 제게 어려움이 있을 때마다 그것을 극복하려고만 했습니다. 그러나 결국 그것은 극복하려는 것이 아닌 어두움에서 빠져나오려는 비겁한 몸부림에 지나지 않았습니다. 단 한 번도 나 자신에게 어두움 속에 있는 스스로를 가만히 들여다볼 시간을 주지 못했었습니다. 제가 믿고 있는 진정한 그리스도인의 모습 또한 자기를 살피고 가꾸는 모습보다는 이웃의 아픔을 먼저 돌보는 것이라고 이야기하였습니다. 그러나 그것은 저 스스로를 억눌러 어느 것 하나 자유롭지 못하였습니다.

'내가 진정으로 원하는 것은 무엇일까? 그리고 나의 삶을 통해 신이 이루려는 뜻은 무엇일까?' 저는 끊임없이 묻고 찾았습니다. 그 치열한 자기 발견 속에서 저는 작은 기쁨을 맛보았고, 내 속에 이미 있었던 신의 마음을 느끼며 따뜻함으로 충만해지는 경험을 하게 되었습니다.

여러분에게도 고통의 순간이 있었나요? 아니면 지금 그 순간을 보내고 계신가요? 만약 그때가 오거든 그 고통의 순간을 온몸으로 경험해보시기 바랍니다. 까마득한 우주 속에서 희미하게 빛나고 있는 자신이 보일 것입니다. 그런 작은 자신을 신의 따스한 시선으로 들여다보고 보살펴주십시오. 사랑하는 사람을 대하듯 어루만지고 안아주고 격려해보세요. 그러면 분명 자기 안에서 샘솟는 무한한 사랑을 발견할 것이며 위로부터 내리는 성령의 기운을 충만하게 느끼시는 넉넉함 또한 갖게 될 것입니다. 자신의 부족함을 사랑하는 우리는, 더 이상 보잘것없고 쓸모없는 존재가 아닙니다. 거대한 우주 속에서 신과 함께 커다란 존재로 당당히 서 있을 것입니다. 거기서 영원한 생수를 만날 수 있을지도 모르는 일이지요.

미켈란젤로의 미완성 예술작품 중에는 '피에타 상'이라는 작품이 있습니다. 죽은 예수의 벌거숭이 몸을 어머니 마리아가 온몸으로 껴안고 있는 모습을 형상화한 작품입니다. 저는 그 작품을 보면 기독교의 마음이 보입니다. 예수의 시체를 안고 있는 마리아의 진정한 슬픔이 강하게 소용돌이치는 것처럼 보입니다. 어두운 그림자 같은 슬픔이랄까요. 아마도 기독교의 마음은 그런 면에서 출발하는 것이 아닐까 하는 생각이 듭니다. 자기의 어떤 버팀목조차 모조리 빼앗겼을 때 토해내는 참된 통곡이라는 게 있고서야 비로소 인간은 인간의 진실에 가 닿을 수 있고, 거기서 또한 참된 구원의 의미가 보이는 게 아닐까요? 그런 근본적인 것이 예수의 십자가 상 속에 담겨 있는 게 아닐까 생각합니다. 그래서 사마리아 여인처럼 이 세상의 밑바닥에서 살아가는 사람들이 기댈 곳이었던 예수, 바로 그 속에 참된 빛이 있다고 믿게 되는 것이지요. 그런 사람들의 체험이 곧 교회의 토대, 그리고 교회의 생명이라고 생각합니다.

여기! 그동안의 고통의 시간을 멋지게 살아오신 여러분과 이 노래를 나누고 싶습니다. 함께 숲을 일궈나갈 때 우리는 거기서 기쁨으로 함께 만날 수 있을 것입니다

누워 있던 그녀가 이제 조금씩 몸을 일으킵니다. 그리고 그녀는 이제 생명이 넘치는 숲을 향해 걷기 시작합니다.

「고문」_ 앨리스 워커(Alice Walker)

그들이 그대의 어머니를 고문할 때
그들이 그대의 아버지를 고문할 때
그들이 그대 형제자매를 고문하면
나무를 심으세요

그들이 그대의 지도자를
그들이 그대의 눈물 같은 연인을 죽인다면
나무를 심으세요

그들이 그대를 고문해
그 고통 이루 말할 수 없을 때
나무를 심으세요

그들이 그 나무마저 고문하여
그 숲을 잘라버리면
또 다른 숲을 시작하세요

마음의 문턱을 없애기 위해 | 김부숙 |

시편 31:1~16, 고린토전서 12:12~26

　제게는 저보다 두 살 위인 언니가 있습니다. 학교 문턱에도 가보지 못해 자기 이름을 쓸 줄 모르며 말도 할 줄 모르는, 보통 사람들과는 많이 다른 사람입니다.

　어렸을 때 저는 이런 언니가 내 가족이라는 것이 너무나 싫었습니다. 도무지 가족으로 인정하고 싶지 않았습니다. 이미 알고 있는 사람에게는 할 수 없지만, 그렇지 않은 사람에게는 한 번도 먼저 말한 적이 없습니다. 심지어는 초등학교 시절 담임선생님이 가정방문 오는 날이면 선생님이 집에 도착하기 전에 다른 곳으로 도망가 숨은 적도 있습니다. 가능하면 숨기고 살고 싶었습니다. 그러나 저의 부모님은 별로 부끄러워하지도 않았을 뿐 아니라 어쩌면 좋을지 모르겠다며 사방에 얘기하고 다녔습니다. 별다른 대책도 없이 걱정만 하는 부모님도 싫었습니다. 저는 그런 언니와 철저히 남남으로 살았습니다. 언니는 저에게 집안에 있는 식물에 불과했습니다.

　그 뒤 저는 대학에 가게 되었습니다. 별 뜻 없이 장학금 혜택을 주는 특수

교육과에 들어갔습니다. 그때까지도 언니에 대한 생각은 거의 하지 않았습니다. 그리고 졸업을 할 무렵 실습을 갔던 곳에서 언니보다 훨씬 심한 중증의 장애아동들을 보았습니다. 머릿속이 혼란스러워지기 시작했습니다. 그리고 그 아동들의 얼굴에 언니의 모습이 겹쳐지면서 저의 괴로움도 커지기 시작했습니다. 식물로만 자리하고 있던 언니가 점점 움직임이 있는 생물체로 느껴졌습니다. 그러고는 그런 모습이 더 자라 사람으로 여겨졌습니다. 장애인에 대한 공부를 몇 년씩이나 한 제가 이 지경이었습니다. 지금도 저는 여전히 언니를 온전히 사람으로 대접하지 못하고 있습니다.

10여 년 전 일입니다. 지금 살고 있는 아파트로 이사 오기 전 단독주택에 살 때입니다. 지금 생각하니 언니는 그때가 인생의 황금기였던 것 같습니다. 황금기라고 하니 조금 이상합니다만 그 당시 언니는 제가 출근한 이후로 마음껏 동네의 이곳저곳을 돌아다녔습니다. 언니가 주로 다니던 곳은 아무때나 드나들 수 있도록 늘 문이 열려 있는 철길 옆의 허름한 집들이었습니다. 다행히 그곳의 순박한 사람들은 언니를 특별한 사람으로 취급하지 않고 따뜻하게 맞아주어 하루 종일 같이 지내곤 했습니다. 그들은 부업으로 작은 부품을 조립하거나 마늘을 까는 일 등을 했는데 어디서 왔는지 누구네 집 사람인지 알 길이 없는 언니를 그들의 공간에 자연스럽게 끼워주었습니다. 저녁 늦도록 언니가 들어오지 않아 찾아가 보면 낯선 사람들 속에 한 식구처럼 앉아 있을 때가 많았습니다. 얼마나 그런 생활이 좋은지 집에 가자고 해도 안 가겠다고 버텨 저를 힘들게 하기도 했습니다. 비록 얼굴이 까맣게 타고 옷도 형편없이 지저분해 거지꼴이 다 되었어도 활력과 즐거움이 넘쳤습니다.

그런데 그런 생활도 오래할 수 없었습니다. 언니는 점점 더 행동반경을 넓혀 언제 집을 잃을지도 모를 정도가 되었습니다. 집을 혼자 찾아올 수만 있어도 그대로 둘 수 있지만 저의 불안한 마음이 그것을 허락하지 않았습니다. 게다가 언니가 좋아하던 그곳도 점차 문을 꽁꽁 잠근 큰 건물들로 변하고 있어 더 이상 마음놓고 드나들 수 없는 곳으로 되어갔습니다.

한 번은 이런 적도 있습니다. 저의 사정을 잘 아는 동료가 아파트로 이사를 가면 언니가 답답해서 어떻게 사느냐고 어디 적당한 수용시설에 보낼 것을 조심스레 권했습니다. 단, 그 시설에는 보호자가 없는, 말하자면 아무 연고가 없는 사람이라야 갈 수 있다고 했습니다. 그러면서 언니를 몰래 길에 버리라는 것이었습니다. 그러면 주소는 물론 자기 이름도 말 못하는 언니는 근처의 파출소에 신고가 될 것이고 파출소로 가면 거기서 다시 구청을 통해 복지시설로 갈 수 있다고 했습니다. 먹고 입는 것이야 집보다 못하겠지만 그곳에는 비슷한 사람이 많아 들어가기만 하면 괜찮을 것이라고 했습니다.

그이의 말을 곰곰이 생각한 끝에, '그래! 한 번 해보자' 마음먹었습니다. 나와 함께 보이지 않는 감옥에 사느니 그편이 나을지도 모른다는 생각이었습니다. 새 옷을 입혀 함께 밖으로 나갔습니다. 아무것도 모르는 언니는 좋아라 따라나섰다가 내가 손을 살그머니 놓고 떠나려 하자 평소와 뭔가 다른 느낌을 받았는지 마구 떨면서 '싫다'고 소리를 질렀습니다. 저는 다시 집으로 돌아올 수밖에 없었습니다. 그 어느 곳도 언니와 같이 나이가 많은, 게다가 멀쩡한 가족이 있는 장애인이 갈 수 있는 곳은 없었습니다. 그저 가족 중 누군가와 함께 평생의 짐이 되어 살 수밖에 없는 것이 우리의 현실입니다.

지금 언니는 특별히 하는 일이 없습니다. 낮 동안은 하루 종일 집에서 TV나 보고, 먹고 자고, 자고 먹고를 반복합니다. 언니의 무료함을 달래기 위해 개를 기르고 있습니다. 개를 키우다 보니 개들의 생활이나 언니의 생활이 별반 차이가 없어 보이기도 했습니다. 이런 생각을 할 때면 차라리 언니의 엉터리 보호자인 내가 없는 편이 나은 건 아닐까, 전에 시도했던 불행한 경험을 다시 한 번 해볼까 하는 유혹이 살며시 고개를 들기도 합니다. 이런 언니를 위해 제가 하는 일이라고는 일주일에 서너 번 함께 산책하는 일뿐입니다. 그것도 해가 다 진 뒤에야 하는 일입니다. 저는 아직도 다른 사람의 시선이 느껴지는 것에 익숙지 못합니다. 장애인을 남들보다 더 많이 보아왔고 지금도 보고 있는, 명색이 장애인을 가르치는 교사인데도 말입니다.

저의 언니는 그 누구에게도 해를 끼친 적이 없습니다. 거짓말을 할 줄도, 불평을 할 줄도 모릅니다. 돈을 모르니 욕심이 있을 리 만무하여 무엇을 달라고 요구한 적도 없습니다. 몸이 아플 때조차도 그냥 아무것도 안 먹고 누워 있는 게 고작입니다. 언니는 정말 바보입니다. 그런 언니에게 저는 제 기분에 따라 마구 행동을 한 적도 많습니다. 언니에게 함부로 대했던 것은 어찌 보면 그런 언니를 올바로 살 수 없게 만든 사회에 대한 불만이 쌓여서인지도 모릅니다.

그래도 세상이 많이 좋아져 장애인 언니를 둔 덕에 여러 가지 혜택을 누리고 있습니다. 다른 이들보다 싸게 승용차를 가질 수 있었고 복잡한 곳에서 주차도 쉽게 할 수 있으며, 전화요금도 덜 내며 삽니다. 그보다 더 큰 소득은 제가 나름대로 일을 갖고 살 수 있는 밑천이 언니로부터 나왔다는 것과 같은 일을 하는 남편을 만났다는 것입니다.

그러나 아직 우리 사회에서 장애인으로 산다는 것, 또 그 장애인과 함께 산다는 것은 끝없는 어려움의 연장일 수밖에 없습니다. 얼마 전 국회의원 선거에서 네 명의 장애인이 당선되어 국회는 지금 이곳저곳을 고친다며 법석을 떨고 있습니다. 그중 눈에 띄는 한 사람은 중증의 지체장애인이고 한 사람은 시각장애인입니다. 아주 낮은 턱이라도 있으면 휠체어를 타는 장애인은 옴짝달싹할 수 없으며 시각장애인 역시 제대로 걸을 수 없습니다. 작은 턱이 바로 낭떠러지가 되는 것이지요.

바퀴가 있어도 다닐 수 없는 곳, 사람이 걸을 수 없는 곳은 더 이상 길일 수 없습니다. 길이, 길이 될 수 있도록 하는 일은 돈을 들이면 금방이라도 할 수 있습니다. 그러나 보이지 않는 마음속의 턱, 돈을 들여도 만들 수 없는 길이 아직도 존재하고 있습니다. 왠지 가까이 하기 싫은 것, 가급적 내 주변에는 없었으면 하는 바람, 어디 모르는 곳에서 그냥 자기들끼리 살기를 바라는 마음, 뭔가 옮겨붙을 것 같은 꺼림칙한 마음, 특히 나에게 뭔가 손해를 줄 것 같은 이런 마음들이 모두 보이지 않는 턱이지요.

'장애인의 날'을 만들어 각종 행사로 세상이 떠들썩해질수록, 무언가 많은 것을 해줄 것처럼 떠들 때일수록 장애를 가진 사람들 마음에는 허전함이 더해갑니다. 보이지 않는 수많은 턱에 절망하며 낭떠러지를 경험한 사람이라면 알 수 있는 그 허전함 말입니다.

눈에 보이는 복지, 중요합니다. 이만큼 장애를 알게 된 것도 다 복지라는 이름 때문이지요. 그러나 무엇보다도 중요한 것은 우리 사회가 장애인을 또 다른 우리의 모습으로 인정하고 받아들이는 사회가 되어 이 보이지 않는 마음의 턱을 없애는 것이라 생각합니다.

제3장

주의 길을 따라

세상과 신앙

주님, 지금 그들의 위협을 받고 있는 우리를 살피시고 주님의 이 종들로 하여
금 조금도 굴하지 않고 주님의 말씀을 담대히 전할 수 있게 하여 주십시오.
사도행전 4:29

갈 길이 고될 터이니 일어나서 먹어라 | 김자영 |

열왕기상 19:1~8, 갈라디아서 3:23~29, 루가복음 8:26~39

저는 2007년부터 향린에 출석하기 시작했는데요. 이제 만 10년째가 되어가는 때에 이렇게 큰 도전이 되는 자리에 서게 되었습니다. 참으로 두렵고도 설레는 시간입니다.

사실 저는 2주 전에도 청소년부에서 진로 특강을 했습니다. 한 달에 두 번이나 향린의 교우들 앞에 서서 이야기를 할 수 있는 축복이자 큰 숙제가 주어진 거죠. 제 직업은 TV 방송을 만드는 PD입니다. 학생들 앞에서 이 일에 대해 설명하는 것은 몇 차례 해본 적이 있기 때문에 처음엔 크게 부담스럽지 않았습니다. 그런데 눈이 초롱초롱한 향린의 푸른이들 앞에서 한 시간 남짓 이야기를 하고 나서 저는 큰 자책에 빠지고 말았습니다. 진로 특강의 중간에 제 이야기가 심각하게 길을 잃어버렸기 때문입니다. 그 이유를 여러분께 잠시 들려드릴까 합니다.

제가 헤매기 시작했던 건 이 질문에 대답을 할 때였습니다. "방송을 만들면서 가장 보람을 느낀 순간은 언제였나요?" 저는 그 '보람'에 관해 잊을 수 없는 기억이 하나 있습니다. 제가 일하고 있는 곳은 '공영방송' KBS입니다 (이제 이렇게 따옴표를 붙여야 합니다만⋯⋯). 혹시 교우 여러분들께서 기억하실지 모르겠습니다만, 그곳에서는 8년 전까지 〈시사투나잇〉이라는 프로그램을 방송했습니다. 저는 PD가 된 2005년에 이 프로그램을 처음으로 맡았습니다. 방송으로 세상을 바꾸고 싶다는 치기를 갖고 싸움터에 나선 초짜 PD에게 2005년은 하고 싶은 말도, 할 수 있는 말도 참 많았던 해였습니다.

취재 거리를 찾던 중에 기사 하나가 눈에 들어왔습니다. 청계천에 전태일 거리를 만들려는 기념사업이 몇 년째 어려움을 겪고 있다는 내용이었습니다. 지금 향린의 교우들이 전태일 추모 주일마다 찾는 전태일 다리와 평화시장 인근이죠. 어려움을 겪는 원인은 서울시의 냉랭한 태도 때문이었습니다. 청계천 복원 공사를 하면서, 전태일 열사가 분신한 장소 동판마저 뜯어버렸으니까요. 대학 시절에도 그 문제를 접했던 터라, 시청률 걱정을 하는 팀장을 몇 날 며칠 졸라서 방송해도 좋다는 허락을 받았습니다.

그리고 취재를 하다가 서울시청에서 담당 공무원 인터뷰를 기다리던 중이었습니다. 기자들과 화기애애하게 담소 중이던 당시 서울시장과 마주치게 되었는데요. 네, 지금은 전직 대통령이 된 그 사람입니다. 방송사 카메라를 본 시장이 상당히 의식적으로 싱긋 웃으면서 "무슨 취재 왔습니까?" 하고 물어봅니다. 저도 최대한 밝은 표정으로 웃으며 대답했습니다. "네, 청계천의 전태일 기념사업이 서울시의 반대로 어려움을 겪고 있다는 내용입니다." 당시 서울시장의 표정은 지금도 생생하게 기억이 날 정도로 심하게 일그러졌습니다. 물론, 원래 호감 가는 얼굴은 아니었지만 말입니다.

서울시를 비판하는 방송이 나가고 이틀 뒤, 그 서울시장이 한마디 했다고 합니다. "노동운동을 위해 자신을 희생한 전태일을 기념하는 공간을 마련해주는 것이 좋겠다." 몇 년을 끌어온 전태일 거리 조성사업은 서울시로부터 승인이 떨어졌습니다. 물론 그때까지 피와 눈물로 애쓰신 분들의 노력과 방송이 타이밍이 잘 맞았던 때문일 겁니다. 하지만 스물여섯 살 초짜 PD는 세상을 다 가진 듯이 기뻤습니다. 〈시사투나잇〉에서 나간 제 방송이 아주 작은 영향이라도 미치지 않았을까, 우리가 사람들에게 전하는 이야기가 정말 세상을 바꾸는 힘이 될 수 있구나 하고 말입니다.

그렇게 제게 더없이 벅찬, 또 PD로서 가장 보람된 그 순간을 푸른이들에게 이야기하다가 왜 길을 잃었을까요. 네, 제게 그런 희열은 11년이 지난 지금까지 그때가 처음이자 마지막이었기 때문입니다. 2005년 여름으로 말입니다. 그 이후 제가 만났던 그 서울시장이 대통령이 되고 나서 〈시사투나잇〉은 폐지되었습니다. 그리고 아마 교우 여러분께서도 더 잘 아실 겁니다. 저와 동료들이 다룰 수 없는 이야기, 출연시킬 수 없는 사람, 만들어놓고도 내보낼 수 없는 방송이 많이 생겨나기 시작했습니다. 아주 상식적인 것들을 이루기 위해서 정말 비상식적인 싸움을 해야 하는 일들이 허다해졌습니다.

대통령이 한 번 더 바뀐 지금까지, 저와 동료들은 세 번의 파업과 몇 차례의 제작 거부를 했습니다. 마지막 파업은 세월호가 가라앉은 재작년 봄이었는데요. 수백 명의 희생을 두고 방송이 권력과 흥정하는 어처구니없는 일들이 벌어졌습니다. 5월의 밤에, 아이들의 부모님들께서 분향소에 있던 영정을 들고 KBS 앞으로 찾아오셨습니다. 지금도 그 길었던 밤이 잊히지 않습니다. 동료 PD와 기자들이 마이크를 잡고 울었습니다. 파업의 끝에, 사장이 쫓겨났습니다. 저희는 처음으로, 이겼다고 생각했죠.

하지만 두 정권 아래에서 처참하게 망가진 곳은 쉽게 바뀌지 않았습니다. KBS의 이름은, 여기 몸담은 사람들에게 언제부턴가 아주, 창피한 낙인이 됐습니다. 서서히 지쳐갑니다. 포기하는 사람들이 많아졌습니다. 가슴이 터질 것 같다던 몇몇 동료들은 여기를 떠나 진짜 언론사로 갔습니다. 그리고 남아 있는 저는 점점 할 말이 없어지기 시작했습니다.

너무 부끄러운 일이지만, 저는 더 이상 배가 고프지 않았습니다. 2005년에 청계천으로 가지고 나왔던 그것, 세상을 바꾸고 싶다는 깊은 허기가 사라져가고 있었습니다. 대신에 매달 꼬박꼬박 나오는 월급과, 하루하루 해나가야 하는 많은 일들, 오랜 피로감, 내가 가진 걸 잃을 수 있다는 두려움이 뱃속을 채우기 시작했습니다. 이 창피하고 너덜너덜한 변명을 눈이 초롱초롱한 향린 푸른이들의 진로 특강에서 어떻게 고백할 수 있었을까요. 저는 PD가 얼마나 보람되고 의미 있는 직업인지를 자랑해야 하는데 말입니다.

푸른이들에게 물어보았습니다. 요즘 가장 공정한 방송이 뭐라고 생각해요? 1초의 망설임도 없이 "종편에서 손석희 앵커가 진행하는 뉴스요"라는 대답들이 들려왔습니다. 참 자존심 상하는 일이지요. '공영방송'인 KBS도, 한때 날카로운 시사 프로그램을 만들었던 MBC도 아닌 종편이라니요. 그런데 그 솔직한 채찍이 사실은 참 고마웠습니다.

그리고 푸른이들에게 부탁을 하나 했는데요, 여기 계신 교우 여러분께도 같은 부탁을 드릴까 합니다. 혹시 이 시대에 바르고 정의로운 이야기를 용기 있게 전하는 방송이 있다면, 종편이든 지상파든 케이블이든 가능한 한 많이 보시고 적극적인 관심을 주시면 참 좋겠습니다. KBS의 뉴스보다, '종편'에서 하는 손석희의 뉴스가 시청률이 더 높아지고 많은 관심을 받는다면, 여러분이 외면하는 '공영방송'을 바꾸는 채찍이자 지렛대가 될 수 있습니다. 저희도 살아남기 위해서는 시청자들의 사랑을 받아야 하니까요. 향린 교우 여러분들의 도움이 절실히 필요합니다.

'멘붕'의 진로 특강을 마치고 집에 돌아와 하늘뜻펴기를 준비하면서 오늘 주어진 성서 말씀인 열왕기상 본문을 다시 묵상했습니다. 열왕기상 18장에서 엘리야는 사백오십 명의 바알 사제들에 홀로 맞서 크게 이깁니다. 하지만 19장에서 왕비 이세벨로부터 죽이겠다는 협박을 받고 두려움에 떨며 도망치는 모습이 나옵니다. 그리고 황무지의 싸리나무 아래서 다 포기하고 죽기를 기다리죠.

그때에 하느님은 천사를 통해 엘리야에게 따뜻하게 구운 빵과 물을 내려주셨습니다. 천사가 와서 엘리야를 흔들어 깨우며 이야기합니다. "갈 길이 고될 터이니 일어나서 먹어라." 결국 엘리야는 이 양식을 먹고 힘을 내서 사십 일을 걸어 호렙 산에 이릅니다. 그리고 이어지는 여정에서 후계자가 되는 엘리사를 만났습니다.

처음 향린에 발을 들인 2007년부터 지금까지, 이곳은 제게 엘리야의 싸리나무 덤불 같은 곳이었습니다. 첫 마음을 잃고 현실에 안주하거나 패배감과 낙심으로 지쳐서 헛배를 채우고 잠들 때마다, 일주일에 한 번씩, 저를 흔들어 깨워주었거든요. 그리고 저도 모르게 길을 잃어가던 시간을 맑은 눈과 솔직한 말로 돌아보게 했던 향린의 푸른이들, 또 교우 여러분과 함께하는 이 자리를 통해서 진짜 허기를 느끼고 속을 채울 든든한 양식을 얻고 있습니다.

한 가지 부탁을 더 드립니다. 혹시나 길을 잃은 '공영방송'에서 아주 가끔이라도 '제대로 된' 방송을 보게 되신다면 따뜻한 빵과 물 같은 응원의 한마디를 해주실 수 있을까요?

"갈 길이 고될 터이니 일어나서 먹어라."

주님께서 지금 이 시간 들려주시는 이 말씀이 저와 여러분에게 길고 고된 싸움의 길을 담대하게 걸어갈 충만한 기운이 되기를 바랍니다. 감사합니다.

이웃을 사랑하세요 | 최기리 어린이 |

루가복음 18:15~17

성서의 내용 중에는 '네 이웃을 네 몸과 같이 사랑하라'는 구절이 있습니다. 제가 유치부에 다닐 때 이 구절을 처음 들었는데, 그때는 이 말이 이해가 되지 않았습니다. '어떻게 이웃에 사는 남을 내 몸처럼 생각할 수 있나?'라는 생각이 들었고, 우리 주변의 누구도 그렇게 사는 사람은 없다고 생각했습니다.

그러나 작년 TV에서 이라크 전쟁에 대해 보도해주는 것을 보면서 전쟁으로 많은 사람들이 처참하게 죽어가는 것을 보았고, 또 우리나라에서도 어린이들을 유괴하고 죽이는 끔찍한 사건들이 있음을 알게 되었습니다. 그때부터 이러한 일을 일으키는 사람들이 주변의 다른 사람들을 자기 몸처럼 생각한다면 저런 전쟁은 일어나지 않을 수 있겠다는 생각을 하게 되었고, 그때 성서 구절이 우리에게 의미하는 것을 새롭게 생각하게 되었습니다. 세상의 모든 사람들이 자기의 이웃을 자기 몸처럼 생각하여 아껴주고 도와준다면 아주 평화롭고 살기 좋은 세상이 될 것 같습니다.

지난주에는 우리와 이웃하고 있는 북한의 룡천에서 폭발 사고가 나서 많은 사람들이 다치고 집들이 무너져 고생하고 있다는 보도가 매일 TV 뉴스에 나왔습니다. 특히 역 가까이에 초등학교가 있어 우리와 같은 어린이들이 많이 다치거나 희생되었다는 소식이었습니다. 갑자기 큰 사고가 나서 병원 시설도 많이 부족하고 필요한 의약품도 많이 모자란다고 합니다. 그리고 복구를 위한 많은 물자가 필요하다고 합니다.

　저는 성서의 '네 이웃을 네 몸과 같이 사랑하라'는 구절이 생각났습니다. 우리가 성서대로 할 수 있는 기회라고 생각합니다. 저도 북한 어린이들을 도울 수 있는 방법을 찾아 도와야겠다고 생각하고 있습니다. 하느님께서도 우리의 이웃들을 보살펴 주셨으면 좋겠습니다.

하느님이 바라시는 기적 | 지연화 |

열왕기하 4:42~44, 에페소서 3:14~21, 요한복음 6:1~12

저는 작년 1월부터 남편과 함께 향린교회를 다니고 있습니다. 처음 향린에 와서 평신도 설교를 하는 것을 보고 많이 흥분되었었는데, 제가 이 자리에 있다니…… 지금 많이 떨립니다.

성경 안에는 많은 기적들의 모습이 있습니다. 오늘 본문 말씀 중에도 몇 가지의 기적이 보입니다. 엘리사가 보리빵과 곡식으로 백 명이나 되는 사람을 먹게 한 이야기, 오병이어 사건과 물 위를 걸으시는 예수의 모습입니다. 그 외에도 성경 안에는 믿기 어려운 기적의 사례들이 많습니다. 그 기적을 믿든 안 믿든 간에 솔직히 신앙생활을 하면서 힘들고 어려운 일이 생길 때면, 혹시라도 하는 마음으로, 나에게도 이런 기적이 일어났으면 하고 바라는 것이 사실일 것입니다. 사실 창조주이며 모든 능력을 가진 자의 입장에서 보면, 기적이라는 것이 인간의 입장과는 달리 그렇게 대단한 일도 아닐 것입니다. 그럼에도 불구하고, 하느님이 수많은 기적들을 만드시는 것은 그 기적을 "보고" 알게 되는 인간들에게 뭔가 하시고 싶은 얘기가 있기 때문인 것 같습니다. 하느님은 기적을 그렇게 많이 일으키시면서도 요한복음 6장 27절에 "너희는 썩어 없어질 양식을 얻으려고 힘쓰지 말라"고 하시면서 "영원한 생명을 누리게 하는 양식을 얻는 데 힘쓰라"고 하십니다. 그 양식은 사람의 아들이 줄 것이고, 그것을 위해 할 일은 하느님이 보내신 이를 믿는 것이라는 것입니다. 이 내용에서는 기적만 바라보는 잘못된 믿음에 대해서 말씀하시면서 "영생과 구원", "사랑과 정의"에 대한 내용들과 "하느님이 보낸 이를 믿는 믿음"에 대해서도 이야기를 하고 있습니다.

그리고 오늘 본문의 에페소서 말씀을 보면 바울로는 교회를 통해 성도들이 속사람의 능력으로 강건해지기를 바라고 있습니다(에페 3:16). 믿음으로 성도들 안에 그리스도께서 사시기를 바라며, 사랑으로 굳게 서기를 바랍니다(에페 3:17). 절대적인 그리스도의 사랑에 대해 알기를 기도하는 겁니다(에페 3:18). 이성적이고 합리적인 사고만으로는 알 수 없는 하느님의 사랑에 대해 말씀과 순종, 체험 속에서 성령의 도우심을 바랄 때 알 수 있다는 얘기를 하는 것입니다. 나 자신의 영적 성숙을 위한 기도가 말씀을 통해 삶의 모습을 바꾸고 상대를 바꾸며 하느님이 바라는 사랑의 기적을 일으키게 된다는 겁니다. 하느님은 저의 변화를 통해서도 주변을 바꾸시며, 사랑의 기적이 만들어지는 경험을 하게 만드시곤 합니다. 저의 변화에도 관심을 보여주시는 거죠.

저는 몇 년 전부터 서울역에서 노숙인들을 상담하는 일을 하고 있습니다. 서울역에는 지금 이 시간에도 잠잘 곳이 없어서 배회하는 분들이 많습니다. 작은 공원이 편할 것 같으나 그곳은 어둡고 사람이 적어 폭행이 일어나도 말려줄 사람이 없으며, 아픈 곳이 별안간 생겨도 도와줄 사람이 없어 더 위험합니다. 그래서 많은 사람들이 오고가는 곳이 그나마 안전하겠거니 하고 광장이나 주변 공원에 박스를 깔고 잠을 청하곤 합니다. 하지만 많은 분들이 그곳에서 내쫓기고 있습니다. 공공장소에서도 노숙인은 있어서는 안 되는 사람으로 취급받거나, 공원 주변의 높은 빌딩이나 아파트에 사는 몇몇 분들의 경우 공원을 자신의 앞마당쯤으로 생각하는지 노숙인이 잠자고 있는 모습을 보면 어떤 형태로든 용납하지 못하겠다는 듯 민원을 제기하곤 하는데, 그런 그들의 이기심에 화가 나기도 합니다. 그렇게 쫓겨서 잠자리를 옮겨 다녀야 하는 사람들은 소외와 폭력과 무관심으로 만들어지는 상처 속에서 무척 힘들어 합니다. 그러고는 자신의 삶을 포기하거나 외면하곤 합니다. 있는 그대로의 자신을 보기 두려운 것일 것입니다.

저도 그분들처럼 하느님 앞에서 내 모습을 보이기가 두렵고 떨릴 때가 있습니다. 그래서 나 자신을 외면하는 행동을 하곤 합니다. 웃고 떠들고 기분 좋은 척 그렇게 지내지만, 그러고 나면 마음속으로는 항상 씁쓸하고 허전해져서 더 힘들어집니다. 그래서 찾는 또 다른 방법이 세상거리에 집중하는 것입니다. 새로운 것에 대한 정보를 아는 것이 흥미롭기는 하지만, 내 속에서 나오는 두려움에 대한 간절함을 채워주지는 못하더군요. 그래서 저는 나 자신을 이겨내고 강건해보고자 나와 주변 사람들에게 솔직해지는 방법을 써보기도 합니다. 조용하고 내성적인 저의 속에도, 있는 것을 그대로 소리 지르고 울부짖고 발광하고 싶은 것이 있습니다. 실제로 그렇게 해보면 속도 시원하고 기분도 좋아집니다.

그런 중에 올해 초부터 함께한 노숙인 연극 팀에서 연극치료프로그램의 상담가로서 합류해달라고 해서 참여를 했는데 사실 제가 더 많은 치료를 받고 있습니다. 노숙인! 더럽고 지저분할 뿐 아니라 게으름과 삶의 의지가 없어 거리에서 구걸을 하고 싸움을 하고 있다고, 일반적으로 생각하는 그들을 처음 만났을 때 저도 다른 사람들과 마찬가지로 참 불쌍한 사람들이구나 하는 생각이었습니다. 그런데 한 사람, 한 사람 만나 삶의 얘기를 들으면서 그네들이 노숙자로 떨어지지 않으려고, 자신과 가족, 직장을 지키려고 얼마나 노력하며 발버둥쳤는지 알게 되었죠. 사업은 망하고, 도와주던 친척, 친구,

동료들은 등을 돌리고, 가족들은 뿔뿔이 흩어지면서 겪게 되는 마음의 상처는 한 인간을 거리로 내몰며 모든 것을 포기하게 만들더라는 것입니다.

어느 누가 길거리에 귀를 대고 또박또박 걸어가는 발걸음 소리를 들으며 잠들고 싶을까요? 무심코 지나버리는 거리의 모든 사람들의 상황이 단순히 게으르다는 이유만으로 그리되지 않는다는 사실을 그분들을 통해 알게 되었습니다. 한편 그분들을 통해서, 이 사회가 인간을 인간답게 살게 하는 기회나 방법을 약자에게서 빼앗아서 강자에게 모아준다는 사실을 고민하게 만들어주었습니다. 또 한 가지 그분들을 통해 깨달은 것은 착한 사람이나 노숙하는 사람이나 더 나아가서는 파렴치한이나 사형을 당해야 마땅한 사람이라고 하더라도 결국 모든 사람은 똑같은 인간이라는 것입니다.

상담을 하던 어느 날, 어느 분의 삶의 얘기를 들으면서 그분의 고뇌와 슬픔, 상처, 그리고 어떻게든 자신을 놓지 않으려는 소망 속에서 저는 제 자신의 모습을 보았습니다. 그날 참 많이 울었던 것 같습니다. 슬퍼서 운 것이 아니라 인간의 본래 모습은 같은 것이구나 하는 깨달음 때문이었습니다. 내가 노숙인과 같다는 것이 조금도 부끄럽지가 않았습니다. 그래서 그분들과 함께 연극을 통해 솔직하게 소리를 지르기로 했습니다. 저의 떨리는 마음에 평안을 찾기 위해서요. 저의 지르는 소리에 오히려 그분들이 적극적으로 화답해주었습니다.

처음에는 모임 안에서 서로의 별명을 부르자는 의견이 있어, 저는 저의 별명을 '개미허리'라고 지었습니다. 평생 날씬했던 적이 없는 저로서는 날씬하고 예쁜 여자를 보면 질투와 부러움이 생겨서 나도 잘록한 허리를 가져보는 것이 꿈이라고 했더니, 그날 인물 만들기에서 저를 미스코리아로 만들어주더군요, 그분들이……. 그때 속으로 얼마나 기분이 좋고 흥분되었는지 아마 모르실 거예요. 그리고 얼마 전 역할극에서 어려운 집안을 꾸려가는 중에 자신의 꿈을 이루려 연극을 하겠다는 남편을 말리는 부인 역을 맡았는데,

나도 꿈이 있지만 생활이 어려워 힘들게 살고 있으니 참으라고 남편을 설득합니다. 세상에 어디 자기 꿈 하나 없는 사람이 있겠느냐며, 하지만 모두가 그 꿈을 이루기 위해 가족의 생계를 포기하지는 않는다고 말이죠. 나는 나의 역할에 충실하기 위해 남편을 말리고 있었지만 가슴이 아프더라구요. 그리고 나 자신을 되돌아보게 되더군요. 나는 도대체 나의 비전을 위해 어떠한 삶을 살고 있는가 하고 말입니다.

이렇게 우리들은 작은 공간에서 자신들 속에 묻어두었던 아픔을 다른 인물을 통해 소리 내고 드러냅니다. 서로가 그런 마음을 알기에 인정해주고 감싸주죠. 저는 제 자신을 되돌아보게 만들어주는 노숙인 연극팀을 참 좋아합니다. 하지만 이것도 평생 연극인이 되려는 것이 아닌 저에게는 근본적인 해결은 안 되는 것 같습니다.

나 스스로 강건해지는 또 다른 방법으로는, 저와 사람들에게 솔직해지듯이 하느님 앞에 솔직해지는 것입니다. 오늘 말씀처럼 우선 제 속사람을 강건하게 만드는 일입니다. 사실은 저나 교회나 이웃이나 사회가 함께 만들어가야 하는 것이죠. 모두들 당연한 말을 하려는구나 생각하실 것 같습니다.

그렇습니다. 수많은 말들로 귀에 익을 대로 익은 말이기도 합니다. 그런데 당연한 이것이 가장 힘들고 어렵고 몸이 안 따라주는 것 같습니다. 하느님에게 솔직해진다는 것이 뭐죠? 사람들에게 솔직해진다는 것과 어떤 차이가 있나요? 그것은 자신만의 노력, 내가 만든 성취, 내가 만들어놓은 믿음 등 그런 것들이 아닌, 순전한 자신의 존재를 진솔하게 하느님 앞에 가져가 하느님을 만나는 일인 것 같습니다. 있는 그대로의 자신의 모습으로 하느님을 만나는 것입니다. 조용한 방에서 깊은 묵상으로 그런 자신의 모습을 되새겨 보고, 자신의 상태를 있는 그대로 인정해보신 적이 있으신지요? 어찌 보면 어려운 얘기를 참 쉽게 하고 있는 것 같습니다. 그러나 그렇게 해보려고 노력하면 하느님은 참 예기치 못한 모습으로 다가오시더군요. 이번 "역사와 해석" 공부모임에서도, 고민하다 묻어두었던, 어렵고 힘들고 아픈 자들을 향한 예수의 해결방법이 무엇인지에 대해 "민중"이라는 화두로 저의 가슴을 치셨습니다.

마태오복음 5장 38~42절에 나온 대로 오른편 뺨을 치면 왼편도 돌려대고, 속옷을 가지고자 하면 겉옷도 내어주고, 오 리를 가자 하면 십 리를 동행하라는 말씀은 힘없는 민중들이 부끄러움을 모르는 세상을 이길 수 있는 방법임을 알게 해주었습니다.

지난번 영성공동체 훈련 때에도 그러셨습니다. 저에게는 평생 짐 같은 문제가 하나 있는데 침묵 중에 깊이 집중하는 속에서 그 무거웠던 짐이 풀어지는 경험을 했습니다. 그것은 내 안이 치유되는 경험이었습니다. 하느님은 제게 하느님에게 나가는 방법을 알려주셨던 거죠. 그것은 있는 그대로 인정하는 것입니다. 그리고 하느님의 의견을 묵묵히 기다리는 겁니다. 어떤 때는 하느님의 응답이 무슨 뜻인지 몰라 그저 기다리며 기도만 한 적도 있고, 어떤 때는 하느님의 응답이 너무 모질고 힘들어서 못하겠다고 반항한 적도 있습니다. 그러나 하느님은 나의 솔직함을 좋아하시더군요. 어떤 사람에게도 표현할 수 없는 소리를 하나님은 원하시고 들어주시더라구요. 매번 말입니다.

그런데 하느님 앞에서 솔직해진다고 하면서도 자존심을 부리는 경우가 많으시죠? 저도 그렇습니다. 어디에선가 자존심이란 것이 마치 미친년 머리에 꽂고 있는 꽃과 같다는 얘기를 들은 적이 있습니다. 싫은 소리를 해도, 몸을 만지고 장난을 걸어도, 별일 없는 듯 헤헤거리며 웃다가도 머리에 꽂은 꽃을 건들면 화를 버럭 내고 싸울 듯이 덤벼댄다는 것이죠. 우리가 가지고 있는 자존심이 꼭 그렇다는 겁니다. 무엇이 나에게 더 중요한지 알아야 할 것입니다. 나뿐만 아니라 내 주변의 이웃의 모습은 어떠한지, 그 이웃들과 만드는 세상의 모습은 어떤 것인지, 그 안에서 나는 어떤 모습으로 살아가고 있는지 말입니다. 정말 자신의 소중한 것을 잃어버리는 것에는 감각이 둔해져 있으면서 도리어 자신을 하느님으로부터 둔하게 만드는 것에만 민감해져 쓸데없는 자존심 싸움을 하고 있는 것은 아닌지 항상 생각해봐야 하겠습니다.

하느님과 사람들과 내 본연의 존재가 만나 그 역할을 깨닫는 것은 참으로 어려운 일이라고 생각합니다. 어디 그것이 쉬운 일이겠습니까? 그렇더라도 자신의 속사람을 다스림으로 우리들 안에서 이뤄지는 영광의 풍성함을 경험하며, 하느님의 역사하심으로 믿는 우리들에게 나타나는 능력이 크다는 것을 알게 되기를 바랍니다. 그러기 위해 각자 하느님 앞에서 솔직해지는 자신만의 방법을 어렵더라도 꼭 한 가지씩은 만들어보시기를 바랍니다.

데살로니카전서 5장 7절에서는 좌절하거나 실망하기에 앞서 먼저 하느님께 감사하며 항상 기뻐하는 삶을 살도록 힘써야 한다고 합니다. 모든 사람의 속사람이 성령의 능력을 힘입어 강건해지도록 말입니다. 분명 여러분들의 솔직한 기도에 하느님께서 위로와 평안으로 맞이하실 것입니다. 사람이 변하는 기적만큼 하느님이 바라는 기적이 어디 있겠습니까? 여러분도 여러분 자신을 통해 하느님의 기적을 만들어보시기 바랍니다.

평신도 사제가 보는 광주민중항쟁 | 이정임 |

사도행전 7:55~60, 베드로전서 2:4~5/9, 요한복음 14:15~21

저에게 주어진 이 시간을 한 구절의 시로 시작하고자 합니다.

가을 하늘 아래 서면
화살처럼 꽂히는 햇살에 맞아
늘
아프고 부끄럽더라

얼마쯤 잊어버린 죄책감을 꺼내어
맑은 물에 새로이 헹궈
깃대 끝 제일 높이 매달고 싶더라

크신 분의 목소리가 내 귀에 대고
괜찮다

괜찮다고 속삭일 때까지

밤새워 참회록을 쓰고 싶더라

(「가을 하늘 아래 서면」 _ 강진규)

　저는 희년여신도회 소속 이정임입니다. 제 고향 광주에 가면 고백교회가 있는데, 군부독재로 살벌하던 때 민주화와 5·18 진상 규명을 위하여 앞장섰던 의롭고 용감한 교우들에 의해 1983년 12월에 세워졌으며, 제게는 신앙생활에 있어서 친정과 같은 곳입니다. 어찌어찌 흘러와 향린공동체 안에서 여러분께 배우고 함께할 수 있음을 감사드립니다.

　'광주민주화운동'이라 할 때 저는 5·18보다는 5월 17일 오후를 잊지 못합니다. 그 당시 저는 80학번으로 따끈따끈한 대학 새내기였구요. 그때는 요즘처럼 별다방과 콩다방 또는 천사다방이 없던 때였고, 광주에는 충장로의 가장 중심에 우체국이 있었습니다. 그 앞 넓은 계단쯤에 서서 기다리는 곳을 우리는 '우다방'이라 부릅니다. 한 시간쯤 서 있으면 초·중·고 친구라든가 혹은 헤어진 옛 남친의 휴가 나온 소식까지 들을 수 있는 곳입니다. 5월 17일 오후 저도 '우다방'에 있었는데 갑자기 나타난 군인들에게 아무 대책도 없이 모두들 쫓고 쫓기는 상황이었지요.

　많은 일이 있었던 금남로는 충장로에서 80m쯤 떨어진 곳이구요. 당시 저희 집은 공수부대원들을 실어 날랐던 기차역과 전남 도청의 중간쯤에 있었는데, 5월 17일 오후 걸어서 20분이면 갈 수 있는 길을 큰 길로 나가지 못해 골목길로만 찾아다니면서 두 시간이나 걸려 집에 도착했습니다. 그 후로 열흘 동안 광주는 온갖 흉흉한 소문이 도는 공포와 혼돈의 도시였습니다.

　오늘 또 5월 18일이 되었지만 저는 그해를 기억할 때마다 무거운 부담감이 있습니다. 한 번도 시위대 가운데 서지 못했으며 대열의 뒤쪽 또는 도망가기 쉬운 곳을 택해 겨우 참여했고, 집으로 와서는 총알이 뚫지 못한다는 솜이불을 뒤집어쓰고 있기도 했습니다. 다쳐서도 잡혀서도 안 된다는 생각이 저의 마음이었고, 그것이 행동으로 나타난 것이지요. 파출소에 끌려가 훈방조치라도 받고 싶었는데 그렇게 하지 못했습니다. 미안합니다.

79년 10월에 있었던 부마항쟁에서 이어지는 80년 5월, 전두환의 일당들은 광주를 타깃으로 삼아 수백 명의 생명을 무자비하게 빼앗고 그들의 정권을 탄생시켰습니다.

2014년 봄, 우리 모두는 국상을 당한 듯 처참한 심정입니다. 카톡에 쓰는 말투라든지 동영상에서 보듯이, 배가 기운 다음 아이들끼리 수학에서 나오는 공식을 언급하면서 "야, 기울기 어떻게 푸냐, 어~ 이거 아닌데"라고 말하는 천진함, 희생자 시신을 확인하는데 나이키, 아디다스 바지, 이런 메이커들을 착용한 희생자들이 비교적 쉽게 신원 확인이 된다고 하여 "아가, 그런 메이커 옷 못 사줘서 미안하다"라고 외치는 어느 엄마의 절규를 보면서 원통하고 분하고 이런 뭐 개XX 같은 경우가 있나 하면서 아파합니다만 저는 또 하나의 고백을 해야 합니다.

저에게도 희생자들과 나이가 같은 고등학교 2학년 딸이 있습니다. 사건이 터지고 저는 딸아이에게 학교 전체가 간다는 2박 3일 봉사활동을 두고 "너희는 배 안 타지? 정말 다행이다" 말하고 있었습니다. 얼마나 어처구니없는 마음인지요? 부끄럽습니다.

공포로 정권을 잡은 80년의 사태와 세월호를 두고서 호통과 질책으로만 통치하는 오늘의 청와대. 저는 오늘 이 두 가지 사건을 생각하면서 어찌 이것밖에 안 되나 가슴이 먹먹합니다. 아직도 밝히지 못하는 그해 5월 발포명령자의 문제도 그렇지만, 이번에 세월호 사건의 현장에 그저 이벤트로 다녀가는 여자 대통령의 행동도 마찬가지입니다. 그 모든 것에 진실함이 없습니다. 그때는 상무관에 뉘어 있던 자식들, 지금은 바다 속의 아이들, 주검을 찾아 헤매는 부모의 아픔에 공감하는 감정도 없는 듯합니다. 둘째, 정권을 지키려고 몇백 명쯤은 본때를 보여 해치우거나 안중에 두지 않는 그들에게는 눈물도 없고 생명의 소중함도 없습니다. 그러나 셋째, 누구를 탓하기 전에 먼저 내 속에 있는 이상하고 애매하고·완악한 마음을 꺼내어 여러분과 함께 치유받고자 합니다.

제가 좋아하는 구절인 요한복음 8장 31~32절에서는 "너희가 내 말에 거하면 참으로 내 제자가 되고 진리를 알지니 진리가 너희를 자유롭게 하리라"라고 하십니다. 주어진 복음서의 본문에서는 우리가 계명을 지키면 진리의 영이 우리와 함께하고 고아처럼 그냥 버려두지 않는다 하십니다.

서신에서는 우리를 거룩한 제사장이라 일컬으시며 어두운 데서 불러내어 빛에 들어가게 하신다 했습니다. 우리가 진리를 알고 따르며 예수님을 닮아간다는 것은 신앙생활에서 더하기가 아니라 빼기이며, 곱하기가 아니라 나누기이고, 쌓기가 아니라 버리기입니다. 나를 비울수록 충만해지는 것이 성령의 존재감이며, 높은 곳을 바라보던 눈길을 낮은 곳으로 돌리는 것이 십자가의 길이라고 생각합니다.

처음 읽었던 시의 뒷부분을 한 번 더 읽음으로써 제 시간을 마무리하고자 합니다.

크신 분의 목소리가 내 귀에 대고
괜찮다
괜찮다고 속삭일 때까지
밤새워 참회록을 쓰고 싶더라

평신도 사제가 보는 세월호 사건 | 박채훈 |

사도행전 7:55~60, 베드로전서 2:4~5/9, 요한복음 14:15~21

안녕하세요. 안산에 살고 있는 박채훈입니다. 제 소개를 이렇게 시작하게 되었네요. 저를 기억하지 못하실까봐 말씀드리자면, 거의 10년 전부터 있는 듯 없는 듯 예배에만 참석하다가 작년 후반부터는 그마저도 제대로 하지 못하는 부끄러운 사람입니다.

이런저런 핑계로 인해서 이제는 교회에서 제 존재 자체도 흐릿해지게 되었습니다. 그런데 갑작스럽게 이 자리에 서게 된 것은 제가 했던 첫 인사와 관련 있습니다.

저는 정확히 10년 전 첫 아이의 출산과 함께 안산에 자리를 잡게 되었습니다. 그러면서 입시학원에 취직을 했고, 그것이 올해로 10년이 넘었습니다. 그 학원은 안산 내에서 제법 규모가 있는 학원이었기에 그만큼 많은 중고등학생들과 선생님과 학생으로 인연을 맺어왔습니다. 그리고 그것이 바로 제가 이 자리에 서게 된 이유입니다.

4월 16일, 그날 이후 한 달간 제게 일어난 모든 일을 말씀드리고 싶습니다. 전문가가 전하는 얘기도 아닌, 기자가 전하는 얘기도 아닌, 그리고 내가 아는 누군가의 얘기가 아닌, 지난 한 달간 저에게 일어났던 '제 이야기'를 하려 용기를 내서 여러분 앞에 섰습니다.

제가 학원에서 직접 함께했던 13명의 학생들이 이번 세월호 참사로 인해 희생되었습니다. 거기에다 현재 중등부에 수강하고 있는 학생의 언니가, 고3 학생의 동생이, 고2 학생의 너무 많은 친구들이 차가운 바다 속에 갇혔습니다.

또한 학원 재원생의 부모님 중 한 분인 단원고 선생님은 이 모든 일을 짊어진 채 지내고 있습니다. 그리고 저와 인연을 맺었던 몇몇의 생존 학생들이 고통의 시간을 감내하며 치유의 시간을 보내고 있습니다.

시신이 뭍에 올라와 안산으로 온 첫날인 4월 21일부터 지난주까지 저와 연이 닿았던 모든 학생들의 장례식에 학원 동료 선생님들과 빠짐없이 함께 다녀왔습니다. 부모님의 슬픔에 비할 바 있겠습니까만, 도저히 떨어지지 않은 발걸음으로 겨우 찾아간 첫 학생의 장례에서 저는 쏟아지는 눈물로 정작 부모님과 가족에게는 아무런 힘이 되지 못했습니다. 그렇게 속절없이 눈물만 흘리고 있는 제게 그 어머니는 "선생님, 힘내세요……"라며 오히려 제 어깨를 감싸 안아주었습니다. 여기 계신 모든 분이 마찬가지셨겠지만 참사 직후 심장이 터지고 미쳐버릴 것 같던, 아무리 애써도 마음을 추스를 수 없던 저를, 위로해주고 상처를 치료해준 사람은 다른 누구도 아닌 희생 학생의 어머니였습니다. 그렇게 한 명, 두 명…… 학생들의 마지막 길을 지켜봐오고 있습니다. 중학교 시절에는 말썽꾸러기 개구쟁이였던 아이들이었는데, 영정 속 17살 학생들은 한창 때의 너무나 잘생기고 예쁜 얼굴들이었습니다. 그 모습에 더 속이 미어집니다.

구조는 완전히 실패하고, 시신 수습조차 더디던 5월 7일, 저와 인연을 맺었던 모든 아이들은 부모님 품으로 돌아왔습니다. 제가 갔던 장례식장에서 대부분의 부모님들은 부의금을 받지 않았습니다. 편지와 함께 약간의 부의금을 동봉해 전하면, 한사코 거절하시며 "선생님, 이거 편지만 있는 거 맞죠? 저 봉투 열어서 확인합니다"라며 겨우 겨우 옅은 미소를 띠우며 마음만 받아주십니다.

키가 크고 수줍은 미소가 인상적이었던 한 남학생의 장례에는 두 부모님이 없이 한 살 위 누나가 조문객을 맞이하고 있었습니다. 조심스럽게 부모님에 대하여 물었더니, 아들의 시신을 거둔 후 두 분 다 기력을 잃고 쓰러져서 병실에서 수액을 맞고 있느라 조문객을 맞이하지 못한다는 안타까운 이야기였습니다. 그리고 그 부모님이 바로 세월호의 진실을 밝히고자 아들의 15분짜리 휴대폰 동영상을 언론에 공개한 박수현 군의 아버지였습니다. 죽을힘을 다해 아들의 희생이 헛되지 않도록 싸우고 있는 그 아버지를 누군가는 저들이 쓰는 더러운 말들로 덧칠하고 있으니 정말 얼마나 더 부모의 마음을 누더기처럼 만들어야 성에 찰는지.

끝까지 애를 태우다가 제게는 마지막 이별이었던 대현이라는 학생의 부모님은 저희에게 장례식에 와줘서 감사하다며 연신 허리를 굽히시는데, 면목이 없었습니다. 그 아버님께서는 최근까지 새카맣게 타들어간 가슴으로 진도에서 지옥과 같은 시간을 보내셨는데, 바싹 마른 입술을 겨우 떼시며 저희에게 이런 말씀을 하시더군요.

"이번 일을 계기로 우리나라가 제대로 정신 차리고…… 100%는 아니어도 60%, 아니 40%라도 안전에 대하여 고민하고 고쳐 나갔으면 좋겠어요. 그래야 우리 아이들이 다시는 이런 일을 겪지 않지요……. 이번 단원고 부모님들이 끝까지 함께 힘을 모으기로 했어요……."

저는 이 말을 들으면서 고개가 끄덕여지는 것이 아니라 충격을 받았습니다. '어떻게 저런 말씀을 하실 수 있지? 내 자식이 죽었는데, 나 같으면…… 남의 자식이 알게 뭐야. 다 죽든 말든…… 왜 나한테만 이런 일이…… 이렇게 생각할 텐데…….' 성인과도 같은 그 부모님의 말씀을 들으면서 오히려 너무나 화가 났습니다. 이런 사람들에게 나라가 어려우니 잠자코 있으라고, 해주는 대로 받으라고, 혹시 다른 수작이 있는 거 아니냐는…… 짐승의 심장을 가진 인간들 때문이었습니다.

지난 16일은 세월호 참사가 일어난 지 꼬박 한 달이 되는 날이었습니다. 처음에 말씀드렸던, 제게 오히려 힘을 내라고 하셨던, 거의 첫날 시신이 수습된 학생의 어머니가 한 달이 지난 그때 분향소 유가족 쉼터에서 거의 한 시간이 넘도록 오열했다는 이야기를 들었습니다. 어디선가 얼핏 듣기로 남겨진 가족에게 가장 위험한 때가 이별 후 '한 달'이라고 하더군요. 그동안은 많은 사람들이 함께하겠다 약속하고 위로했기에 슬퍼하며 분노하며 겨우 버텼는데, 한 달이 지난 지금, 모든 것이 사라졌다는, 기억마저 없어질지도 모른다는 두려움이 갑작스럽게 엄습한 것은 아닐까 추측해봅니다. 그리고 이제 이런 슬픔은 나머지 가족에게도 차례로 나타날 것입니다. 저는 그들을 지켜야 한다고 생각합니다.

그저께 금요일에 학원 선생님들에게 피자 여러 판이 배달되어왔습니다. 삼우제를 마친 한 학생의 부모님이 딸의 가는 길에 함께해줘서 고맙다는 마음을 그렇게 전하셨습니다. 차마 목으로 넘어가지 않는 피자 조각을 바라봅니다. 안산은 이렇게, 더디지만 지혜롭게, 차근차근 상처가 아물도록 서로 보듬고 있습니다.

여기 함께 계신 향린 가족 여러분, 긴 시간 제게 눈을 맞춰주셔서 정말 감사합니다. 세월호 참사 희생자, 실종자, 생존자 및 가족대책위원회가 호소문을 냈습니다. 진상규명을 위한 천만인 서명을 호소하고 있습니다. 허락해주신다면 서명을 부탁드리고 싶습니다. 내일, 월요일 낮에 제가 일하고 있는 학원의 직원 모두가 다시 한 번 합동 분향소에 갑니다. 그 길에 주변 사람들에게 받았던 서명지와 향린 가족의 서명지를 가족대책위원회에 전달하

려고 합니다. 한동안 예배에 참석도 안 하다가 이렇게 불쑥 나타나 부탁을
드려 죄송합니다. 그리고 저를 보듬어주셔서 정말 감사합니다.

제4장

향린에 띄우는 연서

신앙과 교회

누구든지 하느님의 성령의 인도를 따라 사는 사람은 하느님의 자녀입니다.

로마서 8:14

향린에 띄우는 연서 | 이영라 |

이사야 44:6~8, 로마서 8:12~25, 마태오복음 13:24~30

저는 향린교회에 다니다가 2008년부터 미국에서 신학 공부를 하고 있는 이영라라고 합니다. 타지에서 생활하면서 제가 가장 그리웠던 것은 한국 음식, 특히 감자옹심이와 추어탕, 8살짜리 조카 정호, 그리고 향린이었습니다. 새신자교육을 함께 받았던 서형식 집사님, 어수남 집사님, 최재우 교우님, 우리 성가대 알토 팀, ≪향린≫지 식구들, 청소년부 아이들과 동료 교사님들, 72~73년생 또래 모임, 그리고 무엇보다 떠나기 전 함께 성경공부하면서 저를 무지 이뻐해주셨던 권사님들, 백경신 권사님, 윤여중 권사님, 안정연 권사님, 임송자 권사님, 보고 싶었습니다.

오늘 이 하늘뜻펴기는 향린공동체에 보내는 제 연애편지입니다.

사실 왜 그렇게 그리웠는지 모르겠습니다. 그 이유를 여전히 뭐라고 확실하게 열거할 수는 없을 것 같습니다. 하지만 공부하는 과정에서 문득문득 때로는 절실하게 그 이유를 일부나마 깨닫게 되는 순간이 있었던 것도 사실입니다. 연서를 쓰는 누구나가 그런 것처럼, 저 역시 설렘과 긴장을 안고 향린이 왜 그리도 그리웠는지 고백하려고 합니다.

미국에서 공부하던 중에 맨 처음 향린이 상기된 것은, 신학 기초과정에서 반드시 이해해야 할 핵심 개념의 목록에서 "민중신학" 네 글자를 발견했을 때의 일입니다. 미국의 신학자들이 민중신학으로부터 서구 기독교 신학의 한계를 넘기 위한 새로운 대안을 배우고자 한다는 것을 알게 되는 순간이었습니다. 뭔가 우쭐하기도 하고 울컥하기도 했던 것 같습니다. 그리고 차차 시간이 지나면서 끊임없이 향린의 이름을 되새길 수밖에 없었던 것은 해방신학자들, 서양의 목회자들이 모두 씨름하며 찾고 있는 새로운 교회의 모습이, 바로 제가 경험한 향린공동체의 모습이었기 때문입니다.

제가 만난 신학자들과 목회자들은 하느님 나라, 혹은 그리스도교 공동체를 누구도 소외되지 않고 모두가 함께 평등하고 자유로운 삶을 살아가는 포용의 공간으로 새롭게 정의하고 있습니다. 이런 새로운 정의는 선인과 악인, 하느님 자녀와 그렇지 않은 사람이 절대적으로 구분될 수 있다는 견해에 대한 회의에서 비롯되었습니다. 하느님 나라를 죄를 짓지 않는 선한 사람만이 갈 수 있는 배타적인 곳으로 보는 견해가 차별과 억압을 정당화해왔다는 것이 드러났기 때문입니다. 이런 이분법적 견해는 교회 역시 선한 사람만이 다닐 수 있는 완벽하고 우월한 공동체로 상상하게 만들어왔습니다. 여기서 선한 사람이란 대개 성서의 말씀과 성직자의 권위에 무조건 순종하는 사람을 의미했습니다.

이런 배타적인 선의 세계로서의 하느님 나라에 대한 정의와, 여기에 깔린 선과 악이 절대적으로 구분될 수 있다는 논리는 정치권력자들의 지배를 도와왔다고 합니다. 성서신학자들은 로마의 권력자들이 초기 그리스도교 공동체의 종말론적 신앙이 그들의 권력 유지에 도움이 된다는 것을 알고 있었기 때문에 일정 부분 묵인했다고 말합니다. 이 세상을 악으로, 도래할 하느님 왕국을 선으로 규정하면서 현실의 사회구조를 바꾸기 위해 투쟁하는 대신 체념한 채 심판의 날이 오기만을 기다리게 하기 때문입니다.

우리는 과거 독재정권들이 북한을, 공산당을 악의 세력으로 규정하고 이를 척결한다는 명분으로 법과 규칙을 만들어 그들의 권력을 유지했다는 것을 알고 있습니다. 세월호 사건을 통해 정부는 유병언 씨를 공공의 적으로 만들었습니다. 제가 사는 안양 평촌의 아파트에서 간첩 전단지를 연상시키는, 현상금이 걸린 유병언 씨의 검거를 위한 전단지가 전 아파트에 배포되었습니다. 초등학교 1학년인 제 조카가 그 전단지를 들고 와서는 자기가 잡겠노라고 다짐했습니다. 자주 다니는 김밥집 할머님은 현 대통령이 나라를 구하고 있다고 칭송했습니다.

세계 곳곳에서 일어나고 있는 이런 현실을 목도하면서, 현장 목회자들과 신학자들은 하느님 나라 혹은 교회를 선하냐 악하냐, 죄인이냐 아니냐를 판단하는 곳이 아닌, 각 사람이 인간으로서의 존엄성과 자유를 평등하게 누리는 곳이라고 다시 정의합니다. 그리고 이를 위해 중요한 것은 각 사람의 차이, 나아가 거기서 비롯되는 한계와 약함이 존중되는 것이라고 강조합니다.

우리는 모두 다릅니다. 다른 부모에게서 태어나 전혀 다른 환경에서 자랐습니다. 각각의 환경 속에서 씨름하며 우리 각자는 누구에게도 쉽게 내보일 수 없는, 오직 하느님과 나만이 아는 상처와 약점을 품고 삽니다. 생계를 유지하고 가족을 지키기 위해 때로 비겁해질 수밖에 없습니다. 그래서 우리는 바로 옆자리에 앉은 교우가 혹은 친구가 누구인지, 무슨 문제와 씨름하고 있는지 쉽게 단정지을 수 없습니다.

그래서 최근의 신학자와 목회자들은 하느님 나라, 교회를 합의와 순종이 아닌 갈등과 대립, 비판의 장소로 특징짓습니다. 차이와 다양한 견해를 인정할 때 긴장과 갈등, 대립은 불가피하기 때문입니다. 갈등을 받아들이고 비판을 수용하면서 설득의 노력을 기울일 때에만 누구도 배제되지 않고 약자가 보호되는 공동체가 가능하다는 것입니다. 갈등과 대립, 비판과 논쟁은 바로 우리 각자가 있는 그대로 존중받고 자유를 누리고 있다는 증거이기 때문입니다.

교실에서 만난 신학자들과 목회자들은 이런 하느님 나라, 교회로의 변화를 위해 다양한 신학적 노력을 기울였습니다. 하느님 나라를 지상의 제국의 모습으로, 하느님을 가장 높은 왕좌에 앉아 심판하고 통제하는 황제처럼 묘사하는 성서구절을 비판합니다. 다른 종교들과 대화하면서, 대립과 차별을 심화시키는 이분법적 언어 대신에 소통과 포용, 화해의 언어를 만들기 위해 고민하고 있습니다. 해방신학에서 해체되어야 할 권력구조를 대표했던 "가부장제"라는 말을 "주인의 지배"라는 말로 바꿔야 한다고 제안합니다. 가부장제는 남성과 여성을 적으로 만들고 억압받는 남성을 소외시키기 때문입니다. 동시에 이들은 대안이 될 모델을 찾고 있습니다.

저는 이런 고민을 함께하면서, 제가 이미 그들이 만들고자 하는 공동체를 경험했다는 것을 깨닫게 되었습니다. 향린교회가 바로 그런 곳이라고 손을 번쩍 들고 말하고 싶었습니다. 그리고 제가 왜 향린을 그리워하는지 알게 되었습니다.

향린 식구들은 각기 다른 배경과 직업을 가졌음에도 불구하고 서로의 차이를 존중했습니다. 짐작할 수 없는 서로의 고통과 상처에 대해 배려했습니다. 서로를 설득하고 납득시키기 위해 정성을 기울였습니다. 전 향린에서 처음으로, 저의 한계와 실수를 있는 그대로 드러내며 자유로울 수 있었던 것 같습니다. 향린은 웬일인지 착한 척하지 않고, 있는 그대로의 저를 드러낼 용기를 주었습니다. 존중받는다고 느꼈고, 저 자신에 대한 사랑을 되찾을 수 있었습니다. 사실 그 당시에는 그리 깊이 깨닫지 못했었습니다. 회의 때의 긴 토론이 가끔씩 지루하게 느껴지기도 했고, 희청실에서 긴 시간 답이 나오지 않는 논쟁을 반복하다 보면, 때로는 이전에 다녔던 보수 교회의 순종하는 분위기와 뒤따르는 평화, 카리스마 있는 목사님의 강력한 한 마디가 그리워지기도 했습니다. 그래서 저의 공부는 사실 향린이 얼마나 귀중한 곳인지를 깨달아가는 과정이었습니다.

여러분, 향린이 합의하에 선을 이룬 완벽한 공동체라고 생각해서 이곳을 선택하셨나요? 만약 그렇다면 언젠가 떠날 이유를 찾게 될지도 모릅니다. 전 여러분들이 그런 이유로 향린을 선택했다고 생각하지 않습니다. 제가 경험한 향린에서는 갈등과 긴장, 고민들이 통제 없이 있는 그대로 받아들여졌고, 더디더라도 서로의 차이와 약함과 한계를 탓하지 않고 보듬어 함께 나아가기를 선택했습니다. 우리는 죄인이 아니라 자유인이라고 고백합니다. 얼마 전 페이스북에서 길목협동조합에서 올린 글을 보았습니다. "실수를 저지르고 실패를 반복하는 것이 바로 인간"이라는 글귀였습니다. 우리 각자의 불완전함과 서로의 차이를 받아들이고, 갈등과 대립을 이해하고 극복하려는 용기, 그것이 사랑이며 진정한 신앙이며 바로 하느님을 알아가는 것이라는 사실을 향린을 통해 배웁니다.

오늘 읽은 본문들은 우리를 구원하시는 하느님의 권능과 주권을 선언합니다. 그리고 좋은 씨와 가라지를 대조시키면서, 하느님의 구원을 받을 하늘나라의 자녀와 불덩이에 던져질 악한 자의 자녀가 구분된다고 말합니다. 선한 사람과 악한 사람이, 하느님의 자녀와 그렇지 않은 사람이 확연히 구분되는 것처럼 들립니다. 하느님은 언뜻 우리를 엄하게 심판하는 재판관처럼 보입니다.

그런데 향린의 마음으로 좀 더 깊이 본문을 읽어보면, 인간이 약하고 고통받는 존재라고 전제하고 있다는 점을 발견하게 됩니다. 그리고 주님은 우리의 약함을 불쌍히 여기고 위로하며 힘을 주는 어질고 너그러운 분입니다. 다윗의 하느님은 친밀한 하느님입니다. 다윗은 야훼를 나의 하느님, 당신이라고 부릅니다. 그렇다면 여기서 우리는 가라지를 추려내는 분, 선인 혹은 의인과 악인을 판단할 수 있는 존재가 하느님이라는 점에 주목해야 할 것 같습니다.

로마서 14장과 15장에서 바울로는 약자와 강자, 혹은 선인/악인을 판단하는 것은 오직 하느님의 몫이라고 강조하면서 교회 안에서 스스로 이를 판단하며 분열을 일으키는 사람들을 경계합니다. 그렇다면 하느님의 판단 기준은 무엇일까요? 그것은 우리 인간의 기준과 다를 것입니다. 우리를 은밀히 살피시고 돌보시는 하느님은 우리의 다름을 아시고, 때로 성서에 죄라고 기록된 어떤 행동을 할 수밖에 없게 만드는, 누구도 미처 알지 못하는 한 사람 한 사람의 상처와 한계를 아실 것이기 때문입니다. 향린을 이런 하느님의 마음을 닮아가려고 노력하는 공동체로서 사랑한다고 고백한다면, 저를 사랑에 눈이 멀었다고 하실 분이 계실까요?

강정에서, 밀양에서, 광화문에서, 혹은 우리가 미처 알지 못하는 여러 곳에서, 자신의 시간과 노력, 생명의 일부를 희생해서 서로를 일으켜 세우며, 고통받고 생존을 위해 투쟁하는 이웃을 위해 온 정성을 기울이는 한 사람, 한 사람의 헌신이 향린이라고 생각합니다. 그리고 향린의 헌신은 선한 사람으로 인정받아서 천국에 가고자 하는 욕망이나 죄인이 될지 모른다는 두려움에서 비롯된 것이 아닙니다. 약하지만, 불완전하지만, 그 모습 그대로 더불어 의지하며 살아가겠다는 자유인으로서의 선택이며 결단이라고 생각합니다.

조카와 즐거운 시간을 가졌고 감자옹심이도 먹었습니다. 오늘 그리워하던 여러분과 마음을 나눴습니다. 이제 추어탕만 먹으면 되겠네요. 그리웠습니다. 사랑합니다. 저의 불타는 사랑을 받아주시겠습니까?

향린 모태교우의 고백 | 임한빈 |

요엘 2:25~27

'왜 향린교회에 다니느냐?'고 직접 질문을 받아본 건 이번이 처음입니다. 이것은 '왜 교회에 다니느냐?'는 것과는 여러 가지로 다릅니다. 처음 이 질문을 접했을 때에는 의미를 정확히 파악하지 못해서 한참 불필요한 생각에 잠기기도 했습니다. 그 와중에 생각난 이야기들 중에 주제에서는 조금 벗어나지만, 제가 요즈음 들어 고민하는 부분에 대한 이야기가 있어 그걸 먼저 조금 얘기해볼까 합니다.

가끔 새 교우들이 저에게 '어떻게 향린을 다니게 되었느냐?'고 물어보면 저는 '정신이 들고 보니 다니고 있었다'라고 대답하곤 합니다. 정확합니다. 저는 정신을 차리고 보니 어느새 향린교회에 다니고 있었습니다.

그것과는 달리 '왜 향린을 다니느냐?'는 질문은 그 질문을 받는 사람마다 조금씩 다른 의미로 다가가는 것 같습니다. 자신의 힘으로 교회를 찾은 경우는 왜 찾게 되었고, 왜 선택하게 되었느냐는 데에 중점이 있겠고, 저처럼 아주 어릴 적부터 부모님을 따라 교회에 나오기 시작한 경우에는 정신이 들고 나서, 조금 생각이 커진 후에 자신의 생각으로 교회에 계속 다니는 이유가 무엇이냐고 묻는 것으로 들립니다. 저는 지금 제가 향린교회에 다니고 있는 이유가 무엇인지를 '이렇고 이렇기 때문'이라고 말씀드릴 수는 없습니다. 저는 어떤 뚜렷한 느낌이나 방향 때문에 다니고 있는 것이 아니기 때문입니다. 제가 다니는 이유를 얘기하려면 제가 겪은 그 상황들을 이야기해 드리는 것이 먼저일 것입니다.

저의 이야기에서 가장 중요한 포인트는 '정신을 차린 후', '생각이 커진 후'가 아닐까 생각됩니다. 정신을 차렸을 때가 언제인지 정확히 기억나지는 않습니다만, 아마 중학생 때 즈음에 처음으로 왜 교회를 다니는가에 대해서 생각해보게 된 것 같습니다. 그전에는 그냥 부모님께서 다니시니까 같이 간다는 정도였던 것 같고요.

그렇게 처음 왜 교회를 다니느냐에 대한 생각을 하게 됨과 동시에 새로운 경험을 한 가지 했는데, 향린이 아닌 다른 교회에 가보게 된 것입니다. 물론 그전에도 가본 적은 있지만, 그때는 '정신을 차리기 전'이었고 이번에는 '정신을 차린 후'인 것입니다. 그곳에서 저는 여러 가지로 깜짝 놀랐습니다. 엄청난 크기의 예배공간과 수많은 사람들, 그 규모에 첫 번째로 놀랐고, 무언가 마음에 와닿지 않는 먼 이야기를 하는 듯한 설교에 두 번째로 놀랐습니다. 규모와 예배공간에 대한 부분은 처음에는 부럽기도 했고 많이 신기했습니다. 교회가 이런 모습으로도 존재하는구나 싶었습니다.

이 첫 번째 놀람은 제가 지금 고민하고 있는 부분과도 연결되는데, 바로 교회와 자본의 관계에 대한 것입니다. 점점 생각이 많아지고 또 나름대로 깊어지면서 그런 크고 화려한 교회가 어떤 자본에 의해서 어떻게 세워질 수 있는지에 대해서 궁금해진 것입니다. 일단 이 이야기는 접어두고 다음으로 넘어가서, 설교를 듣고는 정말 실망을 금치 못했습니다. 뭔가 허전했지만 뭐가 부족한지는 알지 못했고, 그때 저를 그 교회에 불렀던 친구와 그 일로 말다툼을 벌이기도 했습니다. 설교가 이상하다고 실망이라고 얘기는 했는데 그 이유를 정확하게 듣지 못하니 말다툼이 벌어질 수밖에 없었습니다. 그 설교 내용이 지금은 전혀 생각나지 않아 그 이유는 미스터리로 남겠지만, 그 당시에는 정말 이상했습니다. 그러면서 저 나름대로 그때 그 교회에 적응하지 못한 이유를 생각해보았습니다. 그런데 그때는 그리 심각하게 고민하지 않고, 그냥 단순한 의문거리로 더 이상 알아보지 않고 지나쳐 버렸습니다.

그러다가 고등학생이 되어서 친구가 다니는 교회를 또 한 번 가게 되었습니다. 그곳에서는 두 가지만 놀랐으면 참 다행이다 싶을 정도로 심하게 많이 놀랐습니다. 두 번을 가게 되었는데, 첫 번째는 그 교회에서 총출석주일이라고 정하고 지키는 날, 두 번째는 그 교회의 담임목사님 아들의 결혼식이었습니다. 그저 갈비탕이나 한 그릇 얻어먹겠다고 친구를 따라갔었는데, 제 생각보다 훨씬 성대한 결혼식과 이동식 뷔페를 불러서 준비한 음식들은 저를 깜짝 놀라게 했습니다. 또 그 교회는 정말 규모가 크고 그 모습도 화려했습니다. 내부 시설도 다양하고 좋더군요. 물론 신도들도 많았습니다.

총출석주일은 친구가 저를 그 주일이 되기 한 달도 전부터 가자고 가자고 꼬셔서 가게 되었는데요. 왜 그렇게 친구가 저를 꼬셨는지를 그 교회에 가고 나서야 알게 되었습니다. 가장 전도를 많이 한 사람한테 선물을 주더군요. 약 20만 원 상당의 자전거였습니다. 2등, 3등에게도 꽤나 값진 선물을 주었습니다. 그리고 새로 온 사람들 모두에게 CD를 여러 장 담을 수 있는 케이스를 나누어주기까지 했습니다. CD 케이스에는 "총출석주일 기념"이라고 프린트된 스티커가 붙어 있었습니다. 정말 어이가 없었습니다. 어찌하여 이 교회는 이런 식으로 사람을 끌어 모으려 하는 건지 이해할 수 없었고, 이것이 교회의 모습인가? 하는 의문이 머리에서 떠나지 않았습니다. 그 당시에 받은 충격은 그 친구에 대한 배신감으로 이어졌고, 교회에 대한 불신과 기독교에 대한 실망감으로 연결되었습니다.

그 이후 기독교의 의미에 대해 상당한 의문을 갖게 되었습니다. 그 궁금증에 대한 해답은 쉽게 주어지지 않았고, 저는 고등학교 3학년 때 학업을 핑계 삼아 교회에 안 나가기 시작했습니다. 마치 하나의 관습처럼 향린의 고3들은 다들 하나같이 교회에 잘 안 나갔었지만, 저는 그전에는 고3이 되어도 그러지 않겠다고 생각하고 있었습니다. 그렇지만 그런 궁금증과 불신감을 가지게 된 뒤로 교회에 가는 것이 귀찮아지고, 결국 안 나가는 날이 아주 많아졌습니다.

그러다가 세계사를 공부하고 윤리과목을 공부하면서 옛 기독교의 모습과 기독교에 관련된 사상가들의 이야기들을 접하게 되었습니다. 물론 윤리 책에는 예수님에 대한 내용도 나와 있습니다. 사실 저는 자연계열이라서 세계사나 윤리과목을 열심히 하지는 않았습니다만, 어느 정도 공부를 하면서 기독교가 악행에 이용된 역사에 대해 특별히 관심을 두게 되었습니다. 그리고 제가 자연계열을 공부하다 보니 수많은 과학적인 현상과 이 세계에 대한 과학적 접근을 배우게 되었지요. 그러면서 점점 기독교에 대한 생각은 부정적인 고리에 빠져들고, 수학적·과학적 사고에 의존하게 되어 결국 한때 신은 없다고 생각하기도 했었고, 제 나름의 논리로 기독교 발생의 의도가 어쨌든 지금의 기독교는 사회악이라고 느끼기도 했습니다.

작년 인권주일에 류상태 목사님께서 안티기독교인들에 대한 얘기를 하신 것을 기억하실는지 모르겠습니다. 저는 거의 그들과 같은 생각을 가지고 있었습니다. 그렇지만 저는 그들과 같은 부류가 되지는 않았습니다. 저는 그 이유가 제가 향린을 알고 있었기 때문이라고 생각합니다. 그리고 그와 동시에 제가 안티기독교와 같은 생각을 하게 된 것도 향린을 알고 있었기 때문이 아닌가 생각합니다.

옳은 것이 무엇인지 모르면 그른 것이 무엇인지 알 수 없습니다. 제게 향린은 분명히 제가 경험한 그 교회보다 옳았고, 그렇기 때문에 그 순간에 그 교회에 대한 환멸감을 느끼게 되지 않았나 싶습니다. 그리고 바로 전에 말씀드렸듯이, 향린을 알고 있었기 때문에, 저는 교회로 돌아올 수가 있었습니다. '향린이라면 괜찮겠구나!' 하는 생각이 들었기 때문이지요. 지금은 그 외에도 사회활동과 교회의 관계나 정치적인 부분에서의 교회의 역할 등에 대해 조금씩 알게 되고, 그 분야에서 좋은 활동을 보이고 있는 향린의 모습, 처음의 좋은 취지를 유지하기 위해 노력하려는 향린의 모습, 우리의 얼을 살리는 독자적인 예배를 만들어나가는 향린의 모습, 조금 더 정확하고 구체적인 부분까지 예수를 좇는 향린의 모습에서 매력을 느껴서 이곳에 제가 있지 않나 생각합니다.

얼마 전 조헌정 목사님께서 유일신관과 다신관에 대한 이야기를 하실 때에 저는 큰 공감을 얻을 수 있었습니다. 저는 기독교의 가장 큰 단점이 유일신관이라고 생각합니다. 간혹 어떤 기독교인들은 유일신관 때문에 다른 모든 종교와 다른 모든 신들을 부정하고, 또는 이단 취급 하기도 하지요. 저는 그런 생각을 전혀 이해할 수가 없습니다. 다른 사람의 생각을 무시하는 것은 어떤 경우에도 옳지 못합니다. 대관절 예수님께서 다른 종교를 온전히 믿고 있는 사람들을 향해 이단이라고 욕하신 적이 있으셨습니까?

그리고 가끔은 전도라는 것이 사람들로 하여금 어떤 불안감을 조성해서 간접적으로 협박, 강요하는 것은 아닐까 하는 걱정이 들곤 합니다. 저는 요즘에도 지하철에서나 길거리에서 또는 학교에서 전도를 목적으로 하는 전단지 같은 걸 받을 때면 참 짜증이 납니다. 명동거리에서 '불신지옥 예수천국'이라고 걸어놓고 시끄럽게 찬송을 하는 사람들을 볼 때면 정말 저 사람들과 같은 종교를 가지고 있다는 사실이 기분 나쁘게 느껴집니다. 전도의 방법이 아주 잘못되었다고 생각합니다. 종교를 원하지 않는 사람들에게 아무리 이야기해도 그들은 듣지 않습니다. 관심조차 갖고 싶어 하지 않고, 조금만 그 이야기가 길어지면 짜증이 나겠지요. 그런 사람들에게 큰소리로 찬송을 부르면 그것은 소음일 뿐입니다. 그들에게는 차라리 기독교의 긍정적인 활동을 보여주는 것이 좋지 않을까 생각합니다.

현재 기독교는 긍정적인 부분보다는 부정적인 부분이 사람들 눈에 크게 부각되고 있고, 현재 진행 중인 여러 가지 전도의 방법이 오히려 역효과를 낸 것이 아닌가 생각합니다. 상대방의 입장에 서서, 기독교인이 아닌 사람들의 입장에 서서 기독교를 한번 바라봐야 한다고 생각합니다. 그렇게 하고 나면 그들에게 좀 더 좋은 모습으로 다가가 기독교를 이야기할 수 있지 않을까 생각합니다.

끝없는 욕망과 달콤한 유혹 | 인민지 |

루가복음 24:13~35

저는 기독교의 핵심이 '예수와 그의 삶'이라고 생각합니다. 그렇다면 그리스도인은 참 하느님이고 참 사람인 예수와 그의 삶을 따라 살아야 하는데, 저의 고민은 바로 거기에서 출발합니다. 불완전한 인간은 완전한 신을 본보기 삼아 그와 같이 살아가려 애를 씁니다. 하지만 계속해서 절망을 맛보면서도 신의 경지에 도달하기 위해 끊임없이 정진해야 하는지 의문이 들곤 했습니다. 아마도 그 때문에 성찬식 때 향린신앙고백문을 읽으면서 향린교회를 열심히 다녀야겠다고 굳게 결심하게 되었던 듯합니다.

다행인지 불행인지 모르겠지만, 성서에 나타난 예수님은 불혹의 나이까지도 세상에 살지 못하셨습니다. 청년의 시기, 그중에서도 가장 투지와 정의에 불타는 30대 초반까지 사셨습니다. 그것도 독신으로 사시다가 십자가에서 돌아가셨습니다. 하지만 그게 더 다행일 수 있다는 매우 불경스러운 생각을 해봅니다. 처자식이 딸리고 점점 나이가 들었다면 점점 흔들리는 모습만 남았을지도 모릅니다. 어쩌면 아주 실망스러운 결말로, 메시아는커녕 웃음거리가 되었을지도 모릅니다. 사람들의 결단을 촉구하는 극단적 결말을 요구하는 것은 요즘 세상에만 있는 일은 아닌가 봅니다.

제가 특별히 예수님의 광야 시험과 금식의 내용을 선택한 데에는 이유가 있습니다. 제가 먹을 것에 가장 약하기 때문입니다. 저는 배가 고프면 저도 모르는 사이에 무의식중에, 이유 없이 화가 나고 초조해지면서 신경이 날카로워집니다. 그것 때문에 연애 초기에 김종완 집사가 엄청 고생을 했습니다. 30년 교회를 다니면서 새벽기도는 해도 금식기도는 한 번도 해본 적이 없습니다. 남들이 아무리 몸매에 신경 좀 쓰라고 해도 다이어트를 해보아야겠다는 생각조차 단 한 번 해본 적이 없습니다. 이 때문에 지율 스님의 백일이나 예수님의 사십일은 고사하고, 밥만 한 끼 굶어도 사고 회로가 끊어지는 저로서는 이 부분이 항상 도전의 말씀이었습니다.

단순 논리로 보면 유혹은 욕망의 산물입니다. 원하는 게 있으니까 흔들립니다. 인간이 신이 될 수 없는 첫째 이유는 끊임없이 무엇인가 요구하는 몸과 마음의 욕망 때문입니다. 단순히 육신의 욕망만을 탓할 수도 없습니다. 마음과 정신에서 요구하는 욕망이 더욱더 강하고 집요하며 무섭기 때문입니다. 예수님께서 광야에서 악마의 유혹을 물리치는 데 성공하신 다음에야 공생애를 시작하셨다는 성서의 기록은 바로 참인간인 예수께서 드디어 참하느님으로 도약하는 데 성공했음을 드러내기 위해서였는지도 모릅니다.

이 시점에서 저는 '그때 거기'에서 돌아와 '지금 여기'를 보려 합니다. 지금 이 땅의 청년을 한번 냉정하고 객관적으로 보려고 합니다. 개인적으로는 가치관과 인생관과 정체성의 확립, 부모로부터의 경제적인 독립, 소통할 수 있는 연인이나 배우자와의 가정 구성, 원하는 직업과 직장의 획득 등 독립된 개인으로 살아갈 수 있는 바탕을 마련하기 위해 발버둥치고 있습니다.

사회적으로는 무너뜨려야 할 거대한 문제도, 무너뜨리는 성취감도, 왜 무너뜨려야 하는지에 대한 성찰도 함께 나눠본 경험이 별로 없습니다. 그러니까 저를 포함한 지금의 20대들은 사회를 향한 공동의 문제의식뿐 아니라 이를 해결하기 위한 튼튼한 연대감이나 공동체성도 없다고 하는 편이 정확합니다. 또한 무한경쟁과 개인주의의 물결 속에 유년기와 청소년기를 지나 청년기를 지내고 있기에, 나의 관심사가 아니거나 나와 맞지 않으면 예의 이상의 관심이나 배려도 어렵습니다. 만약 지금 이 시대의 우리에게 누군가 다가와서 예수님께 한 것처럼 내가 갈망하는 것에 대해 조금이라도 좋은 조건을 제시했다면 어떠했을까요? 원하는 직업, 원하는 배우자, 원하는 학벌, 원하는 물질 등등 말입니다. 과연 예수님처럼 단호하게 거절할 뿐만 아니라 가르쳐서 돌려보낼 수 있을까요? 적당히 타협하면서 이 정도는 괜찮겠지 하며 스스로 위안하지는 않을까요?

'향린교회 청년신도회'라는 고유명사에서 느껴지는 압박감은 이와 비슷합니다. 나 몰라라 하자니 양심에 켕기고, 신경 써서 하자니 부담스럽습니다. 어쩌면 기독교인으로 살기 위해서 늘 겪는 갈등일지도 모릅니다.

『향린 40년사』와 같은 교회 내의 여러 매체에서 보고 들어온, 향린 선배 청년들의 전설에 가까운 역사를 듣고 있으면 상대적으로 매우 초라한 나를 발견하게 됩니다. 이루어놓은 업적을 이어가기도 어려울 정도로 높고 빛나는 탑을 쌓아놓았는데, 선배들은 아직도 쉬지 않고 앞을 향해 달려 나가는 듯이 보입니다. 누군가 꼭 해야 하는 중요한 사명이라는 건 알지만, 막상 내가 가려고 하면 발걸음이 떨어지지 않고 마음이 썩 내키지 않고, 이 곤란한 상황을 그저 잘 핑계대서 피하고 싶습니다.

지금 같이 급변하는 사회에서도 계속 저렇게 전과 같은 기조의 사회운동을 관성적인 방법으로 이어서 해야 하는 것일까 하는 의구심, 기쁨과 즐거움과 감동이 없는 참여는 진정한가 하는 자책, 교회 내에서 이어가야 할 하느님 나라 운동의 위상 때문에 내가 교회에서 다른 회원들과 관심과 흥미를 가지고 하는 일은 평가절하되거나 무시당하는 듯한 불쾌감, 사회적으로 무게감 있는 이슈가 터졌을 때 소극적으로 참여하거나 시끄럽게 나서지 않으면 사회에 대한 관심이나 문제의식이 별로 없는 청년으로 평가받는 암묵적 분위기에 대한 거부감 등이 유혹에 직면한 제 속에서 생기는 여러 감정과 생각입니다.

일반적으로 본다면 교회에 다니는 그 자체만으로도 유혹에 맞서는 행동입니다. 그래서 올해 청년신도회에서는 스스로를 돌아보는 일부터 시작했습니다. 특히 왜 나는, 그리고 우리는 향린교회에 다니는가 하는 질문을 통해 개인의 지향점을 찾아 나섰습니다. 그러면서 신앙 정체성을 찾고, 교회 공동체에 대한 자발적 참여를 이끌어내고 연대감을 형성해가려고 합니다.

그러므로 성서공부 활동, 자기성찰의 기회로 삼는 수련회, 경험을 쌓는 체험 활동 중심으로 올 한 해는 유혹을 이겨나갈 힘을 키우고 미래를 준비하는 청년이 되려 합니다. 예수님께서 광야에서 유혹을 받아 이겨내신 것처럼, 저희도 세상의 유혹을 이겨나갈 힘과 지혜를 키우려 합니다.

오늘 본문의 마지막 부분은 이렇습니다. "악마는 이렇게 여러 가지로 유혹해본 끝에 다음 기회를 노리면서 예수를 떠나갔다." '다음 기회를 노리면서!' 이 말이 가장 두려웠습니다. 그러면서 〈데블스 애드버킷(Devil's Advocate)〉이라는 영화의 마지막이 생각났습니다. 주인공이 악마의 유혹을 이겼다고 기뻐하는 것도 잠시, 또 다른 유혹이 줄을 지어 기다리고 있었습니다. 왜 하느님은 사람들에게 유혹과 고통과 시련을 주서서 흔들리게 하는 걸까요?

'늙은이'는 '늘 그런 이'이고, '젊은이'는 '저를 묻는 이'라고 합니다. 유혹이나 도전이 없다면, 모든 것이 평탄하고 순조롭기만 하다면, 선택과 결단의 번민이 없다면, 실패와 후회의 쓰라린 고통이 없다면 나를 돌아보는 기회는 생기기 어렵습니다. 예수님은 광야 40일 동안 곡기를 끊을 정도로 끊임없이 저를 물으시고 또 물으시면서 스스로를 완성시키셨다고 생각합니다. 그리고 메시아로, 그리스도로, 영원한 청년으로 지금도 앞서 걸어가십니다. 지금 우리는 광야의 유혹보다 더 끈적거리고 집요한 유혹 속에서 살고 있습니다. 철저한 자기반성과 성찰 없이 이웃을 말하고 사회를 운운하며 예수를 따른다고 말하지 맙시다. 저를 물을 때에 발전이 있고, 이웃을 돌아볼 수 있고, 사회를 바라볼 수 있고, 예수를 따를 수 있습니다.

우리는 모두 청년 예수의 삶을 따르기로 작정하고 모인 작은 예수입니다. 나의 청년 예수는 누구신가, 내가 따를 청년 예수의 삶은 무엇인가, 늘 스스로에게 묻는 또 한 명의 젊은이로 살아가시기 바랍니다.

허문 자리에 선 또 다른 벽 | 양명희 |

마르코복음 2:13~17, 사무엘상 8:1~10

얼마 전에 본 TV 다큐멘터리에 인상 깊은 대목이 있었습니다. 〈화씨 911〉의 감독 마이클 무어(Michael Moore)가 인터뷰 중 이런 이야기를 하더군요. "철저한 자본주의적 철학과 시스템으로 굴러가는 거대 자본 영화사들이 자본주의적 가치에 도전하고 뒤엎으려는 시도를 노골적으로 드러내는 나의 영화를 상영한다는 것이 우습지 않나요? 그들이 나의 영화를 상영하는 이유는 바로 믿음에 있습니다. 자본주의를 비판하고 그들의 치부를 드러내는 나의 영화를 보여준다 해도 사람들이 쉽게 변하지 않으리라는 믿음 말이지요." 마이클 무어의 지적처럼 거대한 사회 속에서 우리 개인이 선 자리는 모순과 아이러니로 가득차 있다는 생각이 듭니다.

저에게 모순된 나의 위치를 처음 깨닫게 해준 것은 광고였습니다. 〈대한민국 1%〉라는 자동차 광고를 보는 몇 초 사이에 저는 어느새 1%만도 못한 나머지 99%로 전락해 있었습니다. 하지만 몇 초 지나지 않아 제가 가진 구두의 고급스런 광고를 보고 나 또한 대한민국 몇 %쯤에는 속한다고 생각하고 안도감 속에 빠져들었던 것이지요.

내 속에서 혼재된 이런 모순을 본 이상, 그것이 무척 불편하게만 여겨졌습니다. '모순된 자리를 말끔히 정리하며 살 수는 없다고 해도 적어도 내가 지금 어디에서 어떻게 모순되게 살아가고 있는 걸까?' 정도는 생각하며 살고 싶었습니다. 내가 직접 노동력을 착취하거나 누군가의 임금을 체불하지는 않았지만, 저는 제3세계의 아동 노동력을 착취하다시피 해서 만들어진 더러운 옷을 사기 위해 돈을 모으기도 했습니다. 동남아계 외국인 노동자가 말을 걸어오는 것에 겁이 나 지하철에서 내려버렸다는 친구에게 "백인이고 파란 눈을 가진 외국인이었어도 니가 무서웠을까?"라고 쏘아붙였지만, 백인들이 사는 나라의 분위기가 물씬 풍기도록 인테리어를 한 외식업체에서 식사를 하며 즐거워했던 저 역시 친구와 크게 다르지 않았지요.

그렇게 6일 동안 혼자 속으로 조바심을 내며 지내다가 일요일날 교회에 오면 행복했습니다. 향린의 색은 너무나도 확실했으니까요. 그것이 모순투성이 저에게 향린이 주는 확실함과 그로 인한 안도감이었지요.

그렇습니다. 향린은 비교적 그 경계가 뚜렷하다는 특징을 가진 제 생활의 어느 한 지점입니다. 예전에는 향린교회로 옮겨온 저에 대해 스스로 반대편으로 경계를 하나 넘어왔다고 생각했습니다. 그러나 스스로가 향린과 그 바깥의 다름을 규정짓는 순간, 그것은 단지 벽 하나를 만들었던 일에 불과했습니다. 벽 너머로 향린과 반대편에 선 그들을 보면서, 저를 실망시키고 떠나게 했던 그 모습을 보며 저는 향린을 하느님 나라의 몇 퍼센트라고 내심 우쭐댔을 것입니다. 그 마음은 제 안에서 또 하나의 모순에 갇히고 마는 것에 다르지 않았습니다. 향린이라는 구석에 스스로 갇혀서 행복해하는 모습. 반대편 대형 보수교회 구석에 갇혀 우리를 손가락질 하는 사람들과 과연 무엇이 다를까요?

그들이 우리에게 마귀, 사탄, 시험, 빨갱이…… 이런 단어들을 들이대며 정죄하는 모습과 우리가 "걔네는 안 돼! 걔들은 구제불능이야"라고 냉소적으로 이야기하는 것. 어딘지 닮아 있지 않나요? 교회 지체들과만 음주하지 않는 그들과 교회 지체들과도 음주하는 우리 청년들의 모습. 이중적인 그들의 모습도 문제지만, 우리 모임 속의 진짜 주인은 과연 항상 동일한 한 분의 주님이셨나요? 우리는 평화를 위해 앞장선 시위 현장에서 큰 평화를 위해 내 마음 속 작은 평화는 쉽게 포기해버리진 않았나요? 우리를 막는 전경들도 정말 평화로운 눈길로 바라보았나요? 당사자가 아닌 우리끼리 대치해야 함을 슬퍼하기보다는 공격적인 한 발 전진에 쉽게 기뻐하지는 않았나요?

통일과 국가보안법 폐지, 교회 개혁……. 향린교회가 앞장서는 큰 담론 속에 숨어서 내가 슬그머니 포기해버린 작은 것들이 저는 못내 마음에 걸리기만 합니다. 국가보안법 폐지를 위해 서명하고 1인시위 하는 일과 국보법 폐지를 위한 나의 잠들기 전 기도가 같은 가치의 한 걸음임을 믿는 것, 그렇게 진정 기도 자체의 힘을 믿는 것, 기도의 가치를 버리지 않는 것, 국악 찬송 속에서 전통 문화를 껴안는 향린의 노력에 대한 자부심도 있지만 그 속에 실린 하느님의 사랑을 기뻐하고 세심하게 느끼려고 노력하는 것, 국악 찬송이건 그냥 찬송이건 내가 그 안에서 하느님을 만나고 기쁨을 만끽하는가를 중요하게 고민하는 것, 향린교회에서 자주 이야기되는 민중에 대한 그 뜨거운 마음이 지금 향린의 중요한 특강이나 행사 시간에 술 냄새 풍기며 찾아와 무언가를 요구하는 노숙자 한 명을 대하는 마음과 같아지는 것, 시위 현장에 가는 것 못지않게 개인적인 기도시간을 기대하며 기다리는 것. 이런 것들 말입니다.

오늘 본문에서 예수님은 세관에 앉아 있던 레위를 부르고 계십니다. 기꺼이 예수를 따른 레위는 그의 집을 개방합니다. 선생인 예수뿐 아니라 세리와 죄인들 여럿, 제자들 모두 한 자리에서 음식을 나누는 밥상 공동체를 이룹니다. 이를 본 바리사이파의 율법학자들은 "이게 어찌된 노릇이오?" 물음을 던지며 호들갑을 떨지요. 로마의 앞잡이요, 민중들에게는 혈세를 짜내는 세리와 죄인들과 함께 태연히 식사를 즐기시는 예수님의 모습이 도저히 심정적으로 이해될 수 없었을 것입니다. 로마의 압제에 대항하며 민중의 지지까지 받고 있던 바리사이파 율법학자들에게 있어서는 더더욱 말입니다. 예수님의 밥상과 바리사이파 율법학자들의 밥상, 과연 무엇이 달랐던 걸까요? 철저히 사람이 그 가운데 있었던 예수님의 밥상과 밥상의 정결함을 위해 사람을 구별하고 나누는 법이 주인이 되어버린 율법학자들의 밥상. 바리사이파 율법학자들이 머릿속에서 밥상 주위에 벽을 세우고 있었다면 예수께서는 온몸으로 밥상 주변의 벽을 허물어버리셨습니다.

향린교회는 세리와 죄인들이 함께 하는 밥상을 꿈꾸고 있음이 분명합니다. 그런데 우리들의 밥상에 바리사이파 율법학자들도 초대되었나요? 어쩌면 우리는 바리사이파 율법학자를 또 다른 종류의 세리와 죄인으로 규정해 놓고 있지는 않나요? 세리와 죄인을 초대해 마련한 우리의 밥상에 바리사이파 율법학자 손을 끌고 오셔서 같이 먹자 이야기하시는 예수님께 "이게 어찌된 노릇이오?"라고 묻고 있지는 않습니까? 예수님이 허물어버리신 그 자리에 또 다른 벽을 세우고 있지는 않나요?

율법학자들은 유대의 독립과 평화, 그리고 하느님의 법이라는 커다란 가치에 집중하다가 결국은 그 벽에 갇히고 말았지요. 동족과 이루어야 할 작은 평화, 이웃사랑을 쉽게 포기해버린 그들은 평화를 위한다는 이름 아래 평화를 저 높은 곳에 올려놓습니다. 스스로 올려놓은 그 평화에 닿기 위함이라며 이웃사랑, 평등, 나눔…… 이런 가치들을 밟고 오르려 하지요. 예수님은 그들이 밟고 오르려 한 그 계단 돌 하나하나 역시 소중한 것이라며 일깨워주셨습니다.

우리는 압제자를 향해 피 흘리는 저항과 투쟁도 해야 하지만, 자신의 삶에서 진정한 혁명을 일궈내는 구체적인 경계 또한 살아가야 합니다. 투사였던 소위 한국 대학의 운동권들이 재벌의 충복으로 쉽게 변신할 수 있었던 것은 현실을 구체적으로 살아가는 역사적 개개인으로서의 경계가 그들의 외침 속 진보와는 거리가 멀었기 때문이 아닐까요? 어느 외국인 교수의 지적처럼 선배가 시킨 대로 '미국 침략사'를 달달 외우는 것보다는 그 선배의 술 강권을 한 번이라도 뿌리치는 것이 훨씬 더 진보적인 행동 아닐까요? 이처럼 생활 속의 작은 모순이 우리가 놓치고 있는 것들 아닐까요?

『몽실이 언니』, 『강아지 똥』과 같은 마음 따뜻한 동화를 쓰시는 권정생 선생님께서 쓰신 글들 중에 「슬픈 양파 농사」라는 이야기가 있습니다.

> 회원이 아닌데도 자꾸 사가려니 염치가 없어 1만 5000원 회비를 내고 한살림에 가입을 했다. 그런데 집에 와서 사가지고 온 쌀 봉지, 가루 봉지, 기름병을 꺼내놓고 갑자기 내가 무슨 큰 죄라도 지은 것 같은 기분이 들어 괴로워지기 시작하는 것이었다. 그러고 보니 이번 여름 마을 구멍가게에서 음료수 한 병도 사지 않았다. 유해식품 안 먹기로 하고부터 거의 발길을 끊어 온 것이다. 장터에서 쌀장사를 하는 만물동 아주머니에게도, 국수가게도, 호준이네 정미소에도 안 갔다. 무공해 식품이라는 걸 잔뜩 사다놓고 왜 이렇게 갑자기 괴로워지는지 화가 또 난다. 진짜 한살림은 이웃끼리, 마을 사람끼리 서로 사고팔고 주고받으며 살아야 되는데 가까운 이웃은 다 버리고 먼 데서 깨끗한 음식만 먹겠다고 한 것이 정말 잘한 것일까? 먹는 것만 깨끗하게 먹는다고 사람이 사람다워지는 것일까? …… 밥은 하늘이라 했던가? 그 하늘이 헐값에도 비싸게도 팔려 다니고 독이 들기도 하고 깨끗하기도 하여, 하늘을 골라 먹는다면 하늘도 인간도 모두가 비참해지지 않겠는가?

이 이야기에서 '유기농' 식품은 누구나 동의하는 명제 같은 것이라고 생각합니다. 하지만 권정생 선생님을 괴로움에 빠지게 한 또 한 가지는 진짜 한

살림에 관한 것이었지요. 위장을 편안하게 하는 유기농 식품에서 머물지 않고, 아울러 마음까지 편안하게 하는 진짜 한살림 말입니다. 유기농과 진정한 한살림. 두 가지 모두 중요한 것이지요. 같은 책에서 그는 평화보다 더 소중한 건 이웃사랑이라고 단언하고 있습니다. 아마도 그를 괴롭게 한 원인은 이것이었을 거라고 짐작해봅니다. 유기농과 진짜 한살림이 되는 것. 평화와 이웃사랑. 향린에서 외치는 큰 명제들과 우리가 놓치고 있는 소소한 모순들. 그가 평화보다 이웃사랑이 더 소중하다고 단언할 수 있었던 것은, 실제로 평화가 덜 소중하기 때문이 아니라 이웃사랑과 같은 삶 속의 소소한 명제가 모여 평화라는 큰 물줄기에 힘을 보태줄 수 있다는 믿음을 굳게 가지고 있기 때문이 아닐까요?

유기농과 진짜 한살림 사이에서 권정생 선생님은 이러지도 저러지도 못합니다. 다만 고민할 뿐이지요. 그 고민은 그를 괴롭히고, 심지어는 화까지 난다고 이야기하고 있습니다. 우리도 향린 안의 큰 명제와 외침, 그리고 작은 모순과 책임 사이에서 완벽한 제자리를 찾을 수는 없을 것입니다. 그럼에도 불구하고 우리는 큰 명제와 작은 모순 사이에서 고민해야 하며, 큰 명제 안에 갇히지 않도록 몸부림쳐야 할 것입니다.

권정생 선생님의 그 괴로움처럼 향린이 가진 고민 안에 차가운 머리와 더불어 불타는 가슴도 있어야 합니다. 나의 온기와 체온이 흐르는 경계, 내 몸으로 일궈내고 아파하는 경계가 향린 가족 개개인의 설 자리여야 합니다. 권정생 선생님의 「녹색을 찾는 길」이란 글 중 일부로 이야기를 마치겠습니다.

> 그러고 보니 우리 인간은 모두 바보로 돌아가야 한다. 천재들은 머리로 살아가지만, 바보는 몸으로 산다. 부처님도 그랬고, 예수님도 그랬고, 진정 이 땅 위의 위대한 인간은 바보로 돌아갔다. 머리로 산 것이 아니라 몸으로 살았다.

하느님은 어디에 계실까? |이지영|

아모스 5:21~24, 마태오복음 7:21

"하느님에 대해 깊이 생각한 적이 있나요? 하느님은 어디 사시나요? 하느님과 만나려면 어떻게 해야 한다고 여러분은 알고 있습니까? 언제 하느님이 살아 계시다고 느꼈습니까? 하느님이 여러분의 삶과 얼마나 관련됩니까? 하느님이 여러분을 창조하셨듯이 여러분이 하느님을 창조한다면 어떤 하나님을 창조하고 싶은가요?"

이런 질문들을 받아보신 적이 있나요? 이런 질문을 받는다면 뭐라 답변하시겠습니까? 이 질문은 성서배움 마당인 "예수의 삶과 가르침"에서 했던 질문입니다. 저는 하느님을 믿고 그래서 예수님처럼 살고 싶어서 기독교인이 되었습니다. 그러나 이런 질문들은 참 낯설었습니다. 그날 성서공부에서는 이런 질문에 자유롭게 각자가 생각을 나누었습니다. 그 시간 중에 나온 대답은 참으로 다양했습니다. 꼭 질문에 대한 답이 아니더라도, 모든 것 안에 하느님이 있는 것 같다고 말씀하신 분도 계시고 "하느님이 정말 있을까요?" 하며 회의 섞인 질문을 다시 내놓으신 분도 계시고, 지금의 시국을 보면 하느님은 없는 것 같다며 나라를 걱정하시는 분도 계셨습니다. 전 성서공부 중에 받은 질문에 당황하며 그때 초등학교 입학 전이던 제 조카 이야기를 했습니다.

몇 해 전 비행기를 타고 가는데 한참 밖을 두리번거리던 조카가 심각하게 물었습니다. 아주 조심스러운 목소리로 "하늘에 왔는데, 하느님은 어디에 계셔?" 그때 조카의 전혀 뜻밖의 질문에 저는 웃으며 "여기 어디쯤 계시는데 보이진 않으서" 하고 대답했습니다. 아마 저도 그 정도의 하느님만 알고 있었던 것 같습니다. 하느님은 어디 계실까요?

저는 서른이 넘어 조금은 늦게 교회에 출석했습니다. 교회에 가기 전 기독교는 저한테는 이상한 종교였습니다. 교회 다니는 사람들은 죽음에 대해서 너무 두려워하는 것 같았고 죽음 후에 천국이라는 편안한 세상을 가기 위해 매주 일요일도 포기하며 교회에 매달리고 여러 가지 세상의 즐거움을 결코 누리지 않겠다는 결심을 하며 살아야 하는 것처럼 무미건조해 보였습니다. 그래서 늘 자신 있게 "내가 죽어서 천국 가는 것으로 하느님을 믿어야 한다면 나는 믿지 않겠다"라고 다짐했습니다. 하느님은 어디 계실까 하는 의문은 이때 저에게는 아무 의미가 없었습니다.

그러던 중 오빠와 새언니의 간곡한 권면으로 교회에 다니게 되었습니다. 개혁적인 교회라며 자부하는 곳이었지만 가르침에 있어서는 지극히 보수적인 교회였습니다. 그곳에서 만난 사람들은 정말이지 친절하고 좋은 분들이었습니다. 저에게 또 다른 가족 같은 분들이 되어주셨습니다. 그곳 교회 사람들과의 관계 속에서 저는 왜 그렇게 많은 사람들이 교회에 다니는지 조금은 알 수 있게 된 것 같습니다. 그러면서 차츰 제 삶도 교회 중심으로 변하고, 그분들처럼 친절하고 따뜻하며 겸손해지고 싶었고 신앙도 단순하게 닮아가고 있었습니다. '하느님은 어디 계실까.' 이렇게 주일마다 열심히 모이고 서로서로 밝은 얼굴로 맞아주고 가족같이 챙기고 돕는 사람들 속에 계시지 않을까 생각했습니다.

그런데 그렇게 교회를 다니면서 계속 저를 괴롭혔던 의문이 있었습니다. 교회에 대한 충성 일변도의 설교와 성령의 은사라는 알 수 없는 신비함에는 거리감이 생겨났습니다. 도대체 예수는 누굴까? 천국 가는 티켓을 주는 분일까? 죽어서 천국 가려면 살아 있는 지금은 교회에 열심히 충성해야 하는가? '살아서는 분당 죽어서는 천당'이라는 지방선거 구호처럼 예수 믿는다는 것이 죽어서 좋은 곳 가기 위한 합리적인 투자인가?

이런 의구심을 갖고 있어서 그런지, 교회 사람들의 모습이 다람쥐 쳇바퀴 돌 듯 항상 그 자리에 머물고 있다는 생각이 들기 시작했습니다. 언제나 반복되는 개개인의 별 다를 것 없는 기도 제목들, 자식교육 걱정, 그래서 자기 자식에게는 더 좋은 기회를 주기 위해 해외 유학이다 특목고다 매달리는 모습들, 아파트 평수 늘리기 위해서는 부동산 투자는 이렇게 해야 한다면서 자랑하는 모습들, 교회의 각종 모임에 열심히 출석하고 헌금하고 충성하는 것, 목회자의 말에 잘 순종하고 따르는 것이 좋은 신앙이며 예수님이 기뻐하시는 일이라고 반복적이고 변함없이 들려지는 주일 설교는 동의할 수 없을 때가 많았습니다. 그러던 중 성서 해석에 대한 신학적 회의를 느끼셨던 가까웠던 선배들 몇 분이 교회를 떠나게 되었고 그때부터 저도 오랜 시간 고민하고 갈등했습니다. 1년이란 시간이 지난 후 마침내 가족 같은 그 분들과의 헤어짐을 어렵지만 결단하게 되었습니다.

하느님은 어디 계실까요? 그때, 제가 편안하게 모여서 흥겹게 떠들고 좋아했던 그 모임 속에 계셨을까요? 잘 모르겠습니다.

향린교회에서 1년, 지난 시간을 돌아보면 큰 위로와 기쁨의 시간이었음을 새삼 느낍니다. 무엇보다도 매 주일 하늘뜻펴기는 말씀에 대한 그동안의 저의 목마름에 한줄기 소나기 같았습니다. 또 한문덕 목사님과 함께하는 성서공부는 언제나 일주일을 기대하게 만들었습니다. 그 시간을 통하여 문자적으로만 보았던 성서를 역사적으로 볼 수 있게 되었고 그렇게 알게 된 예수님의 삶은 죽어서 가는 천국 말고 내가 살고 있는 지금 세상에 대해 생각하게 만들었습니다. 특히 산상수훈이 주일날 설교시간에 사람들을 위로하기 위해 하는 말이 아니라 진정 평화를 위해 일하는 사람들에 대한 축복이며 동시에 행동의 실천임을 알게 되면서 행동하지 않는 제 모습을 보게 했습니다. 주일날 희년청년회 교우들과의 만남의 시간은 내성적이고 부끄럼 많은 저를 향린에 잘 정착할 수 있도록 이끌어주었습니다. 예배 형식이나 설교, 그 밖의 사회문제에 대해 나눴던 자유롭고 다양했던 토론은 오랜 직장 생활로 경직되어 있던 나의 생각과 의식을 깨우는 시간이었습니다. 향린에서의 1년은 현실에 안주하며 세상의 기준에 나를 맞추려 허둥지둥 살던 삶에서 벗어나 이웃과 생명에 대해, 평화에 대해, 그리고 자발적으로 가난해지는 삶에 대해 관심을 갖게 했습니다.

이 시간을 준비하면서 향린에서 1년을 돌이켜보면 저에게 분명하고도 놀랍게 다가오는 영상들이 있습니다. 새해 첫날 북한산 정상에서 가진 통일염원 기도회와 성찬식, 무건리 파란 가을 하늘 아래서 검게 탄 농민들의 애절한 기도 제목들, 비 내리는 남한강 섶을 걸으며 어쩌면 우리가 지켜내지 못할 수도 있는 생명들의 숨소리를 들었던 것, 그리고 아직도 계속되고 있는 오늘의 용산 현장! 먼저 다가가지 않으면 만날 수 없는 사람들 속으로 가는 교회를 보면서 가난한 자들의 친구였던 예수님의 모습을 보았고 더욱 이곳에 함께 하고 싶었습니다.

그리고 생각해봅니다. '하느님은 어디 계실까?' 어쩌면 이 대답은 앞으로도 계속 제가 찾아가야 할 것입니다. 하느님의 아들이시며 인간이셨던 예수의 삶 속에서, 또한 이 땅을 살다간 믿음의 예수들을 만나며 찾아가보겠습니다. 이 여정에 저 혼자라면 어려운 일이겠지만, 이웃을 위해 기꺼이 자신의 삶을 내어주려는 준비된 향린의 사람들과 함께라면 용기가 납니다. 저 역시 생명, 평화, 정의의 하느님을 찾는 향린인들의 좋은 벗이 되도록 부족하지만 노력하겠습니다. 지금까지는 머리로 배우고 알아왔다면 이제는 삶의 실천과 행동을 통하여 배워가고 싶습니다. 그래서 부족하지만 각 부서에도 관심을 갖고 동참해보려고 합니다.

마지막으로 가끔씩 저를 보시며 "처음에 기대가 크면 실망도 크다" 걱정하시는 분이 계십니다. 그러나 기대가 실망이 되지 않게 하는 것은 저의 몫인 것 같습니다. 향린을 찾아오신 분들에게는 저처럼 어렵게 고민했을 아픔의 시간들이 있었을 수도 있다는 것 기억해주시고 위로의 마음으로 먼저 다가가 손 내미는 따뜻한 향린인을 기대해봅니다.

귀한 시간을 부족한 저에게 허락하여주셔서 고맙습니다. 하느님의 평화가 있기를 바라며 제가 좋아하는 성서구절을 읽고 마치려고 합니다. 마태오복음 7장 21절입니다.

"나더러 '주님, 주님!' 하고 부른다고 다 하늘나라에 들어가는 것이 아니다. 하늘에 계신 내 아버지의 뜻을 실천하는 사람이라야 들어간다."

제5장

성문 밖으로

교회와 선교

이와 같이 예수께서도 당신의 피로 백성을 거룩하게 만드시려고 성문 밖에서
고난을 당하셨습니다.
그러므로 우리도 영문 밖에 계신 그분께 나아가서 그분이 겪으신 치욕을
함께 겪읍시다.

히브리서 13:12~13

금관의 예수 | 김진철 |

아모스 5:21~24, 마태오복음 7:21

향린교회에 나온 지 6개월이 채 안 된 제가 주일에 많은 교인들 앞에 하늘 뜻펴기를 하려고 하니 너무 외람되고 두려운 마음이 앞섭니다. 수요예배 때 새 교우로서 향린교회에 나오게 된 배경을 말한 적도 있고, 용산참사현장에서 드리는 목요촛불기도회에서 "시대의 증언"을 한 경험이 있음에도 불구하고 지금 이 자리는 그때와 너무 다른, 많은 중압감이 밀려옵니다. 오늘 저는 〈금관의 예수〉라는 한 편의 희곡을 갖고 이야기를 하려고 합니다.

〈금관의 예수〉는 여러 교인들도 잘 알다시피 「오적」의 시인 김지하가 1970년대 '유신'의 참혹한 현실에 스스로 눈을 감고 있던 교회와 성직자들을 질타한 작품입니다. 극 중 줄거리에는 신부가 헌금을 적게 가져오고 신분이 비천하다는 이유로 창녀의 고해성사를 거부하고, 판자촌 지역 철거민들의 도움을 거절하는 내용과 문둥이가 자신의 처지를 비관하고 있을 때 콘크리트 안에 갇혀 금관을 쓴 예수가 눈물을 흘리는 장면 등이 있습니다.

〈금관의 예수〉는 30년이 지난 2009년 지금의 현실에도 너무나 맞는 이야기인 것 같습니다.

제가 매주 목요일에 용산참사 현장에 촛불기도를 드리러 가는데, 용산참사 유가족 중 한 분이 용산 어느 한 교회 집사라고 합니다. 근데 그 교회 목사라는 사람이 남편을 잃은 자기 교회 그 집사님에게 너무 민감한 사항이라 교회에서 어떤 도움도 드리지 못한다고 하고, 주일에 그 유가족을 위한 기도나 설교도 할 수 없다고 말했답니다. 〈금관의 예수〉 연극에서 신부가 철거민의 도움을 외면한 것과 용산의 그 목사라는 사람이 한 행위가 무엇이 다를까요? 도대체 그 목사님은 무엇이 민감해서 남편을 잃고 괴로워하는 자기 교회 교우의 마음을 위로해줄 말 한마디 못한다는 걸까요? 그 목사가 두려워하고 의식해야 할 대상은 정부권력자가 아니라 정의로우신 하느님이 아닌가요?

　〈금관의 예수〉는 이 땅의 교회들이 '가시면류관'을 쓰고 있어야 할 예수에게 '황금면류관'을 씌워 섬기고 있다고 꼬집고 있습니다. 어느 신학자는 이 땅의 교회에서는 '금관을 쓴 예수'가 없고 오히려 그 황금면류관을 교회 목사들이 쓰고 있다고 비판합니다. 예수의 가시 면류관은 민중들과 함께한 고난과 고통, 모욕과 박해로 가득찬 예수의 삶의 상징이며, 출세와 부귀영화를 중히 여기는 '세상'의 가르침과 반대되는 청빈과 검소, 겸손과 낮춤의 상징입니다. 우리나라의 기독교 보수교회 목사들은 가시면류관을 쓰고자 하지 않습니다. 황금면류관을 만들어 예수에게 씌우려고 하지도 않습니다. 오히려 황금면류관을 만들어 자기네들이 쓰고 있습니다.

　보수 기독교 교회 강단에서 흘러나오는 목사의 설교내용이 모두 이 세상에서의 출세와 성공에 관한 것이고, 남에게 사기 치고 남을 희생시켜서라도 남보다 더 잘살고 남보다 더 앞서 나가고 남들 위에 앉는 '지혜'에 관한 것입니다. 그러다 보니 그 강단 아래의 교인들도 내 자식이 남보다 앞서 위에 앉을 수 있는 '길'이 되는 그런 대학에 들어갈 수 있도록 기도하고, 자신의 부귀와 출세만을 위한 '소원 헌금'을 하고 있습니다. 그런 교회에 다니는 장로라는 사람이 자기 집단의 이익만을 대변하는 대통령이 되어버린 것입니다.

이러한 교회에는 〈금관의 예수〉의 내용처럼 가난하고 고통받는 민중들을 위해 '하느님의 나라'를 가르친, 그런 예수는 없다고 생각합니다. 제가 매주 금요일 조헌정 목사님의 "역사와 해석" 성서마당에 참석하여 읽고 배운 『안병무 평전』에 보면 우리나라 교회를 신랄하게 비판하는 구절이 있습니다.

지금 대한민국의 기독교 교회는 목사가 근거도 없는 가운을 걸치더니, 찬양대가 가운을 걸치고, 이제는 헌금을 걷는 이들까지 가운을 입는 교회로 바뀌었다. 수십억 수백억짜리 맘모스 교회를 짓고, 버스를 전세 내어 쉬지 않고 신도를 토해내는 교회, 황금색 십자가를 제단 중앙에 세우고 그것을 베일로 가리고 그러고도 모자라 다시 은은한 조명까지 비추는 교회. 그리고 '교회가 하라는 것만 해라!'라고 강요하는 교회.

저는 『안병무 평전』의 이 내용을 읽으면서 '이런 교회와 목사라면 이보다 더한 사탄이 어디 있겠냐?'라고 생각했습니다. 지난 주 강남의 한 대형교회가 지금의 건물도 마음에 차지 않아 2100억짜리 교회 건축을 시작한다는 얘기를 들었습니다. 천문학적인 그 돈은 도대체 어디서 나오는 것이며, 그 신축건물은 대체 누구를 모시기 위함입니까?

아모스 5장 21~24절의 성서 말씀입니다.

너희의 순례절이 싫어 나는 얼굴을 돌린다. 축제 때마다 바치는 분향제 냄새가 역겹구나. 너희가 바치는 번제물과 곡식제물이 나는 조금도 달갑지 않다. 친교제물로 바치는 살진 제물은 보기도 싫다. 거들떠보기도 싫다. 그 시끄러운 노랫소리를 집어치워라. 거문고 가락도 귀찮다. 다만 정의를 강물처럼 흐르게 하여라. 서로 위하는 마음 개울같이 넘쳐 흐르게 하여라.

제가 향린교회를 처음 나온 건 올해 6월 7일입니다. 노무현 대통령의 죽음을 계기로 무언가 믿고 싶다는 마음에 이곳저곳을 기웃거렸습니다. 그러던 중 인터넷에서 문익환 목사님이란 키워드로 관련 교회를 찾던 중에 향린교회를 알게 되었습니다. 교회에 내걸린 "국가보안법 철폐", "한미 FTA 반대" 현수막과, 87년 6·10 항쟁 때 한 청년이 태극기를 들고 절규하듯 달리고 있는 사진과 함께 걸린 민주화의 성지라는 기념현판을 보는 순간, 저도 386 운동권세대라 가슴 깊은 곳에서 울려 나오는 찌릿한 느낌을 다시 맛보았습니다. '아 바로 여기다. 내가 찾던, 그리고 다니고 싶은 교회. 기존 보수교회와는 너무나 다른 향린교회가 있어 너무 고맙다'라는 생각과 함께 이 교회를 다녀야겠다고 결심을 했습니다.

매주 4~5일을 교회에 나오고 많은 모임에 참석하며, 새로운 사람들도 만나고 제가 모르던 지식도 알게 되고, 향린의 일원으로서 점점 나만의 예수님을 그려가는 제가 너무나 대견스러웠습니다. 저는 향린교회에 자주 나오면서 미국 유학, 이민 컨설팅 업체를 운영하는 제 자신에 대한 회의를 종종 느끼곤 합니다. 아이러니하게도 제가 주한미군 철군과 반미를 부르짖고 있으니 말입니다.

처음 외부에서 본 향린이란 나무는 너무 멋지고 아름다웠습니다. 제가 찾고자 했던 진보교회, 민중교회였으니까요. 6개월이 다 된 지금 향린교회는 진보교회일지는 몰라도, 제가 처음 생각했던 그런 민중교회가 아니라는 생각이 많이 듭니다. 모임에 나가 보면 전부 의사다, 교수다, 대기업 임원이다 사회에서 명함 깨나 보일 수 있는 자리에 있는 분들만 보이고, 목사님의 사회비판적인 설교내용을 마음에 들어 하지 않는 교인도 있고, 사회를 바라보는 시각도 저랑 너무나 많이 차이 나는 교우분도 계시고, 민중과 교회의 현실참여를 이야기하면서도 현장기도회나 집회 때 볼 수 있는 향린 교우는 몇 명 안 된다는 것입니다.

그럼에도 불구하고 제가 향린에 계속 나오는 건 이 나무의 보이지 않는 곳에 자리한 어르신들의 깊은 뿌리가 다양한 의견을 분출할 수 있도록 정신적인 양분을 저와 같은 어린잎들에게 공급하고, 그 잎들이 모여 향린이란 큰 나무를 구성하고, 그로 인해 만들어진 그늘이 사회적 약자들이 잠시라도 쉬어갈 수 있게끔 한다는 사실과 〈금관의 예수〉에 나오는 그런 교회는 많아도 향린교회 같은 교회는 찾기가 쉽지 않다는 사실 때문입니다. 제가 하느님을 믿고 예수님을 따르려는 믿음의 연륜이 짧고 일천하지만, 이곳 향린에서 제가 지금 그리고 있는 예수님은 고난의 현장에서 민중과 함께 계시는 예수님이며, 금관의 예수가 아닌 가시면류관을 쓰고 계신 예수님이십니다. 전 이곳에서 만들어진 저만의 십자가를 짊어지고 그 가시면류관을 쓰신 예수님을 따르려 합니다.

오늘 저의 하늘뜻펴기는 조용필의 〈킬리만자로의 표범〉이란 노래를 제 나름대로 개사한 가사를 읽음으로 마치겠습니다.

신도를 찾아 도시를 어슬렁거리는
교회 목사를 본 일이 있는가?
신도들의 눈먼 돈만을 찾아다니는

기독교 목사
나는 그 교회 교인이 아니라 민중교회 교인이고 싶다

고난의 현장에서 민중들과 함께 고통을 나누는
그런 교회의 교인이고 싶다
자고 나면 새로 생기고 자고 나면 더 웅장해진 십자가 성전
나는 지금 십자가로 가득찬 이 도시의

어두운 모퉁이에서 잠시 쉬고 있다

썩은 교회로 가득찬 도시의 그 불빛 어디에도 나는 없다
이 큰 도시의 복판에 이렇듯 외로이
혼자 버려진들 무슨 상관이랴
나보다 더 불행하게 살다간
"예수"란 사나이도 있었는데

저항의 감수성 | 김숙영 |

마태오복음 21:37~40

　오늘 나눌 말씀은 마태오복음 21장 37~40절입니다. 성서에 대해 제 나름
대로 묵상한 것과 우리의 노동현실에 대해 짧게나마 생각을 나누어보겠습
니다.

　본문 말씀은 예수께서 그에게 적대적인 대사제들과 원로들에게 비유를
들어 질타하는 내용 중 일부입니다. 포도밭 주인은 소작인들에게 세를 주고
여행을 간 뒤, 수확철이 되어 소출의 얼마를 받아오라고 종들을 여러 번 보
냅니다. 그러나 소작인들은 매번 종들을 능욕하고 때리고 죽였습니다. 그러
자 마지막으로 주인은 자신의 아들을 보냈습니다.

　여기서 전 의문이 들었습니다. 주인은 왜 그렇게 했을까요. 이미 종들이
박해당하고 죽었는데, 왜 또 아들을 보내어 위험에 처하게 했을까요.

　이러한 제 의문을 현재의 자본주의체제와 노동현실에 비춰보겠습니다.
파키스탄의 어린이 노동자 '이크발'에 대해서 들어보셨을 텐데요. 이크발은
네 살 아기였을 때 부모의 빚 때문에 양탄자 공장에 팔려가 노예의 부역을

자본가에게 착취당하는 노동자. 존 리치, 〈저렴한 의류〉, 1845년.

시작했습니다. 하루 이십 원의 임금을 받으며 열 시간씩 일을 합니다. 뒤에 탈출해서 아동노동의 참상을 전 세계에 널리 알리는 운동을 하게 되지만 겨우 열두 살에 산업마피아에 의해 살해당하고 맙니다.

한편, 영국과 다른 유럽국가들 또한 어린이와 여성의 저렴한 노동의 핏값으로 일찍 산업화를 이룩했습니다. 우리나라 기업의 이윤극대화는 살인적입니다. 대기업들의 올해 사내유보금이 700조라고 하는데, 노동자는 최소한의 장비가 없어 죽음으로 내몰립니다. 10만 원짜리 안전펜스가 없어 1000°C 용광로에 빠져 죽고, 감시인력 하나 없이 선로작업을 하다가 열차에 치입니다. 조선소에서는 다섯 명의 윤식이가 죽어야 배 한 척이 만들어진다고들 말합니다. 윤식이는 일하다 사망한 청년입니다. 삼성반도체의 고 황유미 씨가 백혈병으로 세상을 떠난 지금도, 수백 종의 독성물질 중 그 특성이 채 밝혀지지 않은 것도 있다고 합니다. 그런데도 대한민국 정부는 화학물질 관리와 같은 기업활동의 규제를 내년부터 완화한다고 합니다. 이러한 야만적인 자본 위주의 노동경시는 한국을 OECD 국가 중 산재사망률 1위라는 부끄러운 나라로 만들고 있습니다.

왜 하느님은 살인자본이 노동자들을 죽음으로 내모는 것을 방치하시는 걸까요. 그러나 이 물음은 잘못되었다는 것을 어렴풋이 느끼게 됩니다. 우리가 노동의 죽음에 무관심한지도 모르겠습니다. 어쨌든 이에 대한 답은 아니지만, 우리는 마태오복음의 뒷부분 41~44절을 통해 어느 정도 영감을 얻을 수 있습니다. 포도원 주인이 돌아오면 "그 악한 자들을 모조리 죽여버리고 제때에 도조를 바칠 다른 소작인들에게 포도원을 맡길 것"이라는 결말입니다.

그것은 마치 혁명과도 같습니다. 버려진 돌이 머릿돌이 되듯, 버려졌던 백성이 '하느님 나라를 차지할 것'이라고 예수님은 표현하시기 때문입니다. 포도원 주인은 종들에게 소출을 받아오라고 할 때 가만히 있으라 하지는 않았던 것 같습니다. 종들은 서로 힘을 합쳐 봉기해야 옳았습니다. 왜냐하면 당대에 소작인 농부는 소자산가 계급에 속했고, 대사제들과 무리를 지어 바리사이즘을 형성했던 불의한 권력이었기 때문입니다. 예수님은 이 비유를 들어 착취당하는 민중이 권력에 맞서 투쟁하여 참 주인으로 거듭나야 한다고 말씀하시는 것 같습니다.

자본은 결코 스스로 이익을 내놓은 적이 없습니다. 그 이익은 모두 노동에서 나온 것인데도 말입니다. 수많은 목숨이 스러져 간 후에야 노동법이 시행되었습니다. 소년 이크발은 순응하지 않고 싸웠기에 많은 어린이 노동자를 해방시킬 수 있었습니다. 전태일이 항거했기에 청계노동조합이 결성됐고 노동운동이 확산됐습니다. 우리는 대부분 노동자입니다. 저도 대학 강단에 서는 비정규직 교육노동자입니다. 우리가 할 수 있는 것은 목소리를 내고 부당한 것에 각자의 방식대로 저항하는 것이라 생각합니다.

끝으로 〈만국의 노동자여 단결하라〉라는 벽화를 그린 미술가에 대해 소개하고 마치겠습니다. 뱅크시(Banksy)라는 가명을 사용하는 이 미술가에 대해서는 아무것도 알려진 것이 없습니다. '미술테러리스트'라고 불리는 그는 영국에서 가장 유명한 미술가입니다. 그의 저항수단은 낙서입니다. 그는 세계 전역에 나타나 담벼락에 몰래 그림을 그려놓고 사라집니다. 그의 그림은 권력, 전쟁, 자본을 비판합니다. 뱅크시의 의지와 상관없이 그가 그린 그림의 담벼락 주인은 이것을 수십억 원에 경매하기도 합니다. 여하튼 그의 미술은 수많은 아류들을 양산해, 불의에 저항하는 익명의 목소리들이 전 세계에 울려 퍼지게 만들고 있습니다.

저항의 감수성이 필요한 때입니다. 그것이 오늘의 성서본문과 여기저기의 거리에서 저항하는 이들이 우리에게 전하는 '시대의 하늘말씀'입니다.

형제의 고통을 외면하지 않기! | 김형민 |

사도행전 2:42~47, 베드로전서 2:19~25, 요한복음 10:1~10

제 직업은 방송 PD입니다. 바로 한 달 전 제가 5년 6개월 동안 맡아왔던 한 프로그램이 막을 내렸습니다. 〈긴급출동 SOS 24〉라는 프로그램이었습니다. 가정폭력이나 아동학대, 노인학대 등 일상적으로 벌어지는 폭력의 현장에 개입하고 그 해결을 도모했던 프로그램입니다. 그러다 보니 "정말 이런 삶들도 있구나", "이런 일들도 벌어지는구나" 혀를 찰 때가 많았지요. 그 가운데 한 아주머니의 이야기를 들려 드리고자 합니다.

그녀는 어려서 부모로부터 버림을 받았습니다. 난봉꾼에 심한 가정폭력을 휘둘렀던 아버지는 말할 것도 없고, 어머니는 아예 집을 나가서 연락이 두절됐지요. 오갈 데 없던 중 제주도로 건너간 아버지를 힘겹게 찾아가게 됐습니다. 하지만 이 친아버지는 정말 나쁜 사람이었고 딸에게 차마 입에 담을 수 없는 몹쓸 짓까지 저지릅니다. 또 딸에게 돈 한 푼 주지 않아 아주머니는 자신을 가엾게 여긴 아버지의 친구가 운영하는 레스토랑에서 일하고 그곳의 곁방에서 먹고 자며 중학교를 졸업합니다. 산업체 부설학교에서 고등학교 졸업장을 따고 사회생활을 하다가 공무원 남편을 만나 결혼하는데 이 남편이 그만 경마에 빠집니다. 아주머니가 사실을 알아차린 건 남편이 명예퇴직까지 신청해서 그 퇴직금까지 죄다 날려버린 뒤였지요. 남편은 두 딸과 아내와 도박 빚만 남긴 채 잠적합니다. 거기에 어릴 때 헤어진 어머니를 스무 해 만에 다시 만나기는 했지만 병으로 눈까지 멀어가는 가운데 괴물 같은 새아버지한테 두들겨 맞아 허구한 날 살려달라고 전화가 오고 말입니다.

이런 류의 신세 한탄에 이골이 난 저지만, 이 아주머니 앞에서 뭐라고 할 말이 없더군요. 그저 답답한 가슴에 창밖만 바라보고 있는데 아주머니가 뜻밖의 말을 던졌습니다. "그래도 전 행복한 사람이에요." 고개를 돌려 아주머니를 쳐다봤을 때 저는 놀랐습니다. 눈물범벅이 된 얼굴에 환한 미소가 퍼져 있는 겁니다. 아주머니는 또 다른 이야기를 시작했습니다.

레스토랑 곁방에서 생활할 때 아주머니 몰골은 그야말로 구박받던 콩쥐의 모습 그대로였습니다. 옷은 언제나 단벌. 씻지 못해 냄새까지 풍겼다지요. 학교 가서는 피곤에 절어 늘상 졸기 일쑤였고요. 하지만 별명이 '산적'이었던 담임선생님은 아주머니의 사정을 알고 잘 대해주셨답니다. 그러던 어느 날 선생님이 아주머니를 불렀습니다. "오늘 시장에 심부름 좀 갔다 오너라. 거기 적혀 있는 가게들을 찾아가서 뭘 받아오면 된다." 첫 목적지는 신발 가게였답니다. 가서 선생님 이름을 대니 주인이 "아, 네가 걔구나?" 하더니 다짜고짜 맘에 드는 거 골라 보라는 게 아닙니까. 선생님이 이미 돈 맡기고 갔으니 걱정 말라면서. 두 번째 집은 속옷 가게였는데 주인아주머니는 산적 같은 남자가 와서 이렇게 말을 하더랍니다. "마음 같아선 같이 와서 사주고 싶은데 다 큰 여자애 속옷을 골라줄 수도 없는 거 아닙니까. 그래서 그러니 좀 이쁜 걸로 골라주세요." 시장 한 바퀴를 돌고 나니 부엌데기 소녀는 공주처럼 변해 있었습니다.

아주머니는 선생님이 미울 정도로 고마웠다고 합니다. 그리고 이렇게 말했습니다. "기쁘고 고마워도 눈물이 솟구칠 수 있다는 걸 처음 알았어요. 서럽고 슬픈 것에만 눈물이 쓰이는 건 아니라는 걸."

중학교 졸업 후 부산의 산업체 부설학교에 가겠다고 했을 때 선생님은 거기에 갔던 아이들이 대부분 탈선을 하더라 하시며 반대했답니다. 하지만 어떻게든 가겠다고 고집을 부려서 부산으로 왔다지요. 낮에 일하고 밤에 공부하는 고된 생활 가운데 하루는 웬 남자가 찾아왔다는 말을 듣습니다. 나가보니 선생님이었다고 합니다. "근처에 회의가 있어 왔다가 잠깐 들렀다고 하시더군요. 참 둘러대는 건 서투셨어요. 선생님은 제가 궁금했던 게지요. 잠깐 보고 휘적휘적 돌아가시는 그 뒷모습이 뭐랄까 산 같았어요. 거인 같았어요."

그 산 같은 뒷모습을 상상하면서 오늘의 본문 말씀을 다시 읽습니다. "억울하게 고통을 당하더라도 하느님이 계신 것을 생각하며 괴로움을 참으면 그것은 아름다운 일입니다."

저는 그 선생님이 기독교인이었는지 여부는 전혀 모릅니다. 하지만 저는 확신합니다. 그분은 세상의 어떤 기독교인들보다도 더 예수의 삶에 가까이 있는 분이었습니다. 하늘의 뜻이 땅에서 이루어진 것처럼, '하느님이 계심'을 한 인간의 행동으로 보여주신 분이었다는 뜻입니다. 선생님은 한 사람에게 가없는 사랑과 관심을 베풀어 그 험하고 가파른 삶의 굴곡에서 포기하거나 탈락하지 않도록 해주셨습니다. 길을 잃지 않도록 이상한 캄캄한 암흑 속에서 한 줄기 빛이 되어주셨습니다. 아주머니에 따르면 졸업장을 받아 제주도로 간 날 그 산적 같은 선생님이 어린아이처럼 울면서 "네가 이렇게 이쁘게 클 줄 알았다"고 어깨를 두드려주셨다고 합니다. 나름 멋진 멘트까지 생각하고 연습도 했다지만 아주머니는 그만 아무 말도 못하고 엉엉 울기만 했다고 했습니다. 그리고 그 기억은 아주머니의 삶의 기둥이 됩니다.

"죄를 짓고 매를 맞으면서 참으면 영예스러운 것이 무엇입니까. 그러나 선을 행하다가 고통을 당하면서도 참으면 하느님의 축복을 받습니다"라는 본문 말씀을 읽습니다. 저는 저보다도 어린 아주머니의 인생 역정을 들으면서 이 사람이 왜 이런 고통을 당해야 하는지 의아했었습니다. 죄라고는 무책임한 부모 밑에서 태어난 죄 밖에 없을 것 같고 그 와중에 죽을힘을 다해 살아가고 있는 듯 보이는 저 여자가 왜 이런 괴로움에 시달려야 하는지 정말로 궁금했습니다. 하지만 그녀는 또 한 번 정말로 튼튼히 살아내고 있었습니다. 빚쟁이에 몰려 이혼을 하기는 했지만 남편이 돌아오기만 하면 언제든 용서하고 재결합할 요량이라고 했습니다. 어려운 살림이지만 악착같이 일해서 두 딸의 공과금이나 학원비는 한 번도 밀린 적이 없고, 자신을 팽개친 후 수십 년간 얼굴도 보지 못했던 어머니지만 고립무원의 늙은 병자가 되어 사악한 새아버지에게 고통받을 때 그를 외면하지 못하고 툭하면 시골로 내려가 싸우고 설득하고 막아내고 있었습니다. 아주머니의 말입니다. "선생님이 나를 믿어주신 것만큼은 살아내고 싶어요."

저는 지금껏 살아오면서 큰 고통을 겪지 않았습니다. 죽겠다 죽겠다 해도 정말 죽을 것 같은 시련은 단 한 번도 겪지 않았습니다. 하지만 지난 5년 동안 세상에 얼마나 많은 고통들이 존재하며 얼마나 많은 사람들이 속수무책으로 괴로움에 시들어가고 있는지를 저는 똑똑히 보았습니다. 저는 그때마다 제게 그런 고통을 내리시지 않음을 하느님께 감사했습니다. 범사에 감사하라는 말씀이 그렇게 살갑게 들릴 수가 없었습니다. 하지만 오늘 본문 말씀을 통해 저는 그렇게 감사만 드리는 것이 기독교인의 할 일의 전부가 아님을 깨닫습니다. "여러분은 바로 그렇게 살아가라고 부르심을 받은 사람들입니다. 그리스도께서도 여러분을 위해서 고난을 받으심으로써 당신의 발자취를 따르라고 본보기를 남기셨습니다."

나를 시험에 들지 않게 하시고 고통을 주지 않으심에 감사할 뿐만 아니라 형제의 고통을 외면하지 않는 것, 또 그 고통을 덜기 위해 노력하고 때로는 그 고통을 함께 지는 것이 예수를 자신의 구주로 고백하는 이들의 자세라는 말씀이 아닐는지요. 사람이 사람에게 어떻게 대하는가, 사람이란 사람에게 무엇인가의 문제란 곧 우리가 하느님과 우리 주 예수 그리스도와 어떻게 마주하는가의 문제와 같다는 가르침이 아닐는지요. 세상에 널려 있는 고통들, 사악한 개인뿐만 아니라 더욱 사악하고 교활한 사회적 억압 때문에 괴로워하는 모든 사람들. 오늘도 한진중공업 정리해고 철폐를 외치며 크레인 위에서 백삼십 일 넘게 버티고 있는 김진숙 씨와 몇 년 동안이나 비정한 회사와 싸우고 있는 재능교육 노조원에게 우리는 어떤 사람이 되어야 할까요.

오늘은 창립기념주일입니다. 갈릴래아 민중들과 함께 울고 웃으셨던 예수님을 따라 그 뜻을 이 땅에 펴고자 향린교회를 처음 여신 분들의 마음 또한 바로 지금 말씀드린 선생님의 마음이 아닐까 여겨봅니다. 고통받는 자를 외면하지 않고 괴로움을 기꺼이 나누며, 그를 통해 자신과 세상을 변화시키는 마음, 바로 그 마음 말입니다.

"하느님께서 보시니 참 좋았다" | 김영광 |

창세기 1:26~31, 요한복음 9:1~7

저는 향린교회에 출석한 지 오늘로 딱 일 년이 되어갑니다. 모태신앙으로 어릴 때부터 교회를 다녔지만 권위를 내세우고 '예수천당 불신지옥'을 외치는 보수신앙에 염증을 느껴 한동안 교회를 다니지 않았습니다. 작년 이맘때쯤 향린교회를 인터넷을 통해 알게 되었고 오랜 보수신앙의 틀을 깨고 제대로 믿어보겠다는 큰 다짐으로 향린교회에 발을 디뎠습니다.

처음 접해본 시위 현장에서 고통 속에 신음하시는 하느님을 느꼈고, 평택 대추리 촛불집회와 현장예배를 통해 갈릴래아에서 만나자는 예수의 음성을 들을 수 있었습니다. 이웃과 사회를 향한 하느님나라 복음운동을 하는 향린의 모습은 계속해서 저에게 신앙의 도전을 주고 있습니다. 한국 교회의 권위적인 제도들을 허무는 향린의 여러 움직임들, 국악찬송, 목회운영위원회, 평신도 하늘뜻펴기, 목사 및 장로 임기제 등 교회의 권위들을 내려놓고 성전을 허무는 향린의 작업들을 저는 자랑스럽게 생각하고 있습니다.

2주 전, 한 장로님에게서 장애우 주일에 평신도 하늘뜻펴기를 했으면 좋겠다는 제안을 받았습니다. 내성적인 저의 성격과 고질적인 무대 울렁증이 있기도 하지만, 그 무엇보다도 제 머릿속에는 아직까지도 하늘뜻펴기는 영성 있는 목사님들이 하시는 '설교'라는 이미지가 남아 있어 무엇인가를 가르쳐야 한다는 생각에 걱정이 앞섰습니다. 더군다나 연륜으로 보나 신앙으로 보나 더 탁월하신 여러 어르신들 앞에서 내가 무슨 말을 할 수 있을까 하는 마음도 있었습니다. '평신도 하늘뜻펴기', 참 좋은 것이고 향린이 자랑하는 것 중의 하나지만 나는 할 수 없는 일이고, 나는 그냥 박수만 쳐야지 하는 모순적인 생각 속에 있었습니다.

그러던 중 예수님께서는 성전을 허물라고 하셨는데 나는 그 예수님의 명령을 거부하고 있는 것은 아닌지, 생각 속에 있는 '설교'라는 성전을 허물지 못한 채 향린의 진보성과 개혁성 뒤에 자신을 감추고 관망하며 대리만족하고 있는 것은 아닌가라는 생각이 들었습니다. 무화과나무의 무성한 잎만 보면서 만족하고, 잎 뒤에 숨겨져 있는 무화과나무 열매를 찾기 위해 잎을 들추는 작업은 하지 않은 것입니다. 하늘뜻펴기를 준비하는 동안 스트레스도 받고 고민도 해야 하는 편치 않는 시간이었지만, 신앙의 훈련 없이는 신앙의 성장이 없듯이, 작은 불편함을 신앙의 훈련으로 생각하고 하늘뜻펴기를 한 후에는 영적인 성장과 신앙의 열매가 있을 것을 기대하며 이 강단에 섰습니다.

작년 4월에 향린교회에 등록을 하고 주보를 펼쳐보았는데 광고란에 '나간이 목욕봉사' 모임을 소개한 것이 제 눈에 들어왔습니다. 그리고 그때 수년 전 하느님과 했던 한 약속이 생각났습니다.

대학 1학년 때로 기억합니다. 저는 당시 한 기독교 동아리 활동을 하고 있었습니다. 방학이 되면 여러 학교들이 연합으로 수련회를 가졌습니다. 평상시 하지 않던 기도를 금식해가면서 하고, 성서를 읽는 영성 프로그램 속에서 가슴이 뜨거워졌습니다. 마지막 날에 수련회 때 받은 은혜를 나누고 앞으로의 다짐들을 적어서 성서에 붙이는 프로그램이 있었습니다. 당시 제가 다짐한 것은 매일 큐티하는 것, 30분 이상 기도하는 것, 성서 일독하는 것들이었는데, 거기에 봉사활동 하겠다는 것도 포함이 되어 있었습니다. 하지만 저의 신앙은 냄비신앙에 근거한 것이라, 다짐들을 적을 때는 이 산을 옮겨 저리로 옮길 것 같은 믿음이 있었고 세상에 가서 강한 주님의 용사로 살아가겠다고 기세등등했었는데 시간이 지나면서 금방 식어버리는 냄비처럼 그런 다짐들도 무뎌져 갔습니다.

그런데 '나간이 목욕봉사'를 주보에서 보았을 때 그때의 다짐이 머릿속에 생각이 났고 작은 신앙의 실천이 될 수 있겠다고 생각하여 참여하게 되면서 지금에 이르고 있습니다. 한 달에 한 번 하는 것이지만 '나간이' 봉사는 저에게 큰 의미가 있습니다. 우선 그분들을 통해서 고통받는 이웃들에 대해 생각하게 됩니다. 지하철을 탈 때나 길거리에서 흔히 볼 수 있는 장애인들, 노숙자들을 보면서 기도하게 됩니다. 그리스도인으로서 이웃에 관심하는 일은 당연한 것이지만 삶의 무게와 이기심으로 인해 이웃을 향한 마음이 무뎌집니다. 나간이 봉사는 이웃에 냉담해진 마음에 온기를 불어넣어주고, 다시금 이웃에 관심하게 해줍니다. 목욕을 하기 위해 어르신들의 옷을 벗기고, 불편하신 몸을 저희들에게 의지하게 해서 목욕의자로 옮긴 다음, 저의 손으로 몸 구석구석을 씻겨드립니다. 말로써 대화하는 것이 어렵지만 서로의 체온과 온기를 느끼면서 몸짓의 언어로 사랑의 감정을 느낄 수 있습니다. 시간이 지나면서 이제는 저를 알아보시는 분도 몇 분 계셔서 얼마나 좋은지 모릅니다. 그 어느 날보다 첫째 주 토요일은 풍성한 날이고 가슴 뜨거워지는 날이고 하느님의 사랑을 느낄 수 있는 날입니다. 목욕봉사 후 같이 수고한 교우님들과 하는 식사는 풍성함을 더해줍니다.

'타드 허스턴'이라는 수상스키 선수를 꿈꾸던 미국 청년이 있었습니다. 스키 로프를 끌다가 그만 배에 달린 프로펠러에 다리가 말려들어가 다리를 절단하고 두 개의 의족에 의지하여 사는 처지가 되었습니다. 그는 그리스도인이었고 하바꾹서를 읽으면서 자신에게 남아 있는 가능성이 무엇인지 하느님께 물었습니다. 그는 심리학을 공부하고 재활병원 상담원으로 취직하여 자신과 같은 장애인을 돕고 그들에게 용기를 불어넣는 일을 했습니다. 어느날 기도하다가 잠시 잠이 들었는데 하느님께서 자꾸만 산으로 올라가라 하시는 꿈을 꾸었습니다. 그는 '저와 같은 장애인 친구들한테 놀라운 꿈이 될 것입니다. 그들의 삶에 격려가 될 것입니다. 제가 그 계획을 세워 도전해 보겠습니다' 하고 하느님께 기도하였습니다. 그는 '서키트 아메리카'라는 프로젝트를 만들어 미국 50개 주의 최고봉들을 의족으로 정복하기로 결심했습니다. 1994년 6월 1일 매킨리봉을 시작으로 하여 여러 차례 위험한 고비를 넘기며 아슬아슬하게 목숨을 지켰습니다. 그리고 드디어 그는 66일 만에 50번째 주 50번째 산 하와이의 마흐나키아 산 정상에 우뚝 섰습니다. 그 산 위에서 그는 전능하신 하느님을 찬양하였습니다. 그 모습이 미국 TV에 방영되었고 그는 엎드려 기도드렸습니다. "전능하신 하느님, 나의 가능성의 정상을 도전케 하신 하느님을 찬양합니다. 이 땅의 모든 장애인들이 저마다 그 삶의 가능성의 정상을 포기하지 않고 저 높은 곳을 향하여 오르게 도와주시옵소서."

우리는 주위에서 불굴의 의지와 삶의 가능성을 바라보며 장애를 극복한 아름다운 이야기들을 접하게 됩니다. 그러나 그런 이야기들은 소수에 불과하고 대부분의 장애인은 주위의 억압과 사회적 차별로 인해 자신의 가능성을 포기하고 맙니다. 장애인들의 50% 이상이 초등학교 교육조차 받지 못하고 있습니다. 다 그런 것은 아니지만 수십억 원의 국가 보조금을 지원받는 장애인복지 시설 대표들이 공금을 횡령해서 부를 축적하는 파렴치한 행위도 주위에서 목격하게 됩니다. 시설에 거주하는 장애인들은 기본적인 권리도 보장받지 못하고 폭력에 신음하고 있습니다.

얼마 전 노무현 대통령 앞에서 기습시위를 벌였던 박경석 '장애인차별금지법제정추진연대' 대표는 "장애인들에게 현실은 무관심과 차별로 가득찬 세상입니다. 행복한 장애인, 아름다운 대한민국은 정부의 선전 속에서나 존재할 뿐입니다"라고 고통 속에서 우리를 향해 호소하였습니다. 하느님께서 그분들에게 주신 가능성을 우리가, 이 사회가 무참히 짓밟고 있는 건 아닌지 생각해보아야 합니다. 하느님을 믿는 그리스도인들은 하느님께서 장애인에게 주신 가능성을 짓밟아서는 안 됩니다. 또한 더 나아가 그 가능성을 짓밟는 사회구조나 차별에 대해 방관해서도 안 되고 바꾸어 나가야 합니다. 그 가능성을 더 잘 발휘할 수 있는 터전을 마련해주는 것이 창조주 하느님에 대한 피조물로서의 의무라고 생각합니다.

성서는 하느님의 창조 이야기로 시작합니다. 책의 머리말을 보고 저자의 의도나 방향을 알 수 있듯이 성서의 첫 장에 나오는 창조 이야기를 통해서 우리는 하느님의 인간에 대한 생각을 알 수 있을 것입니다. 하느님께서 온 천지만물과 인간을 창조하신 후 "아주 좋았다"라고 말씀하셨습니다. '이것은 좋고 저것은 그저 그렇고 또 어떤 것은 별로다'라고 말씀하시지 않으셨습니다. 차별이 없으셨다는 말씀입니다. 하지만 피조물인 우리 인간들은 너무나 차별이 심합니다. 특히 장애인들을 향한 차별과 멸시는 박경석 대표의 말처럼 세상에 가득차 있습니다. 피조물인 우리 인간이 차별이 없으신 창조주 하느님을 욕되게 하고 있는 것입니다.

우리는 하느님의 피조물임을 잊지 말아야 합니다. 사도 요한은 하느님의 존재를 사랑으로 설명하고 있습니다. 사랑은 하느님에게 난 것이고, 우리가 서로 사랑할 때 하느님의 사랑, 즉 하느님을 알 수 있다고 말합니다. 허스턴의 예화에서 가능성을 발견하는 근거는 장애인이든 아니든 인간은 하느님의 형상대로 지음받은 존재라는 믿음의 고백에 있습니다. 그리고 하느님의 형상을 우리의 관계 속에서 느낄 수 있는데, 그것은 사도 요한이 말한 대로 우리가 서로 사랑할 때입니다. 사랑은 차별이 없어야 하고 사랑한다는 믿음의 고백 속에 장애인도 마땅히 포함되어야 합니다. 약자에 관심하시는 하느님의 성품으로 볼 때 더욱더 장애인을 사랑해야 합니다.

목욕시켜드리는 할아버지 중에 항상 춥다고 말씀하시는 분이 계십니다. 여느 때와 마찬가지로 그 할아버지께서는 너무 춥다고 하셨습니다. 그래서 저는 샤워기의 온도를 높여서 씻겨드렸습니다. 그러고는 할아버지께 "이제 안 추우세요?", "물 따뜻하니까 어떠세요?" 하고 여쭈어 보았습니다. 할아버지께서는 나지막한 목소리로 "너무 좋아요" 하고 말씀하셨습니다. 당시에는 그냥 할아버지께서 반응해주셔서 기뻤던 기억으로 남아 있습니다.

하늘뜻펴기를 준비하면서 그때의 일을 다시 생각하고 창세기의 창조 이야기에 맞추어 다시 묵상해 보았습니다. 저는 그 할아버지께서 "너무 좋아요"라고 했던 말씀이 마치 하느님께서 그때의 모습을 보면서 하시는 말씀 같다는 생각이 들었습니다. 할아버지께서 "너무 좋다"라고 하실 때 저와 할아버지는 서로의 모습 속에서 하느님의 형상을 보았고 하느님께서도 그 모습을 보시면서 "심히 좋다"라고 말씀하시며 목욕실의 좁은 공간에서 충만한 사랑의 영으로 함께 하셨을 것이라는 생각을 했습니다.

하느님께서는 장애인이나 그렇지 않은 사람이나 동일한 사랑의 영으로 함께하고 계십니다. 우리는 모두 다 하느님의 형상을 가진 존귀한 존재입니다. 자기 욕심만 채우고 형제자매와 화해하지 못하고 물질의 노예가 되어서, 장애인을 포함한 사회적 약자의 내면에 있는 하느님의 형상을 발견하지 못하는 사람은 영적 장애인입니다. 평화롭게 살지 못하고 전쟁을 일삼는 세상, 환경을 파괴하는 세상, 맘몬의 신이 지배하는 세상, 이 세상은 하느님께서 보시기에 장애로 가득찬 세상입니다. 장애인주일을 맞이하여 우리 안에 이런 장애는 없는지 살펴보고 그 장애를 하느님의 가능성, 곧 하느님의 온전한 형상을 자신 안에 심음으로 극복하시기를 바랍니다. 또한 그 가능성을 장애인들을 포함한 이웃의 모습 속에서도 발견하여 하느님의 풍성한 은혜와 사랑 안에 온전함을 이루어가는 저와 향린 교우님들이 되었으면 좋겠습니다.

끝에 있는 사람들의 목소리 | 김석준 |

에제키엘 37:15~22, 로마서 11:1~2/29~32, 마태오복음 15:21~28

저는 작년 12월부터 향린교회와 처음으로 인연을 맺고, 올해 초에 두 달여 동안 새 교우 교육을 받아 이제 막 향린교회 가족의 일원이 된 청년남신도회 소속의 김석준입니다. 향린교회 이전에 다른 교회활동이나 신앙활동은 없었고 향린교회의 8개월여 신앙생활이 사십여 년이 넘는 제 생애에 교회생활의 전부입니다. 신체적 장애에서 오는 콤플렉스를 극복하기 위해서라도 신실한 신앙인일 것이라는 일반 사람들의 기대와는 달리 도대체 무슨 배짱으로 고민 없이 세상을 살아왔는지, 요즘 향린교회에 다니면서 조금 후회가 되는 부분이기도 합니다. 부족한 제가 향린 공동체에서 예수님의 말씀과 뜻을 따라 살 수 있도록 교우 여러분들의 따뜻한 관심과 기도를 부탁드립니다.

저는 K은행에서 IT 개발업무를 맡고 있습니다. 은행업무 전반에 대한 IT 시스템화 작업이 제가 하는 일입니다. 전두환 군사독재정권의 폭정이 정점으로 치닫던 87년에 대학생활을 시작했습니다. 그 당시에는 학생운동이 아마 가장 활발하게 일어나고 사회의 변혁문제에 대한 지식인들의 담론도 가장 왕성하게 일어난 시기였던 것 같습니다. 사회에 진출하고서도 진보적인 과학기술운동단체에 잠시 있었고 장애인들과 함께 세상의 반을 이루는 바다세상을 탐험하는 활동도 하게 됩니다. 울릉도를 비롯한 전국의 모든 바다는 다 들어가 본 것 같습니다. 가만히 정체되어 있는 것보다 끊임없이 변화하며 움직이며 나아가는 활동을 더 좋아합니다.

이때까지만 해도 우리 주 예수님이 저의 삶의 중심을 이루리라고는 생각을 해보지 않았습니다. 신앙활동에 대해서 큰 거부감은 없었지만 교회의 엄숙한 도덕적 주장들이, 주장하는 사람들은 그렇게 살지 않으면서, 남의 삶을 강제하는 것 같은 믿음생활과 이해되지 않는 무거운 말씀이 부담스러웠기 때문이었습니다.

처음으로 기도하게 만든 사건

그런데 제가 처음으로 두 손을 모아 하느님에게 간절히 기도하는 사건이 발생합니다. 지난해 2월에 저희 회사는 차세대 시스템 개발을 완료하게 됩니다. 수천억 원의 비용과 2천여 명의 IT 노동자들이 2년이 넘는 개발기간을 거치면서 완성하게 되는데 이 개발과정에서 저는 참으로 소중한 이웃, 직장 동료를 잃게 됩니다. 시스템 개발에 대한 무한책임과 실패에 대한 두려움과 공포, 일을 진행하면서도 퇴로가 없이 앞으로만 가야 하는 중압감에 위기가 올 때 그 순간을 극복하지 못하고 거기에 멈춰버렸습니다. 그를 보내던 아침에 처음으로 간절히 기도했습니다. 부디 저 하늘나라에서 편하게 쉬게 해달라고…….

이후 차세대 프로젝트는 큰 성공을 거두는데, 거기에서 제가 미처 생각하지 못했던 많은 부분들이 지혜롭게 잘 풀리는 놀라운 기적을 체험합니다.

한없이 나약하고 미약한 존재로서 자신을 깨닫는 것, 그 깨달음에서 오는 겸손함, 그리고 어떤 어려움과 힘든 일이 있어도 하느님의 절대 권능으로 극복할 수 있다는 강한 의지와 믿음……. 저는 이 사건을 통해서 처음으로 하느님께 간구하게 되었던 것입니다.

향린교회에 오다

교회를 다녀야겠다는 생각에 아내와 함께 이 교회 저 교회를 배회하게 되었습니다. 그즈음이 연평도 포격으로 한반도의 긴장이 최고조에 달한 시점이었는데 저희가 찾은 교회 어디에서도 대결과 적대감을 드러낼 뿐 진정한 평화를 갈망하는 기도는 들어보지 못했습니다. 성서 말씀은 더욱더 이해되지 않고 불가지론의 믿음만이 구원이라는 설교만 넘쳐 났습니다. 저 자신이 말씀을 이해하는, 즉 영적 이해능력이 떨어지는 사람인 줄 알았습니다. 교회를 다닐수록 더 쌓이기만 하는 질문들…… 이렇게 교회에 대한 기대와 실망이 교차되는 시기에 향린교회를 인터넷으로 알게 되었습니다. 목사님들의 하늘뜻 말씀을 동영상으로 보면서 얼마나 떨리던지!

특히 교회활동 중에 "역사와 해석" 성서배움마당에서 성서를 어떻게 읽고 해석해야 하는지에 대한 토론의 시간들은 너무도 소중한 시간이었습니다. 아마도 너무 깊은 목마름 때문에 교우 선배님들과 목사님의 말씀이 갈증을 해소하는 시원한 생명의 말씀처럼 느껴졌던 것 같습니다.

가나안 여인의 믿음

오늘 마태오복음서 본문 말씀은 가나안에 살던 한 이방인 여자의 믿음에 대한 말씀입니다. 문자대로 읽어보면 본문 내용은 복음서에서 소외되거나 가난하고 병든 자들을 대하는 예수님의 모습과 너무도 달라서 당혹스러웠습니다. 마귀가 들린 딸을 치유해달라는 이방인 여자의 간청을 무시하는 것을 넘어서 강아지 비유를 통해서 모욕적인 거절을 하지만, 이 여인은 굽히지 않고 간구하고 예수님은 그러한 이방 여인의 딸을 낫게 해줍니다. 마태오복음서의 이 구절은 마르코복음서 7장 24~30절에서도 볼 수 있는데 마르코복음서와의 차이는 24절에 "나는 길 잃은 양과 같은 이스라엘 백성만을 찾아 돌보라고 해서 왔다"라는 구절이 추가로 전승된다는 것입니다. 이런 전승의 차이를, 안병무 선생님은 『공관복음서의 주제』에서 마태오복음서의 특성이 유대적 경향이 농후하고, 율법의 절대 유효성을 강조한 말씀이 많고, 예수님의 활동을 이스라엘에만 국한하는 말씀을 전하는 데에서 기인한다고 하신 바 있습니다. 마태오 공동체의 구성원들 중에는 전통적인 율법과 아브라함의 혈통을 강조하는 유대 기독교인들이 많았음을 쉽게 추정해볼 수 있습니다.

그리고 가나안 이방의 여인은 복음서에 등장하는 전형적인 민중에 속합니다. 안병무 선생님은 『갈릴래아의 예수』에서 이스라엘 민족 체제로부터 소외된 민중들에 대해서 "안식일을 지킬 수 있는 사람은 최소한 다음날 하루 먹을 양식의 여유가 있는 사람, 즉 일용할 양식 이상을 가진 사람들이다. 정결법도 마찬가지이다. 불결한 일을 직업으로 삼고 사는 사람들은 정결법을 지킬 수가 없다"라고 말씀하셨습니다. 특히 병자는 안식일법과 정결법을 숙명처럼 어기고 살아야 합니다. 이렇듯 생존과 차별적 억압의 벼랑 끝으로 내몰린 가나안 이방 여인에게 어느 날, 사람들이 메시아라 부르기도 하고 병자를 치유하는 기적을 보여주었다고도 하는 예수님이 오신다는 소식은 그녀에게 절망이 희망으로, 버림받은 운명이 구원으로 바뀌는 기적을 기대하게 하는 것이 아니었을까요?

그런데 예수님은 "자녀들이 먹을 빵을 강아지에게 던져주는 것은 옳지 않다"라고 하며 거절하시는데, 과연 예수님은 정말 이 여인을 강아지로 본 것일까요? 아니면 그냥 떠본 것일까요? 이 여인이 자신을 강아지로 비유한 예수님의 이야기에 "강아지도 주인의 상에서 떨어지는 부스러기는 주워 먹지 않습니까?"라고 반문하는 유연성은 어디에서 오는 것일까요? 여인의 강한 민중적 의지, 간절함, 모성애가 총체적으로 드러납니다. 그 드러난 실체의 전부가 딸을 치유하는 기적을 만든 것입니다. 강아지 비유에 대한 굴욕이 딸이 구원을 받느냐 받지 못하느냐 하는 순간에 더 이상 굴욕은 아닐 것입니다.

그런데 본문 말씀은 여기에 그치지 않고 이방 여인 어머니의 일반성에 주목하게 합니다. 위에 언급한 대로 마태오 공동체는 유대민족주의 경향이 강합니다. 그들의 구원관은 유대 기독교인들을 위한 제한된 구원관일 수밖에 없습니다. 15장 24절 말씀 "나는 길 잃은 양과 같은 이스라엘 백성만을 찾아 돌보라고 해서 왔다"라는 전승은 이방인 구원에 대한 강한 배타성을 잘 드러낸 부분이라 할 수 있습니다. 결국 가나안 여인의 딸 치유의 기적은 그 여인의 간절한 믿음을 통해 그녀와 같이 체제 밖에 머무를 수밖에 없는 이방인에게도 구원을 열어놓은 것입니다. 즉, 오늘 말씀을 좀 더 크게 보면 마태오 공동체의 폐쇄적인 믿음과 제한적인 구원사상을 깨트리게 만든 사건인 것입니다.

오늘의 가나안 사람들

오늘 말씀, 가나안 이방 여인의 구원을 갈망하는 믿음에 대한 말씀을 묵상하면서 진실로 생존의 끝에 있는 사람들의 목소리를 듣습니다. 강아지의 굴욕을 이겨내고 마침내 주 예수님을 통하여 기적을 일구는 무수히 많은 오늘날의 가나안 여인들, 이방인들……. 향린 공동체에 오시는 우리 주 예수님은 이방인들에게도, 오늘날의 가나안 여인들에게도 항상 함께하시고 그 안에 존재하심을 믿고 그들의 목소리를 들어주시기 바랍니다.

명동의 철거 현장에서도, 부산의 영도 타워 크레인 위에서도, 시청 앞 광장 재능교육 노동자들의 생존을 위한 투쟁의 거리에서도, 화재와 수해의 깊은 상처에 있는 포이동 266번지에서도, 이 강아지 굴욕을 이겨내고 일어서서 희망을 찾을 수 있도록 항상 함께하여 주시기를 바랍니다.

제6장

아픔을 넘어 평화의 자리로

한반도와 평화

나 야훼가 너를 부른다. 정의를 세우라고 너를 부른다.

이사야 42:6

우리가 본 북한[*] | 홍이승권 |

저는 오늘 교우 여러분들에게 북녘 땅에서 보고 느낀 '사회주의 의료'에
대하여 말씀드리기 위해 이 자리에 섰습니다. 약품 공장 한 곳과 병원 두 곳
에 다녀왔습니다. '주마간산' 식으로 돌아보았지만 예기치 않은 사고가 발생
해 흔치 않은 경험을 하기도 했습니다.

'평양 정성제약연구소 병주사제 공장'은 국제 우수의약품 제조·관리 기준
인 GMP 규정에 따라 건설된 북한 최초의 현대적 수액 제조공장이었습니다.
다음 방문지인 '평양 제2인민병원'에 수액과 항생제가 공급되며, 필수 의약
품인 기초수액제(링거액)를 연간 수백만 병 북한 주민에게 공급할 수 있게
된 것입니다. 시립병원에 해당되는 이 병원은 전체적인 시스템은 잘 되어

---

[*] 이 주에는 성서본문 없이 하늘뜻펴기가 진행되었다. 이 설교문은 홍이승권 교우 등이 '6·15 공동선언
발표 5주년 기념 민족통일대축전'에 참석한 뒤 돌아와 하늘뜻펴기를 통해 나눈 방문기들 가운데 한 편
이다.

있어 보이나 물자 부족으로 고충을 겪고 있는 듯했습니다. 하지만 의료인들의 정성은 어느 나라 의료인 못지않았습니다.

그다음에 방문한 '평양 친선병원'에서도 응급환자에 대한 북녘 의료인들의 뜨거운 정성을 느꼈습니다. 실제로 상호간의 의견교환을 통한 진료가 이루어졌으므로, 남북 최초의 협진이 아니었나 생각합니다. 외상학, 정형외과학, 복부외상학, 비뇨기과학, 마취과학 전문의 선생님·간호원들과 소견을 교환하고 이야기할 기회가 있었습니다. 외과과장의 집안 이야기를 통해 소박한 한 가장의 아이들에 대한 소망을 들을 수 있었고, 간호원이 의사가 될 수 있는 6년 과정의 통신의학 공부 이야기를 통해 미래에 대한 꿈과 희망을 들을 수 있었습니다.

제가 두 병원에서 만나 이야기한 여러 의료인들은 하나같이 진솔한 인간의 모습을 보여주었고 의료인으로서의 사명감을 피력했습니다. "의사들의 정성이 명약이다", "사회주의 의학은 예방의학이다"라고 쓰여 있는 문구를 볼 때도 느낍니다만, 북한 의료제도의 골격을 하드웨어라고 하고 실제적 내용을 소프트웨어라고 한다면 소프트웨어보다 하드웨어가 잘 구성되어 있다는 것이 이 분야 전문가들의 공통적인 견해입니다. 예방의학과 무상치료제가 사회주의 보건제도의 기본이기 때문이죠. 남쪽의 소프트웨어인 인력과 시설 부문, 북쪽의 하드웨어인 보건의료제도를 결합한 모습으로 통일의료제도의 미래를 그려봅니다.

북에 있는 동안 예수가 광야에서 당했던 세 가지 시험을 생각해 보았습니다. 첫 번째 시험은 "네가 하느님의 아들이거든 이 돌들에게 빵이 되라고 말해보라"는 것이었지요. 북쪽의 돌은 돌로서의 가치가 있습니다. 돌을 빵으로, 돈으로 만들고, 그 물화(物化)된 결과를 보고 직접 통제하려는 갈망을 남쪽은 가지고 있었습니다. 두 번째 시험, 즉 천사들의 손으로 떠받침을 받으리라는 것은 공로를 인정받으려는 희망으로서 남쪽이 북쪽에 와서 이룩한 성취를 사람들이 찬양하고 인정해주기를 바라는 마음을 뜻할 수 있습니다. 북쪽을 도와주고 영웅이 되려는 자세는 지양해야겠습니다. 세 번째 시험은 물리치기 힘든 것이었습니다. 할 말을 다했고, 할 일을 다 했다는 것은 "이제 그대로서는 더 이상 할 수 있는 것이 없지 않느냐?"라는 질문에 굴복하는 것을 의미합니다. 북의 의료시설 부재에 도움을 주는 것으로 끝나지 말아야 합니다. 다른 정치·경제·사회·문화·교육 분야에서도 마찬가지로 끊임없는 교류를 해야 합니다.

저는 기독인이 가져야 할 '3가지 C'를 전하며 말을 마칠까 합니다. 함께 느끼고(Compassion), 서로 교류하고(Communication), 같이 보살피는(Care) 기독인이 바로 그것입니다. 서로 어울려 있음, 더불어 있음을 체감하고, 거기에 따라 같이 통일할 준비를 하는 것입니다. 서로 이런 불가분의 관계를 체득할 때 우리는 북의 아픔을 우리의 아픔으로 여기게 됩니다. 영어의 자비라는 단어 'compassion'은 '함께(com) 아파함(passion)'이라는 뜻이라고 합니다. 남의 아픔을 나의 아픔으로 여기는 마음입니다. 사람을 만나면 우선 그가 아파하는 사람인가 아닌가, 그가 나의 도움을 필요로 하는 사람인가 아닌가를 살피고, 나아가 이웃이 당하는 고통을 바로 자신의 고통으로 느껴보아야 합니다. 남북, 북남이 서로 사랑하는 일을 실천하는 '새로운 한민족 공동체'의 일원으로 살아갈 것을 다짐합니다.

칼을 녹여 쟁기로 | 서형식 |

미가서 3:3~4, 요한복음 4:19~24

분단과 전쟁의 상처는 우리 모두의 삶 곳곳에 녹아 있습니다. 앞선 라디오극은 김진철 교우의 가족 이야기입니다. 김진철 교우의 아버지는 고향 원산에서 전쟁 중 가까운 곳에 잠시 피신한다고 배를 탄 것이 멀리 포항까지 가는 바람에 가족과 헤어지게 되었습니다. 고향으로 가기 위해 휴전선 가장 가까운 곳인 강원도 고성에 사시다가 상당한 세월이 흐른 뒤에 새로운 가족을 꾸리게 되었습니다. 북쪽에 남겨둔 가족에 대한 미안함과 그리움으로 지내시다가 어머니가 서울로 이사하려는 즈음 몰래 배로 혼자 월북을 시도합니다. 이 일로 어머님과 가족에 씻지 못할 상처를 주고 불화 속에 한 생을 사셨습니다.

뒤의 촌극은 유호명 선생님의 어린 시절 이야기입니다. 일제강점기에 살기가 막막하여 일본으로 떠났다가 해방이 되자 다시 귀국합니다. 이때 큰누나는 남편을 따라 남한 충남 당진에 남아 간호사가 되었고 나머지 가족들은 고향 평양에 다시 정착하게 됩니다. 작은 누나는 북한 당 간부가 되었고 큰 누나는 국군 간호장교가 되었습니다. 국군이 평양으로 진격하면서 큰 누나가 고향을 찾은 것입니다. 5년만의 가족 만남이 총부리를 서로 들이대는 비극적인 이별이 되었습니다.

또 하나의 슬픔이 있습니다. 지난 수요일 새벽 월드컵, 북한과 브라질 경기가 있었습니다. 북한 국가가 울려 퍼지는 동안 정대세 선수는 펑펑 울음을 터트렸습니다. 꿈에 그리던 월드컵 무대에 서고 브라질과 같은 강팀과 경기를 하는 것이 감격스러울 수 있으나 제가 보기엔 26년 동안 일본에서 소수인으로 산 설움과 회한이 한꺼번에 터져 나오는 것 같았습니다. 정대세 선수의 국적은 한국이고, 출생과 생활은 일본에서 했고, 축구대표팀은 북한입니다. 정 선수는 일본에서 조선인 학교에 다녔습니다. 거기서 일본 학교에서 배울 수 없는 우리 말, 역사를 배웠고 민족혼과 긍지, 일본에 있더라도 조선 사람으로 살아갈 신념을 얻었답니다. 아버지의 국적은 한국, 어머니의 국적은 조선입니다. 일본에서 조선 국적의 사람들은 나라 없는 이방인이며 이지메 대상입니다. 부모의 국적은 한반도의 분단과 마찬가지로 나뉘어 있지만, 한 울타리 안에서 서로를 보듬고 사는 것이, 이것이 통일된 앞으로의 우리의 모습이 아닐까요? 남북의 화해와 통일이 디아스포라인 재일(자이니치)조선인의 한과 고통을 씻어줄 것입니다.

분단의 고통은 각 개인이나 가정에만 그치는 것이 아닙니다. 사회 많은 부분에서 기본적인 상식과 합리성이 통하지 않는 경우가 많습니다. 국익이라는 이름으로 진실과는 상관없이 누구의 편이냐는 이분법적인 아집만이 넘실거립니다. 개인적인 내면의 평화를 넘어 공동체의 평화를 이야기하면 위험한 사람이라 합니다. 가난한 사람에 대한 동정을 넘어 가난을 만드는 구조에 눈 돌리면 우리를 다 가난하게 만든다고 위협합니다. 사회의 정상적인 발전과 성숙이 지체될 수밖에 없는 것입니다.

요한복음 4장에 예수님과 사마리아 여인의 대화가 나옵니다. 기원전 923

년 솔로몬 왕이 죽은 후 비교적 평등한 공동체를 지향하는 대부분의 지파가 연합한 북이스라엘과 왕조 체제를 지키려는 남유다로 분열하게 됩니다. 각 지배층은 성전 이데올로기로 백성들을 오도해나가고 독자적인 왕권을 확고히 하는 수단으로 종교를 변질시켰습니다. 많은 전쟁을 치르면서 민족 공동체의 길은 점점 멀어져 갔습니다. 예수님 당시 유대인들에게는 북쪽 사마리아 지방을 여행하는 것조차 율법으로 금지되어 있을 정도로 증오와 적개심이 대단했습니다. 그런데 예수님은 율법을 어기고 사마리아 지방으로 들어가셨고 여인과 대화를 하신 것입니다. 심지어는 저들이 사용하는 두레박에 물을 달라 하여 마시고자 하셨던 것입니다. 사마리아 여인이 묻습니다. "우리의 조상은 이 산에서 예배드렸는데 당신들은 예루살렘에서 해야 한다고 합니다. 예배는 어디에서 드려야 합니까?" 예수님의 대답은 사회적 통념과 금기를 깨는 도전적 메시지였습니다. 장소가 중요한 것이 아니라 진정한 예배는 바로 영과 진리로 드려야 한다! 예수님의 행동은 나누어진 북쪽 민족을 한 민족으로 껴안으려는 위대한 사랑의 실천이었습니다. 모든 사회·정치 체제와 이념들은 하느님의 심판 아래 있습니다. 하느님은 지금 우리들에게 이러한 사랑과 화해를 말씀하시고 계십니다.

오늘은 6월 20일, 화해와 평화를 상징하는 6·15와 전쟁과 반목을 상징하는 6·25 사이에 있습니다. 한반도 정세도 또한 이 사이에 있습니다.

6·15 선언은 대결과 갈등의 남북관계를 화해와 협력의 남북관계로 전환시킨 역사적인 대사건이었습니다. 그 뒤 약간의 우여곡절도 있었지만 갈등과 대결구도는 극복되고 있었습니다. 그렇게 도도하게 흐르던 평화의 물줄기가 강물이 보에 막히듯, 강바닥이 파헤쳐지듯 이렇게 짧은 시간에 뒤집혀질지 몰랐습니다. 이러한 역사적 퇴행과 반목 속에 천안함 침몰 사건이 일어난 것입니다. 다음은 천안함 침몰 사건에서 희생된 장병의 어머니가 쓴 편지입니다.

내 아들을 삼켜버린 잔인한 바다를 바라보며

만신창이가 된 어미는 숨조차 쉴 수가 없구나

네 눈빛을 바라볼 수 없고

네 몸을 만질 수도 없고

네 목소리를 들을 수 없기에

피맺힌 눈물이 흐르는구나

미안하다 아들아

칠흑 같은 바다에 있는 너를 구해주지 못해

어미의 육신이 찢기는 듯 아프구나

사랑한다 아들아

눈에 넣어도 아프지 않을 내 새끼

그 누구도 용서하지 마라

너희를 구하지 못한 어미도

진실을 밝히지 않는 대한민국도

오늘도 이 어미는 애타게 네 이름을 불러본다

어머니 하며 달려올 것 같은 내 새끼

어미의 귓가에 들리는 네 목소리

한 번만이라도 네 얼굴을 만져보고 싶구나

미안하다

사랑한다

보고 싶다

사랑한다 내 아들아

아들 부시 전 대통령이 한국에 온다고 합니다. '분단을 넘어 평화로!'라는
주제로 이달 말 상암 월드컵 경기장에서 열리는 '한국전쟁 60주년 평화기도

회'의 연사로 온다는 것입니다. 그를 초청한 측은 "6·25를 경험한 한국의 목회자들이 한국전쟁 경험담을 얘기하고 부시 전 대통령이 평화통일과 자유에 대해 이야기하면 좋을 것"이라고 말했답니다. 주최 측 명단을 보니 한국의 대형교회 목사들은 대부분 망라되어 있더군요. 저는 이 모임의 성격을 '평화의 이름으로 증오의 귀신이 벌이는 아수라장'이라고 규정짓습니다. 8년의 재임 기간 동안 전쟁의 포성이 멈춘 날이 거의 없게 한 부시를 평화기도회의 연사로 부르다니, 평화의 개념이 저와는 전혀 다르다는 것을 느낍니다. 부시가 평화를 이야기하는 것은 조직폭력배가 '착하게 살자'라고 말하는 것과 같이 들립니다. 힘과 폭력으로 강요된 침묵과 질서가 평화라고 한다면 쇠사슬에 묶인 노예의 상태를 자유라 불러야 할 겁니다.

기원전 735년, 남유다의 아하스 왕은 북이스라엘 동맹에 맞서 세계 제국 중 가장 악명 높은 아시리아에 원군을 요청합니다. 결국 북이스라엘은 멸망하고 남유다는 속국이 됩니다. 히즈키야 왕은 이 압제에서 벗어나기 위해 이집트에 원군을 요청합니다. 호랑이를 쫓아내려 늑대를 끌어들이는 것입니다. 결정적인 역사적 시기에 외세에 의존해서라도 정권의 안위만을 생각하고 민중의 고통을 외면하는 지도자들을 우리나라 근현대사에서 얼마든지 찾을 수 있습니다.

함석헌 선생님은 우리 민족의 역사는 고난의 역사요, 마치 세계사의 하수구와 같이 모든 썩은 물이 한반도를 통과하여 가지만, 바로 이 고난을 통해 세계의 운명을 바꿔나갈 새 생명과 새 사상이 나타날 것이라고 하셨습니다.

바벨론의 포로로 붙잡혀 가 있던 에스겔 선지자는 울부짖습니다. 우리의 고난은 언제까지입니까? 과연 당신은 살아 계시는 것입니까? 마른 뼈들이 널려 있는 광야에서 하느님이 말씀하십니다. 내가 너희 속에 숨을 불어 넣어 너희를 살리리라. 그래서 뼈들이 붙고 힘줄이 이어지고 살이 붙어 커다란 무리가 되리라! 고난 속에서 개인이 각성하고 그 책임을 다할 때 새로운 생명이 잉태할 것을 말씀하신 것입니다.

최근 6·2 지방선거에서 작지만 의미 있는 희망을 보았습니다. 남북의 적대적 의존관계에 기대어 증오와 공포를 만들어내는 세력이 심판을 받았습니다. 우리가 남이가 하는 지역주의가 붕괴되고 있습니다. 우리 경제규모에서 턱없이 부족한 보편적 복지에 대해 관심을 가지기 시작했습니다. 무한경쟁을 통한 극히 적은 수의 엘리트 학생만을 위한 수월주의 교육에 대한 문제제기가 있었습니다. 뼈가 다시 붙기 시작한 것입니다. 조금만 더 힘을 냅시다.

오늘은 민족화해주일입니다. 하느님께 제사 드리기 전 다툼이 있는 형제와 먼저 화해하고 오라고 하신 예수님의 말씀처럼 이번 천안함 사건은 이념과 감정이 아니라 과학과 이성으로 진상조사를 다시 해야 합니다. 그러고 나서 케케묵은 증오를 떨쳐내고 화해의 악수를 청해야 합니다. 반목과 갈등구조를 청산해야 합니다.

한반도에 정의가 강물처럼 흐르게 하고(아모 5:24), 평화의 기운이 온 강산에 퍼지게 하고(예레 33:9), 남과 북을 가로막는 철조망과 장벽을 끊어내어 평화통일을 이룩하는 것이 이 땅에 하느님 나라를 만드는 것입니다. 이는 "정의와 평화가 입을 맞추고"(시편 85:10), "칼을 녹여 쟁기를, 창을 녹여 낫을 만들며"(미가 4:3), "이리와 어린 양이 함께 어울리는"(이사 11:6) 평화의 세상이며, 온 땅 위에서 전쟁무기가 사라지고 창조세계의 생기가 되살아나 녹색의 꿈이 자라나는 생명의 세상입니다. 이런 평화와 생명세상을 위해 힘껏 일해야 하는 것이 하느님이 우리에게 주신 이 시대의 소명인 것입니다.

우리의 기도, 염원, 바람이 '바람'이 됩니다. 그 바람은 바람개비를 돌립니다. 바람개비의 몸짓은 바람이 있기 때문입니다. 우리는 바람개비여야 합니다. 시대의 아픔, 우리의 바람이 '바람'이 될 때 이를 온 세상에 드러내주어야 합니다. 문익환 목사님의 시 「잠꼬대 아닌 잠꼬대」의 일부를 낭독함으로 마치겠습니다.

역사를 산다는 건 말이야
밤을 낮으로 낮을 밤으로 뒤바꾸는 일이라구
하늘을 땅으로 땅을 하늘로 뒤엎는 일이라구
맨발로 바위를 걷어차 무너뜨리고
그 속에 묻히는 일이라고
넋만은 살아 자유의 깃발로 드높이
나부끼는 일이라고
벽을 문이라고 지르고 나가야 하는
이 땅에서 오늘 역사를 산다는 건 말이야
온몸으로 분단을 거부하는 일이라고
휴전선은 없다고 소리치는 일이라고
서울역이나 부산, 광주역에 가서
평양 가는 기차표를 내놓으라고
주장하는 일이라고

이 양반 머리가 좀 돌았구만

그래 난 머리가 돌았다 돌아도 한참 돌았다.
머리가 돌지 않고 역사를 사는 일이 있다고 생각하나
이 머리가 말짱한 것들아
평양 가는 표를 팔지 않겠음 그만두라고

난 걸어서라도 갈 테니까

임진강을 헤엄쳐서라도 갈 테니까
그러다가 총에라도 맞아 죽는 날이면
그야 하는 수 없지
구름처럼 바람처럼 넋으로 가는 거지

평화와 정의 | 김태준 |

출애굽기 3:1~10, 요한복음 2:13~22

　오늘 이라크에서 희생된 김선일 씨의 죽음은 이 젊은이의 생명 파괴는 물론, 우리 병력을 저 땅에 파병해야 한다는 우리의 현실과 관련해서 참담한 심정을 금할 수 없게 합니다. 우리는 그의 영결예배에서 김 씨의 유족들이 처절한 슬픔을 추스르고 '이라크를 향하여 전 세계로' 용서와 화해의 메시지를 전달했다는 소식을 접하고 감동을 받습니다.

　이날 고인의 가족들이 읽은 「용서와 화해의 메시지」는 "이 젊은이를 잃은 한국이 이라크를 이해한다는 것, 세계가 이라크를 사랑한다는 것, 그리고 우리 모두가 하나되어 모두를 사랑하는 것 안에, 선일이의 꽃피우고자 했던 꿈이 있었다"고 했습니다. 그리고 "선일이를 죽인 이라크를 용서한다. 당신들을 사랑한다"고 고백했고, 또한 "죽은 이는 비록 갔지만, 그 한 사람의 죽음으로 말미암아 이라크와 중동에 평화를 가져오는 한 알의 밀알로 남기를" 기원했습니다.

　구약성서 신명기 20장 10절에는 "어떤 성에 접근하여 치고자 할 때에는 먼저 화평하자고 외쳐라"라는 말씀이 보입니다. 저는 이 말씀이 나온 배경과 신학적 뜻을 설명할 수 없습니다. 그러나 전쟁에 나가서 그 적진을 향해서 '샬롬(Shalom)!'이라고 평화를 선포하라는 말은 참으로 아무도, 어느 나라도 할 수 없을 뿐 아니라 도대체 말이 안 되는 명령을 담고 있습니다.

그런데 죽은 김선일 씨의 가족들과 그를 애도하는 이 나라의 기독인들은 그 아픈 가슴을 쓰다듬으며, 온 천하와도 바꿀 수 없는 최고의 생명가치를 무참하게 유린한 반인륜적 저들, 마땅히 처부숴야 할 성을 향해서 '평화를 선언하라' 하신 말씀을 실천했습니다. "선일이를 죽인 당신들을 용서한다. 이라크와 중동에 평화가 깃들도록." 이 화해와 평화의 메시지야말로 하늘나라를 이 땅에 실현한다는 성서의 정신일 것입니다.

일찍이 안병무 선생님은 하늘나라의 내용을 성서적인 용어를 빌어 가장 핵심적으로 나타내자면 그것은 '샬롬'이라고 하고, 샬롬의 희랍어 번역으로 보이는 '에이레네(eirhvnh)'라는 낱말이 신약성서에 91번이나 쓰였다는 사실을 상기시킨 바 있습니다. 김선일이라는 한 청년의 처참한 죽음은 한국민들로 하여금 뼈아픈 슬픔을 이기고 이런 평화를 선언하는 강력한 경험을 갖게 하였습니다.

그러나 한편 한국의 한 젊은이의 죽음은 지지난 주에 2주기를 맞은 효순이와 미선이의 죽음과 다른 죽음이 아니고, 매일 수십 명씩 처참하게 죽어가고 있는 이라크 인민의 죽음과 마찬가지로, 전쟁이라는 악마의 제도의 결과라는 사실에 주목하게 합니다. 그리고 이것은 또한 끝없이 전쟁을 부추기는 미국의 전쟁 놀음의 결과라는 사실에 주목하게 합니다. 보도에 따르면 지난 2003년 3월 19일 미국이 이라크에서 전쟁을 시작한 시점으로부터 2004년 6월 16일까지 이 전쟁에서 미국과 이른바 연합군 병사 952명이 죽고 4593명이 부상당했으며, 민간인 기업 노동자와 선교사가 최대 90명이 죽었다는 통계가 확인됩니다. 이라크 쪽의 희생은 더 말할 것이 없어서, 통계조차 내기 어려운 상태입니다. 혹은 2만 명부터 5만 명까지로 추산하는 보고도 나와 있을 뿐 아니라, 나라 전체가 파괴되고 있고 그 정신적 피해는 수천 년의 아랍의 역사를 파괴하고 있습니다.

이런 전쟁의 소용돌이에서 미국에 협조한다는 이유로 한국의 한 젊은이가 희생된 것이며, 전쟁이 끝나지 않는 한 이런 무고한 생명파괴는 창조질서의 파괴로 이어질 것이 틀림없습니다.

이것이 우리가 보고 있고 또 겪고 있는 이 전쟁의 실상입니다. 전쟁이라는 것은 기계화된 생산이나 쾌적하고 편리한 생활, 끝을 모르고 경쟁하듯 높아가는 생활수준, 요사이 이른바 웰빙과 같은 욕망들에 대해서 사람들이 치르지 않으면 안 되는 대가라 할 수 있습니다.

지금 미국은 여러 가지 화려한 수사를 늘어놓고 있지만, 그들이 전 세계의 비난에도 불구하고 이라크를 점령한 것이 첫째는 석유를 안정적으로 확보하는 데 있고, 다음으로 제국주의적 세계지배의 목표와 관련하여 아랍 세력에 적대적인 이스라엘을 비호하려는 데 주목적이 있다는 것은 널리 알려진 바와 같습니다.

이런 미국에 아부하면서 파병을 강행하려는 한국의 노 정권도 파병의 논리가 "나라의 이익"이라고 하지 않습니까? 한국의 젊은이가 "나는 살고 싶다, 제발 나를 도와주세요!"라고 절규하는 비탄의 소리를 외면하고, 그를 죽이고, 이런 국민의 생명과 바꿀 수 있는 "나라의 이익"이 도대체 무엇이란 말입니까?

"자연으로 돌아가라"고 외쳤던 루소의 교육소설 『에밀』에는 "전쟁이라는 것은 인간이 가진 바 도덕상의 결함에 따라서 생기는 많은 사건의 총결산에 지나지 않는다"고 하는 말이 나옵니다. 그런 점에서 우리는 전쟁이 생기는 도덕적 원인을 없애는 데 주력하지 않으면 안 됩니다. 그것은 정의를 세우는 일입니다. 정의를 세우지 않은 평화는 평화일 수 없습니다. 정의가 무엇입니까? 그것은 모든 사람과 함께 화평하는 일입니다.

그러기 위해서 정의를 세우는 데는 적어도 두 가지 전제가 필요하다고 생각됩니다. 그 하나는 가난한 사람, 억눌린 사람들과 연대하는 일이며, 다른 하나는 이런 억눌린 자, 가난한 자들의 희생을 전제로 끝없이 이익을 탐하는 반(反)정의를 심판하는 일입니다. 가난한 사람, 억눌린 사람들은 삶의 최소한도의 목표로서 생명을 갈구하고, 그 최소한의 생존권을 지키기 위한 정의를 갈망하는 사람들입니다. 시시각각으로 죽음의 공포와 싸우면서 오직 살아서 고국으로 돌아가야 한다고 절규했던 김선일 씨의 마지막 외침의 소리를 들어야 합니다. "제발 부시, 제발 노무현 대통령님! 이라크에서 나가주십시오. 나는 살고 싶습니다. 한국에 가고 싶습니다. 고국에 계신 동포 여러분, 제발 저를 도와주십시오!" 김선일 씨의 이런 절규가 오늘 모든 죽어가는 자들, 억눌린 자들이 우리를 향해 절규하는 외침입니다.

그런데 미국의 MSNBC가 뉴스쇼 프로그램에서 김 씨의 이 절규하는 모습을 담은 화면을 보여주면서 '덜떨어진(retarded)' 친구라며 깔깔대는 장면을 방영했습니다. 이것은 오늘 미국의 모습을 상징적으로 보여줍니다. 이런 제국주의 세력은 이익만을 추구하고 이익을 위해서 정의를 짓밟습니다. 그래서 안병무 선생님은 제1세계인과 더불어 평화를 이루는 것은 불가능하다고 천명한 바 있습니다. 이런 결론은 물론 예수의 말씀을 바탕으로 하고 있습니다. 평화의 왕으로 오신 예수께서 "내가 세상에 평화를 주러 온 줄로 생각하지 마라. 평화가 아니라 칼을 주러 왔다"(마태 10:34~39)고 하는 말씀의 뜻이 이때에 비로소 해명된다는 것입니다.

미국뿐만이 아닙니다. 이 나라와 민족을 이끄는 책임자로서 노 대통령과 열린우리당은 "테러집단에는 강력히 응징하겠다, 국익을 위해서, 국제사회에 대한 신의를 위해서 파병 계획에 변화는 없다"고 큰소리를 치고 있지 않습니까? 이것이 저 군사독재 박정희의 월남파병 논리와 무엇이 다르며, 월

남전의 전철을 밟고 있는 미국을 추종하면서 국민의 생명과 바꿀 수 있는 어떤 국익이 있다는 것입니까?

참으로 강력히 응징해야 할 대상은 전쟁을 일으킨 미국이며, 이에 동조하는 제1세계 나라들입니다. 이라크 무장 세력으로 하여금 김선일 씨를 죽이게 한 것은 미국이며, 미국이 전쟁의 야욕을 포기하지 않는 한 이런 무고한 세계인의 계속된 죽음은 불 보듯 뻔합니다.

어떤 이상이나 어떤 명분으로도 전쟁은 정당화될 수 없으며, 이것이 우리가 파병을 반드시 막아야 하는 정당성입니다. 전쟁을 용인하는 것은 정의를 버리는 일입니다. 이것은 평화의 왕으로 오신 그리스도의 절대 정신이며, 이 평화의 정신을 깨는 전쟁의 광신자들을 응징하는 것, 이것이 참 평화를 가능케 하는 하느님의 정의입니다. 지금은 정의를 거스르며 망해가는 미국에 빌붙어 쥐꼬리만 한 국익을 논할 때가 아니며, 50년 넘게 아직도 분단국으로 남아 있는 우리 조국의 평화통일에 모든 힘을 기울여도 시간이 모자라는 때입니다.

요사이 신문에 소개된 관련 기고문 가운데서 한두 구절을 이끌면서 말씀을 마치고자 합니다.

대한민국의 국민 한 사람이 죽는 것과 이라크인 한 사람이 죽는 것은 다른가? 그 사람의 국적에 따라 죽음의 크기가 달라지는가? 모든 생명은 소중하고 아름답다. 그들은 아름다운 사람을 만나 추억을 쌓고 원하는 삶을 살다 갈 권리가 있다.

_ 성공회대학교 엔지오대학원, 김현미

지금까지는 그렇게 살지 못했더라도, 이번 기회에 한국 사람들은 전쟁과 자본 아래 희생당하는 모든 인간들의 죽음을 김선일 씨의 죽음처럼 받아들이고 분노해야 한다. 그렇지 않은 눈물은 악어의 눈물이다.

_ 무크지 《모색》 편집위원, 문강형준

제자의 길을 가기 위하여 | 정다미 |

레위기 19:13~28, 루가복음 14:25~27

너무 긴장되는 자리이지만, 이 떨림의 시간들이 제 기억에서 오래오래 남아 저를 계속 채찍질하는 귀한 시간이 되기를 바라면서 제 이야기를 꺼내볼까 합니다. 오키나와를 가기 전엔 그저 모든 것은 주님이 주시리라, 누군가가 내 삶을 뒤흔들지 못하게 막으면서 사는 게 평화라고, 그게 내 삶이 평화로운 것이라고 생각하며, 내 것을 버리고 십자가를 지는 제자의 삶을 사는 것이 두려워 외면만 해왔습니다. 내 삶에서 제자의 길을 가는 것은 너무 버겁다며 애써 외면하고 그저 숨어만 있었던 저에게 오키나와는 저를 복잡한 일상에서 탈출시켜줄 여행지였을 뿐이었습니다.

그런데 오키나와에 도착한 후 평소엔 이야기도 나눠보지 못했던 교우들과의 낯선 시간들이 점점 익숙한 시간들로 변해가고, 오키나와에 있는 미군 기지들이 눈에 보이기 시작하고, 전쟁의 고통 속에서 죽어갔던 수많은 사람들의 자취들이, 지금도 평화를 위해 싸우고 있는 헤노코 마을 사람들의 모습이 눈에 들어오기 시작하자 가슴속에 숨겨오던 십자가가 보이기 시작했습니다.

하지만 애써 외면하던 중 우후자또 교회를 방문한 후부터 마음에 큰 파도가 일었습니다. 제가 가게 된 우후자또 교회는 사시끼 교회에서 50명이 되면 분가하자고 했으나 40명이 되자 이미 분가한 교회로, 헤노코 마을의 미군해상기지 저지 투쟁에 앞장서고 계신 타이라 나쯔메 목사님께서 계신 교회였습니다. 작고 예쁜 가정집을 교회로 사용하고 있었는데, 분가할 지역을 찾다 교회가 없던 이 지역에 교회를 세우기로 하고 적당한 장소를 찾고 있던 중, 이 지역에 교회가 생기기를 오랫동안 기도해온 집 주인이자 장로님인 분이 그 이야기를 들으시고 기꺼이 대여를 해주셨다고 합니다.

작년 임보라 목사님께서 하늘뜻펴기에서 말씀하셨지만 타이라 목사님께서는 길고 긴 미군기지 저지 투쟁 속에서 스킨스쿠버, 구조, 수영 등의 여러 자격증을 따시고, 노아라고 이름 붙인 큰 차에 가득 장비를 싣고 날씨가 좋은 날이면 어김없이 바다로 향하신다고 합니다. 수영을 전혀 못하던 교우들 또한 투쟁과정 속에서 8명가량이 스킨스쿠버 자격증 등 각종 자격증을 땄다고 합니다.

그날 어린이들을 포함하여 10명 남짓의 인원이 예배를 드리게 되었는데 인상 깊었던 것은 타이라 목사님이 어린이들을 위한 하늘뜻펴기를 해주신 후 한 아이, 한 아이의 머리에 손을 얹어 축도를 해주시던 모습입니다. 자그마한 아이들은 익숙하게 목사님 곁으로 가 축도를 받았고, 그 축도가 끝나고 나서 목사님은 어른들을 위한 하늘뜻펴기를 다시 시작하셨습니다. 예배 후에는 교우들과 함께 차를 마시며 이야기를 나누기도 했는데, 그들의 모습 속에서 십자가를 지고 제자의 길을 가는 것이란 무엇인지가 느껴졌고, 그분들은 작은 실천에서부터 보여주고 계시다는 생각에 십자가를 벗으려는 제 모습이 겹치면서 부끄러움의 눈물을 참느라 얼마나 애를 썼는지 모릅니다.

최근에 목사님께서는 깊은 바다 속에서 저지 투쟁을 하던 중 저지 투쟁을 막으러 바다에 들어온 이들이 산소통과 연결된 호스를 잠가버리는 바람에 급하게 수면으로 오르시다 폐에 출혈이 생기는, 목숨을 잃을 뻔하신 큰일을 당하시기도 하고, 계속되는 미행 등으로 8개월 된 예쁜 아기와 사모님은 다른 곳에 피신해 계신 상황이라고 합니다.

예배 후 목사님께서 이런저런 이야기를 해주시며 저희를 데리고 가신 사키마 미술관은, 사카마 선생이 미군 기지 안에 속한 가족묘를 되찾게 해달라고 미군에게 요구를 하서서 반환된 땅에 세우신 미술관으로, 이미 타계하신 마루끼 부부가 오키나와 전쟁의 아픔을 주제로 그린 그림들이 전시되어 있고, 그림을 관람한 후에는 기지가 한눈에 보이는 옥상에서 마음을 정돈할 수 있는 장소까지 마련해둔 곳입니다. 거기서 내려다본 미군 기지는 참으로 고요했고, 거기에서 바라본 목사님의 얼굴에는 확신이 차 있었습니다.

우리가 "정말 대단하세요. 두렵지 않으세요?"라고 여쭤보았을 때 목사님은 그러시더군요. 자신도 두렵다고…… 무섭다고…… 그런데 이것만큼은 꼭 해야겠다는 생각이 든다고……. 모든 것을 내어놓고 실천으로서 평화를 만들어가시는 목사님을 보면서 문득 얼마 전의 제 모습이 떠올라 가슴이 먹먹해졌습니다.

제가 오키나와에 가기 얼마 전 보던 TV프로그램에서는 자기가 가진 것을 한편에 미뤄두고 더 힘든 이들을 위해 봉사를 하는 이들이 나오고 있었습니다. 그들이 지금의 삶이 매우 행복하다는 말을 하는 순간, 가진 것이 너무 없고, 작아서 누구에게도 베풀 수 없을 것 같던 제 소유물들을 내놓을 수 있을까 생각하니 어찌나 크고 많던지요. 내가 지금 이렇게 살고 있구나 하는 답답함에 그만 울어버리고 말았습니다. TV를 보며 들던 부끄러운 감정을 타이라 목사님께 들켜버린 기분이 들었습니다. 그러면서도 저는 선뜻 저희도 함께 그 길을 가겠노라고 말하지 못했습니다. 이런 제 모습에, 또 확신에 찬 목사님의 모습에 눈물만 흘렸습니다.

목사님께서는 이어서 한국의 미군 기지 상황을 궁금해하시며 제주도의 상황은 어떠하냐고 물으시며 말씀하셨습니다. "목숨을 바칠 마음의 준비가 되어 있습니까?" 저는 그 말씀에 머리를 큰 망치로 맞은 듯한 얼얼한 느낌이 들었습니다. 수많은 생각에 아무 말도 못하고 있는 사이, 목사님께서는 저희를 숙소에 내려주시고 급히 또 가셨습니다. 가시는 뒷모습 또한 어쩌나 확신에 차 있으시던지, 저의 그 복잡한 감정들을 얼굴에 드러낼 수가 없었습니다. 타이라 목사님과의 만남은 예배드리는 것만으로 모든 나의 고민들이 해결되리라, 주님이 다 알아서 주시리라 생각했던 저에게 새롭게 다가왔습니다.

오늘의 본문에서도 예수께서는 누구든지 자기 십자가를 지고 나를 따라오지 않으면 내 제자가 될 수 없다 하셨는데, 제자가 되려면 자기가 가진 것을 모두 버리라 하셨는데, 나는 가진 것을 버리고 제자의 길을 떠날 준비가 되어 있나, 나는 그 길을 떠날 용기는 없이 바람만 가지고 살지 않았나 다시 한 번 돌아보며 오키나와에서 만난 제자의 길을 가고 있는 형제자매들을 잊지 않고, 이제는 제 삶 속에서 평화를 만들어내는 것, 주저하지 않는 것, 이외에도 수많은 다짐들이 흔들리지 않도록 말씀 속에서 나아가야겠지요.

아직도 저는 십자가를 지고 그 길을 가는 것이 조금은 두렵습니다. 그래서 오늘의 이 시간이 앞으로의 주님을 따라갈 긴 여정에 힘찬 발걸음이 되기를, 그리고 오늘의 주님의 말씀이 긴 여정 속에서 저를 돌아보게 하는 채찍이 되기를 진심으로 바랍니다. 저의 그 길에 향린의 가족들께서 큰 힘이 되어주시리라 믿고 오늘 저의 이야기를 마치겠습니다.

"오늘 네가 평화의 길을 알았더라면" | 이소영 |

이사야 42:5~7, 루가복음 19:37~42

우리 교회가 벌써 3년째 평화기행을 지속하고 있는 가운데 오키나와의 아름다움은 이미 사진으로 보셨을 것이고, 제가 가서 보니 역시 그곳은 참 아름다운 섬이었습니다. 이렇게 아름다운 섬을 군사기지로 덮고 있는 안타까운 현실에 마음이 아파왔습니다. 오키나와에서 평화를 이루고자 노력하며 사시는 분들의 모습은 그동안 여행을 하며 경험했던 추억과는 전혀 다른 것이었습니다. 개인적으로 여행을 좋아하기 때문에 이곳저곳을 많이 다녔지만 항상 관광객의 태도로 박물관에 소장된 역사적 유물을 보는 것 외엔 별로 마음에 와닿은 것이 없었는데 오키나와 평화기행은 평화와 기행이라는 두 가지 주제를 잘 담아낸 시간이었습니다.

고등학생 때였습니다. '보스니아 내전' 민족청소라고 불리는 코소보 사태로 크로아티아는 나라 전체가 전쟁터였고, 단지 다른 민족이라는 이유 하나만으로 서로를 죽이는 전쟁을 했습니다. 신문 한 면 전체가 그 전쟁을 담은 기사였는데 그 기사는 저에게 큰 충격이었습니다. 어딘가로 가고 싶을 때는 총알을 피해서 다녀야 하고, 자매 형제와 부모가 죽어도 제대로 시신을 거두지 못한 채 숨어 살아야 하는 사람들, 그들의 비극적인 삶의 현장 그리고 그와는 전혀 다른 현실 속의 내 삶, 지구 안에 이렇게 다른 삶을 살아가는 사람들의 모습을 떠올려 보았습니다. 먹을 것조차 없는 아프리카, 내전이 벌어진 나라들. 우리는 다 한 지구에서 사는데 그런 그들의 갇히고 찢겨진 삶과 전혀 다르게 나는 얼마나 평화로운가? 눈물을 흘리며 기사를 다 읽고 나서 '언젠가 그곳으로 꼭 한번 가보리라'고 다짐을 했었습니다. 그리고 나는 '평화를 이루기 위해서 살 수 있도록 노력을 해야겠다'라고 다짐을 하고 또 했습니다.

사실 그 기사를 읽은 지 얼마 되지 않아 전 평화를 잃고 살았습니다. 고등학생의 생활이란 게 다시 되돌아가고 싶지 않은 것처럼, 그때는 경쟁, 성적 이런 게 삶의 전부였으니까요. 그러다 드디어 작년에 크로아티아에 갔습니다. 로비니라는 작은 항구도시에서 플리트비체라는 국립공원으로 가는 길에는 전쟁의 흔적이 군데군데 남아 있었습니다. 탱크도 그냥 내버려두고, 폭격으로 무너진 집, 교회도 그냥 내버려둔 채 남아 있었습니다. 가이드의 말로는 '전쟁의 흔적을 보며 다시는 전쟁의 흉악한 시대로 돌아가지 말자'라는 의미로 그 건물들이며 탱크도 보존한다고 했습니다. 전쟁의 흔적을 다 씻어내는 방법은 진실을 숨기는 것이 아니라 그 시대를 전쟁의 아픔으로 관통한 사람들과 현장의 모습을 지속해서 보고 들으며 평화를 이루는 것이 무엇인지 느끼고 알게 되는 것이리라는 생각이 들었습니다.

마찬가지로 오키나와도 전쟁의 유물을 보존하고 그곳을 찾는 후대의 사람들에게 전쟁의 야만이 어떻게 평화를 파괴했는지 보여주었습니다. 그리고 저는 평화를 이루는 것이 무엇인지 생각해보게 되었습니다. 야고보서 3장 18절 말씀에는 "평화를 위해서 일하는 사람들은 평화를 심어서 정의의 열매를 거두어들입니다"라고 적혀 있습니다.

이에지마에 갔을 때 저는 말씀에 적힌 대로 정의의 열매를 거두는 사람을 알게 되었습니다. 이에지마는 오키나와 섬 근처에 있는 아주 작은 외딴 섬이지만, 아하곤 쇼우코우라는, 오키나와의 간디라고 불리는 비폭력 반전평화운동의 거인을 배출했습니다. 페루 등 남미지역에서 이민생활을 했던 아하곤 선생님은 서른두 살에 이에지마로 돌아와서 이곳에서 본격적으로 평화운동을 시작하셨습니다. 그분은 4만 평의 땅을 구입해서 이 땅에 덴마크식 농민학교를 세우려 했으나, 전쟁의 그림자가 이에지마에 드리워졌고 패전의 분위기가 짙은 상황에서도 일본군은 오키나와에서 옥쇄하려는 듯 이에지마에 비행장을 건설하고 주민들에게 군사훈련을 시켰습니다. 마침내 오키나와 전쟁이 터진 15일 뒤인 1945년 4월 16일, 80대의 탱크를 앞세운 미군 1천 명이 이에지마에 상륙하였고 아하곤 선생님 등의 주민들은 미군의 포로가 되어 도까시끼 섬에서 난민생활을 시작했다고 합니다.

아하곤 선생님이 이에지마에 세운 반전평화자료관의 이름은 '누치두 타카라'인데 '생명이야말로 보물'이라는 오키나와의 옛말입니다. 평화를 일구는 사람이 한 사람이라도 더 늘기를 바라는 마음으로 기도하며 세웠다는 글이 쓰여 있습니다. 이 말 속의 의미처럼 오키나와에는 분명히 생명평화를 중시하는 사상이 곳곳에 깃들어 있는 것을 알 수 있습니다. 아하곤 선생님이 손수 모으신 전쟁유물들 중에 낙하산이 많이 있는데, 전 이 낙하산들의 용도에 대한 설명을 들으며 낙하산이 휘릭휘릭 내려오는 전쟁의 한순간을 잠시 생각해봤습니다. 순간 아찔한 공포감 같은 게 제 몸을 휩쓸었습니다. 하늘에서 내려오는 폭탄들을 피할 수 없는 상황이 눈을 질끈 감게 만들었습니다.

아하곤 선생님은 반전을 위해 그 삶을 온전히 바친 분이셨습니다. 하지만 미군이 주둔한 땅에서 반미를 외치며 투쟁만 해도 부족할 것 같은 그곳에서 그분은 오키나와인이 지닌 평화로운 성격처럼 전쟁을 반대하는 입장에서 미군조차 형제로 보았습니다. 아하곤 선생님은 '미군이 이에지마에 온 것은 전쟁 때문인데, 그 전쟁은 일본이 일으킨 것이다. 전쟁이 없었으면 미군이 오지 않았을 것이다. 우리들 일본인에게도 책임이 있으므로 미군에게 욕을 할 권리도 자격도 없다'고 하셨습니다.

그곳의 평화운동가들은 제가 반미를 외치는 것과 다른 사고방식과 평화 의식을 지니고 있었습니다. 전쟁을 반대하고 군대를 반대하는 그들의 본질적인 평화의식을 보며 나 자신을 성찰하게 되었습니다. 일본인을 무조건 배척하고 미군을 반드시 몰아내야 할 야만적인 적으로 간주하고 '양키 고 홈(Yankee Go Home)'을 외쳐왔지만 그것이 궁극적으로 평화를 위한 마음이었나 하며 되돌아보니 내 마음의 평화를 위해서 일해야 정의의 열매가 맺힌다는 예수님의 가르침을 잊은 듯했습니다. 전쟁으로 고통을 경험한 사람들에게 평화는 그 자체가 거대한 이상 혹은 막연한 추상적인 것이 아니라 다시 돌아가고 싶은 일상의 한때인 것 같습니다.

예수님은 산상수훈에서 팔복 중 여섯 번째에 "평화를 위하여 일하는 사람은 행복하다. 그들은 하느님의 자녀가 될 것이다"라고 하셨습니다. 헤노코에는 8년째 미군 기지 확대를 반대하는 운동을 펼치는 사람들이 있습니다. 과격한 운동권도 아니고 이론 서적으로 지식을 꽉 채운 지식인도 아닙니다. 평화를 이루려는 시민들이 오키나와의 푸른 바다를 지키고자 그곳에 천막을 세우고 쉬지 않고 그곳을 지키며 활동을 하고 있습니다. 이렇게 작은 천막을 세우고 지키는데도 어느 누구 하나 지치고 힘든 모습은 없었습니다. 우리가 방문한 날은 천막을 뒤흔들 듯 강하고 세찬 바람이 몰아쳐서 내심 '무너지는 건 아니겠지'라는 두려운 생각이 있었지만, 우리에게 설명을 해주시는 분은 여전히 평화로운 미소로 말씀을 잔잔히 이어갔습니다. 헤노코 기지 확대를 저지하려는 그들의 모습은 살기 어린 투쟁의 의지에 가득 찬 투쟁가의 모습이 아니라 아주 다정한 옆집 아저씨, 아주머니의 얼굴이었습니다. 평화를 위해 일하는 행복한 모습 그대로였습니다.

우리는 예배를 마칠 때 양손을 잡고 옆에 있는 교우와 평화인사를 나눕니다. 이때 '이 사람이 하느님의 딸이며 아들인 사람, 평화를 이루는 사람이라는 믿음의 눈빛'을 마주하며 인사를 나눠보는 건 어떨까요? 5박 6일의 짧은 오키나와 평화기행 시간 동안 알게 된 여러 선배님, 후배님들과 더없이 좋은 추억을 만들었습니다. 여행 동안 통역으로 도와주신 임보라 목사님과 임경심 집사님께 깊은 감사를 드리며 평화를 이루고자 노력하는 삶의 소중한 가치를 알게 해주신 주님께 큰 감사를 드립니다.

핵발전소는 인간과 공존 못해! | 박종권 |

출애굽기 20:1~17, 고린토전서 1:18~25, 요한복음 2:13~22

제 고향은 가고파의 고장인 마산입니다. 마산 앞바다는 호수처럼 잔잔하고 깨끗한 참 아름다운 바다였습니다. 가포라는 조그만 해수욕장이 하나 있었는데 수출자유지역과 한일합섬 공장 폐수로 오염이 되어 수영을 할 수 없는 바다로 바뀌었습니다. 그래서 안타까운 마음에 환경단체를 찾았고 환경교육도 받았습니다. 환경오염 사례를 보게 되면 바로 신고하였습니다. 쓰레기를 아무데서나 태우는 것, 매연 내뿜는 버스…… 보는 대로 시에 신고하였습니다. 1년에 매연버스를 200대 이상 신고하였습니다. 20년 전에는 시커먼 매연 뿜고 다니는 버스가 참 많았습니다. 그랬더니 서울시에서 환경부문 시민상을 주었습니다. 이것이 신문에 실리자 KBS에서 저의 환경오염 신고 사례를 취재하여 아침 생방송에 15분 정도 보도가 되었고 갑자기 직장에서 본의 아니게 환경전문가가 되었습니다.

지난 20여 년간 동강댐, 굴업도 핵폐기장, 새만금, 4대강 등등 큰 환경사안들이 있었고 현장을 수없이 다녔습니다. 그런데 후쿠시마 핵발전소 사고

후 핵발전소에 대한 공부를 1년 정도 하고 보니 다른 어떤 환경 사안과 견주어도 비교가 되지 않는 참으로 심각한 문제인 것을 알게 되었습니다.

이명박 대통령은 그러더군요. 비행기 사고도 많이 나지만 우리가 비행기를 안 타느냐고. 비행기 사고 나면 몇 명 죽습니까? 1998년 8월 6일 괌에 추락한 대한항공 사고 때 228명이 사망했습니다. 온 세상을 떠들썩하게 했던 삼풍백화점 붕괴 사고 때 500명이 사망했습니다. 9·11 테러로 5천여 명이 사망했습니다. 자동차도 마찬가지 아닙니까? 자동차 사고로 매년 수천 명이 죽습니다. 그러나 편리함이 너무 크고 대안이 마땅하지 않기 때문에 위험하지만 자동차를 타는 것입니다. 그러나 체르노빌 원전사고로 20만 명이 사망했고, 히로시마 원폭으로 20만 명이 사망했습니다. 후쿠시마 사고, 앞으로 100만 명이 사망할 것이라고 합니다.

핵발전소는 우리가 선택하지 않았음에도 불구하고, 또 대안이 있음에도 불구하고 단지 싸다는 이유로(사실은 싸지도 않습니다) 가동되고 있습니다. 한 번 사고 나면 수십만 명이나 수백만 명이 죽습니다. 6·25 전쟁 때 사망한 민간인이 27만 명입니다. 비행기는 위험해서 안 탈 수도 있고 위험하지만 정말 필요해서 타는 사람도 있습니다. 본인이 선택하는 것입니다. 이러한 사고는 몇백 명 사망자로 끝입니다. 물론 유족들은 평생 상처를 받을 수밖에 없지만 사회적으로는 복구가 가능하다는 것이지요. 그러나 원전사고는 수십 년간 질병으로 고통받고 자식에게까지 질병을 물려주어야 합니다. 복구가 불가능한 것입니다. 체르노빌은 25년이 지났지만 서울 면적의 몇 배에 해당하는 지역이 아직도 방사능 때문에 사람이 살 수 없습니다. 후쿠시마 땅은 일본 정부가 정화 작업을 포기한다고 발표하였습니다. 아마 100년쯤 지나면 자연정화가 될지 모릅니다. 며칠 전 뉴스를 보니까 후쿠시마 앞바다의 바닥이 세슘으로 오염되어 시멘트와 점토를 혼합한 콘크리트로 바닥을 덮는다고 합니다. 그 면적이 2만 평 조금 넘습니다. 넓은 바다를 콘크리트로 덮은들 그게 몇 년 견디겠습니까?

일본의 전 관방장관 에다노 유키오 씨는 "후쿠시마 사고 독립검증위원회"라는 기관이 6개월간 조사한 결과보고서를 인용하면서 일본 정부는 국민들에게 위험수위를 과소평가해 안심시키면서도 최악의 경우 도쿄를 포기하는 가능성을 고려했다고 발표했습니다. 끔찍하지 않습니까? 도쿄 일대 인구는 3500만 명이고 후쿠시마에서 200킬로미터 떨어진 곳입니다. 칸 나오토 전 일본 총리는 도쿄 시민들이 탈출하는 환영에 시달린다고 말하고 지금은 핵발전소 반대운동에 나서고 있습니다.

우리나라 고리 1호기 핵발전소. 고리가 어디 있는지 아십니까? 제 주변 친구들 열 명 중 여덟 명은 모르더군요. 강원도나 경상북도 오지에 있는 것으로 아는 분들이 많습니다. 부산시에 있습니다. 해운대에서 20킬로미터 떨어진 곳입니다. 고리 1호기는 30년 전에 지은 59만kw급입니다. 지금은 모두 100만kw급으로 짓습니다. 고리 1호기는 30년 수명이 지났지만 부품을 교체하여 다시 가동 중에 있습니다. 부품 교체비용이 3200억 원 정도 됩니다. 새로 지으려면 2조 원 정도 드니까 경제적으로 큰 이익이 됩니다. 이 부품비용을 절약하기 위하여 중고 부품을 사용하여 야단이 난 적이 있습니다. 이러고도 안전에 만전을 기하고 있으니 국민들에게 안심하라고 합니다. 고리 1호기는 우리나라 원전 중 고장 건수가 가장 많았습니다. 오래되면 당연히 고장이 잦은 법이고 사고도 나기 마련인 것입니다.

미 국방성에는 전 세계 핵무기와 핵발전소의 사고가 발생하면 그 피해규모가 얼마인지 사전에 파악해두는 프로그램이 있습니다. HPAC라는 것인데요. 일반인의 접근이 쉽지 않은 프로그램으로 지난해 후쿠시마 사고 후 신동아에서 입수하여 ≪신동아≫ 5월호에 게재한 적이 있습니다. 이 프로그램에 의하면, 고리 1호기에 대형 사고가 났을 때 즉사자가 3864명입니다. 인구, 지형, 바람 등 모든 자료가 입력되어 있어 바로 통계가 나옵니다. 미국 사람들 참 대단하죠? 남의 나라 핵발전소 사고까지 파악해둔다니 대단합니다. 많이 죽는다, 적게 죽는다고 말하지 않고 3864명이 죽는다고 합니다. 50% 사망자 5323명, 30일 이내 사망자 1만 5200명, 10년 이내 사망자 3만 9100명, 유전 질환으로 고통받는 사람 24만 6000명, 허용치 이상 피폭자 500만 명입니다. 일본에서 피폭자는 히바쿠샤라고 하여 결혼 기피 대상입니다. 과거에는 히로시마, 나가사키 원자폭탄 피폭자들만 해당되었는데 요즘은 후쿠시마 주민들과 여타 피폭자들이 추가되었습니다. 그 숫자가 수백만에 이르고 지난해 결혼하기로 한 남자가 여자 집안으로부터 후쿠시마 주민이라고 하여 파혼당한 뉴스가 보도된 바 있습니다.

지난 금요일 후쿠시마에서 온 주부의 증언을 들어보았는데, 그분은 두 아이를 기르는 싱글맘입니다. 후쿠시마로부터 60킬로미터 떨어진 곳에 살던 평범한 주부였습니다. 강제 대피지역이 아님에도 바람 때문에 오염 정도가 심해 두 달 만에 대피지역으로 지정된 곳입니다. 그것도 관청에서는 괜찮다고 말했지만 대학연구소 전문가로부터 도저히 사람이 살 수 없다는 보고를 받고 대피시킨 지역이라고 하였습니다. 그동안 많이 피폭이 되었겠지요. 아이들은 밖에서 놀지도 못합니다. 운동장에서 노는 것도 1시간 이내로 제한하고, 빨래도 밖에 널지 못한다고 합니다. 사람이 사는 곳이라고 할 수 없습니다. 더 안타까운 것은 방사능에 피폭되어 불안한 것보다 주변 사람들이 후쿠시마 주민들을 기피한다는 것입니다. 후쿠시마 번호판을 단 자동차는 주유소에서 주유도 거부당하는 일이 생기고 식당 출입도 거부당하는 사례가 생긴다고 합니다. 심지어 아이들이 새 학교에 전학을 가도 옆자리에 같이 앉는 것을 싫어한다는 것입니다. 따돌림을 당하는 것입니다. 아이들이나 부모들 마음이 어떨까요. 무슨 죄를 진 것도 아니고 단지 핵발전소 근처에 산 죄밖에 더 있습니까?

제 친구들은 이런 이야기 하면 거짓말이라고, 과장된 이야기라고 합니다.

명확한 증거를 이야기하고 외신 보도를 들이대면 나중에는 "에이, 내만 죽나 다 같이 죽으면 개안타", 그래서 "너그 아아들은 우짜노?" 하고 물어보면 "아따 그 아아들은 저거가 알아서 하겠지 머. 내가 그것까지 걱정할 것 뭐 있노. 그렇다고 냉장고도 안 쓰고 살끼가?" 하고 말합니다. 잘못된 정보로 인해 원전 없애면 원시 시대로 돌아가는 것으로 착각하고, 자기 혼자 죽는 것 아니면 괜찮다고 하는 집단 최면. 이것이 문제입니다.

우리나라는 지난 12월에 준공하여 시험가동 중인 원전 2기를 포함하면 모두 23기의 원전이 있습니다. 이것 모두 없애자는 것이 아닙니다. 수명 다한 것부터 없애고 신규원전 건설 중단하고, 30년에 걸쳐 원전을 없애나가자는 것입니다. 일본은 54기 원전 중 단 2기만 현재 가동하고 있습니다. 이것마저 4월이면 가동을 중단할 것입니다. 지방자치단체장들이 주민의 생명을 지킨다는 명분으로 재가동 승인을 해주지 않기 때문입니다. 그래도 원시시대로 돌아가지 않고 절약하면서 경제 잘 돌아가고 있습니다. 도쿄 다녀오신 분들은 사고 이전과 특별히 달라진 것이 없다고 합니다.

그러면 석유 한 방울 나지 않는 우리가 대안이 있느냐고 묻는 분들이 많습니다. 물론 있습니다. 그 증거들도 많습니다. 일본, 독일, 오스트리아 ,스위스 모두 탈원전 선언 국가들입니다. 모두 딱 두 가지 대안으로 해결합니다. 절약과 재생에너지입니다. 자세한 것은 향린 게시판에 자료를 올려놓았습니다. 꼭 한 번 읽어보시기 바랍니다. 물론 반원전운동가 중 어느 분은 대안이 있나 없나를 따지는 것은 사치라고 말하기도 합니다.

원전이 있는 한 정의나 평화, 인권, 평등…… 참 어렵습니다. 일본 원전 사고 수습 작업자들은 먹고살기 위해 생명을 담보로 일하고 있습니다. 여기에 하느님의 정의는 존재하지 않습니다. 우리가 값싼 전기 쓰겠다고 우리 아이들의 미래를 망치게 한다는 것은 신앙인으로서는 도저히 있을 수 없는 일이라고 생각합니다.

정부는 후쿠시마 사고 났을 때 편서풍이 불어 우리나라는 방사능 피해가 없다고 말했습니다. 그러나 며칠 뒤 방사능이 날아와 거짓임이 밝혀졌습니다. 또 우리나라는 기술이 좋아서 괜찮고, 지진 안전지대라 위험하지 않다고 말합니다. 미국 스리마일 핵발전소, 영국 셀라필드, 구소련 체르노빌 발전소는 지진 때문에 사고가 난 것이 아닙니다.

물론 10년, 20년 내에 대형사고가 안 날 수도 있습니다. 그러나 사고는 예고하고 나지 않습니다. 바로 내일 사고가 날 수도 있는 것입니다. 원전 전문가들은 후쿠시마 다음 대형사고 1순위는 프랑스, 2순위로는 한국을 꼽고 있습니다. 세계에서 핵발전소를 가장 많이 보유한 나라들입니다. 한국은 세계 5위의 핵발전 대국입니다. 이 땅의 뭇 생명들을 대량 살상하는 핵발전소는 인간과 공존할 수 있는 것이 아님을 우리는 분명히 인식해야 하겠습니다.

"제가 건강한 아기를 낳을 수 있을까요?" | 아베 유리카 |

제가 살았던 후쿠시마(시)는 원전사고 장소로부터 60km 떨어진 곳에 있습니다. 일본 정부가 정한 피난구역은 아닙니다. 하지만 방사선 양은 높습니다. 3월 11일 오후 2시 46분, 엄마와 슈퍼에서 장을 보고 있을 때 지진이 났습니다. 진열대에서 물건이 바닥으로 떨어져 그것을 피해가며 밖의 주차장으로 도망을 갔습니다. 서 있을 수 없을 정도의 강한 지진이어서 주차장에 앉아서 잠잠해질 때까지 기다렸습니다. 3분 정도 계속 지진이 와서 무서웠고 후쿠시마가 무너질지도 모르겠다고 생각했습니다. 그 뒤로 정전이 되어 물도 전기도 쓸 수 없게 되자 물과 먹을거리를 사재기 하는 사람들로 슈퍼는 만원이 되었고, 앗 하는 순간에 상품이 없어져 버렸습니다. 그다음부터는 기름(석유)도 구할 수 없게 되는 심각한 상황이 되었습니다.

라디오에서 3월 12일 후쿠시마 원전 1호기가 수소 폭발했다는 사실을 들은 아빠는 "위험하니 언제라도 도망갈 수 있도록 짐을 챙겨라"라고 하셨습니다. 뭐가 위험한지 잘 알 수 없었지만 아버지의 표정을 보고 큰일이 일어났다는 것을 알 수 있었습니다. 저는 집 안에서도 마스크와 선글라스를 쓰고 있었고 밖에 나가면 안 된다고 하여 계속 집 안에 있었습니다.

TV와 부모님으로부터 원전사고로 인해 많은 양의 방사능이 유출되었고, 그것은 눈에 보이지 않고 색깔도 없으며 냄새도 없지만, 암이나 갑상선 질환과 백혈병에 걸리게 한다는 것, 사람의 세포를 파괴하는 위험한 것이라는 사실을 듣게 되어 매우 무서워졌습니다.

14일 3호기까지 폭발했습니다. 3호기는 플루서멀(plutonium thermal, 플루토늄 서멀)이 들어 있기 때문에 더욱 위험합니다. 도망가야 하는데 기름이 없어서 탈출할 수가 없었습니다. 10리터의 기름을 넣기 위해 몇 시간씩이나 줄을 서고, 그것도 몇 군데를 돌아다녀야 겨우 넣을 수 있어서 16일 가족과 야마가타로 피난을 갔습니다. 아버지는 저를 원전사고 장소로부터 가능한 한 먼 곳으로 피난을 시키기 위해 3월 18일에 어머니와 저와 할머니를 홋카이도에 보냈고, 5월 10일에는 저와 어머니와 둘이서 후쿠시마의 키타카타 시로, 7월 26일에는 오키나와로 이동했고 8월 25일에 지금 살고 있는 교토로 오게 되었습니다. 저는 반년 동안 홋카이도, 키타카타 시, 교토 등 세 번이나 학교가 바뀌었습니다.

후쿠시마의 친구들과 헤어지는 것도 싫었고 만날 수 없다는 것에 굉장히 괴롭고도 슬펐습니다. 새로운 학교로 전학 갈 때마다 '친구가 생길까?', '이지메를 당하지는 않을까?', '공부는 잘할 수 있을까?' 하는 생각 등으로 불안했습니다. 겨우 친구가 생겼나 싶으면 다른 학교, 또 다른 학교로 바뀌는 바람에 정말 힘들었습니다. 그러나 저를 위해서 피난시킨다는 것을 알고 있었기 때문에 힘을 냈습니다. 몇 번씩 전학하며 힘들었던 이야기를 홋카이도에 있을 때 선생님께 말씀드렸더니 "여러 곳으로 전학하는 것이 힘들기는 하겠지만, 생각을 바꾸어보면 전국적으로 친구가 생긴다는 것이니 멋진 일이야"라고 해서서 '그렇구나'라고 생각하고는 매우 기분이 편해졌습니다. 그리고

"유리카를 지키기 위해서 피난시키고 계신 엄마, 아빠에 대해 소중하게 여기세요"라고 말해주신 영어 선생님의 말씀도 떠올랐습니다.

저에게는 꿈이 있습니다. 장래 그림동화 작가가 되는 것입니다. 제가 쓴 그림책을 읽고, 어린이들이 활력을 얻고 즐거워지며 꿈을 가질 수 있다면 좋겠습니다.

원자력 발전은 생활이 편리해지고, 일자리도 늘어나 돈을 벌 수는 있을지 몰라도 단 한 번이라도 폭발하게 되면 되돌릴 수 없는 무서운 것입니다. 방사능 때문에 병에 걸리고 싶지 않습니다. 방사능 때문에 죽고 싶지 않습니다.

원전 폭발로 저는 고향인 후쿠시마를 떠날 수밖에 없었습니다. 친구들과 헤어질 수밖에 없었습니다. 가족과 뿔뿔이 흩어졌습니다. 그리고 앞으로 몇 년 동안, 아니 몇십 년 동안 돌아갈 수 없을지도 모릅니다. 피난을 하고 나서부터 제일 좋아하는 아빠와 떨어져 있습니다. 만날 수 있는 것은 한 달에 한 번 정도입니다. 아빠는 저를 지켜주고 피난시키기 위해 후쿠시마에 남아서 일을 하고 계십니다. 스스로 피난한 사람에게는 아무런 보상도 하지 않기 때문입니다.

가족들이 뿔뿔이 흩어져 사는 생활이 얼마나 계속될까요? 후쿠시마로 돌아가고 싶어요! 친구들을 만나고 싶어요! 아빠와 함께 살고 싶어요! 원전사고가 일어나기 전으로 돌아가고 싶어요! 하지만 이제는 원래대로 돌아갈 수 없습니다. 원전사고가 일어나면 본래대로 돌아갈 수 없게 됩니다. 더 이상 저와 같은 일을 누군가 다른 사람이 당하지 않도록 하고 싶습니다. 더 이상 이런 사고는 두 번 다시 일어나서는 안 됩니다. 아예 원자력발전소가 없었어야 했는데……

저는 원전사고 때문에 방사능을 뒤집어썼습니다. 저는 어른들에게 묻고 싶습니다. 저는 몇 살까지 살 수 있을까요? 제가 결혼할 수 있을까요? 제가 건강한 아기를 낳을 수 있을까요?

감사합니다.

제7장

무지갯빛 세상을 꿈꾸며

성평등

유다인이나 그리스인이나 종이나 자유인이나 남자나 여자나 아무런 차별이
없습니다. 그리스도 예수 안에서 여러분은 모두 한 몸을 이루었기 때문입니다.
갈라디아서 3:28

무지갯빛 수다 | 평화나눔작은공동체 여성인권 |

예레미야 31:32~34, 루가복음 10:33~34

등장인물: 이야기꾼, 바쎄바, 바리데기, 향린 여인

[무대 위에는 이야기를 이끌어나갈 이야기꾼 아줌마 한 사람만 서 있습니다. 다른 대화상대자는 앞 의자에 앉아 있고 관객석에서는 이들을 볼 수 없습니다. 대화가 진행되면서 한 사람씩 강단 좌편과 우편에서 차례로 일어나 관객을 바라보며 이야기를 진행합니다. 마지막 향린 여인은 교우석 중간쯤에 앉아 있다가 일어나 이야기를 합니다.]

이야기꾼: 옛날에 에덴동산에 릴리스라는 여성이 있었어요. 하느님은 아담을 만들자마자 곧바로 흙으로 릴리스를 만들었어요. 그런데 어느 날 아담과 릴리스는 소위 부부싸움을 하게 되었어요. 구체적인 사건의 발단은 부부 사이의 은밀한 이야기라 전하기가 그렇고요. 하여튼 아담은 릴리스가 자신의 권위에 도전한다고 생각을 했고, 릴리스는 아담과 동등한 존

재라고 주장을 했나봐요. 하느님의 창조의 뜻은 누가 누구 위에 존재하는 것이 아니라 모든 만물과 인간을 동등하게 만드시는 것이었고, 릴리스도 그와 마찬가지로 자신이 아담과 동등하다고 주장을 했던 거지요. 하지만 둘 사이의 의견 차이는 점점 더 커졌고 릴리스는 더 이상 에덴동산에서 아담과 살지 못하고 동산을 나와버렸지요. 그 후 하느님은 아담이 잠든 사이에 그의 갈비뼈 하나를 꺼내 여자를 만드셨어요. 갈비뼈로 만든 이브였어요. 그러니까 본차이나라고 할 수 있겠네요. 이브는 아담의 말에 순종하고 아담의 시중을 잘 드는 여자였나봐요. 가끔씩 이브는 동산 밖에서 누군가 동산에 돌을 던지거나 들어오려고 담에 구멍을 뚫은 흔적을 보았어요. 아담은 동산 밖에 릴리스라는 아주 나쁜 여자가 있으니 상종도 말라고 하였지요.

어느 날 이브는 우연히 릴리스를 만나게 되었어요. 이브는 동산 밖으로 뻗어 있는 사과나무 열매를 따려다 나무에서 떨어져 동산 밖으로 나가게 되었어요. 그곳에서 릴리스를 만난 이브는 처음에는 릴리스를 보고 두려워했어요. 하지만 곧 둘은 이야기를 시작했고, 아담의 잠잘 때 버릇하며 정리정돈 못하는 습관 하며, 잘 씻지 않는 버릇을 흉보며 친해지기 시작했고, 곧 마음속의 깊은 상처와 외로움에 대해서도 이야기를 하게 되었어요. 어쩜 그렇게 서로를 잘 이해할 수 있었을까요. 이브는 아담에게서 느낄 수 없었던 존중감과 해방감을 느끼게 되었나봐요. 아담에게 자기 이야기를 하면 그는 이브 태도의 잘잘못만을 따지고 들거나 별것도 아닌 것을 가지고 호들갑을 떤다는 식이었거든요. 이브의 마음이 어떻게 허전하고 대문짝만 한 구멍이 뚫려 바람이 숭숭 들고나는 것 같다는 것을 도저히 이해하지도 못했고, 아니 우선 이해하려 들지도 않았었지요. 그는 하느님이 창조한 세계를 다스리느라 밖에서 바쁘고 힘들다고 집안에서만은 제발 쉬게 해달라고 도리어 이브를 이해심 없고 참을성도 없는 여자라고만 했었지요. 그런데 릴리스는 달랐어요. 그 둘은 밤이 되는지도 모르고 또 날이 밝아오는지도 모르고 이야기를 했지요. 울기도 하고 웃기도 하면서……. 어떻게 그렇게 오랫동안 같이 산 남편과는 안 되던 것들이 이렇게 쉽게 되고 서로를 이해하게 되었는지. 이브와 릴리스는 서로 깊이 공감했었던 듯싶어요. 서로를 배려하려는 마음이 공감으로 이어졌고 상대의 작은 아픔에도 민감하게 반응할 수 있게 한 듯싶어요.

자, 이렇게 여성과 남성의 역사는 시작됐어요. 처음부터 조금 삐걱거리기 시작했지요. 하느님의 뜻을 온전히 이해하지 못한 인간들의 어리석음 탓이었겠지요.

안녕하십니까. 무지갯빛 수다입니다. 오늘의 이야기는 여성들의 이야기입니다. 우리가 익히 잘 알고 있는 여성들입니다만, 오늘은 좀 다른 시각에서 이들의 이야기를 직접 전하려고 합니다. 앞서 릴리스와 이브는 남편의 아내로서 여성의 이야기였습니다. 다음에 들으실 이야기는 바리데기공주의 이야기입니다. 아버지의 딸로서 여성의 이야기랍니다.

바리데기: 저의 아버지는 오구대왕이에요. 아버지 오구대왕에게는 아들이 없었지요. 위로 언니들만 6명이 있었어요. 그런데 또 아들이 아닌 제가 태어났어요. 그래서 저는 버려졌어요. 버려진 저를 비리공덕 할아버지와 할머니가 키워주었어요.

처음에는 원망도 많이 했지만, 왕권을 잇는 것은 국가의 존망이 걸린 중차대한 일인데 또 딸이 태어났으니 화가 났겠다 싶었어요. 참, 제가 버려진 것에 대해 경악해하는 요즘 사람들이 있나봐요. 하지만 만약 지금이라면 저는 태아 성 감별을 통해 세상 빛 구경도 못했을 거예요. 하여튼, 그렇게 시간이 가고 그만 아버지 오구대왕께서 몸져누우셨어요. 저

승에 있는 생명수를 마시지 않으면 가망이 없다는 거예요. 그래서 전 아버님을 위해서 길을 떠났지요. 동몽선습, 대학, 소학, 공자, 맹자, 주역을 일찍이 끝낸 저는 유교의 근본 사상인 충효사상의 실현을 통해서 세상이 질서와 조화를 유지할 수 있다고 배웠어요. 부친은 작은 천하의 임금이요, 군왕은 대가족의 아버지라, 제가 목숨을 바쳐 효를 행하는 것은 당연한 일이겠지요. 단지 전 배운 대로 했을 뿐이에요.

하지만 그 길은 참 어렵고 험했어요. 물 긷기 3년, 불 때기 3년, 나무하기 3년을 했어요. 무엇보다도 가장 힘들었던 것은 마음에도 없던 무장승과 결혼하여 아이를 낳는 일이었어요. 무장승과의 첫날밤은……. (한숨을 쉰다) 그 손길, 숨소리, 너무 끔찍하고 무서워 이를 깨물어야 했어요. 낯설고 아프고 더러운 느낌을……. 하지만 저는 아버님의 병구완만을 생각하며 참았어요. 딱 한 가지 부모님께 허락도 받지 않고 결혼할 수밖에 없었던 게 마음에 걸렸었지요.

이야기꾼: (기막히다는 웃음을 웃으며) 그래서 아버지를 구했나요?

바리데기: 네, 생명수를 가져다드릴 수 있었어요.

이야기꾼: (비꼬듯이) 지극한 효를 실천하고 나니 세상이 달라졌던가요? 혹시 달라진 건 극한의 상황을 견뎌내느라 뼛속까지 골병이 든 당신 육신과 원치도 않는 결혼을 한 바리데기 당신뿐은 아니던가요? 우리는 당신과 같은 사람들을 여럿 알고 있어요.

70년대 오빠를 대학생을 만들기 위해, 집안을 일으키기 위해 공장에서 재봉틀을 돌려야 했던 꽃다운 나이의 영자들, 지금도 많아요. 단지 희생해야 하는 가족공동체의 사이즈가 작아진 것뿐이지요. 흔히들 쉽게 여성들에게는 희생에 익숙한 본성이 있어서 할 수 있는 거라고 이야기해요. 이게 본성이라고요? 글쎄요. 본성치고는 굉장히 이데올로기를 닮은 것 같은데요.

다음은 처음에 우리야의 아내였다 두 번째에는 다윗의 아내가 된 바쎄바의
이야기입니다.

바쎄바: 저는 우리야의 아내 바쎄바예요. 저는 먼저 이야기를 꺼낼 수 없었
어요. 저는 폭력의 피해자이지만 나중에는 권력을 잡게 돼요. 그렇게 되
고 보니 제가 피해자가 아니라 원인제공자가 되어버리더라고요. 제가 후
세의 사람들에게 가장 많이 들었던 이야기가 뭔지 아세요? "손뼉도 마주
쳐야 소리가 난다." 무슨 의미겠어요?

　제가 제 집에서 목욕을 했어요. 옷을 벗고요. 여러분은 여러분의 집에
서 목욕을 하지 않나요? 그리고 목욕을 할 때 옷을 입고 하세요? 제가 제
집에서 목욕을 하는 모습을 몰래 훔쳐본 것은 다윗 왕이었고 나쁜 맘을
품은 사람도 다윗 왕이었어요. 왕의 권력을 이용해 저를 궁으로 불러낸
것도 다윗 왕이었고, 그 폭력에 의해 임신을 하게 된 사실을 은폐하려고
남편까지 살해한 사람도 역시 다윗 왕이었어요. 유혹을 했다면 그건 다
윗 왕이 저를 유혹한 것이에요. 그런데 후대의 사람들은 제가 나중에 권
력을 잡았다는 이유로 성폭력의 피해자로 여기지 않아요. 그러면서 목욕
을 하게 된 것도 다 다윗 왕을 유혹하기 위한 저의 음모였다고까지 이야
기해요.

　노출이 심한 옷을 입고 다니면 성폭력을 당해도 할 말이 없는 건가요?
맞을 짓을 한 여자는 맞아도 된다는 건가요?

　저는 이미 부당한 권력의 폭력으로 갓난아이를 칠 일 만에 잃었어요.
그런데 원인제공자라니요? 한 가지 씁쓸한 것은 그런 말을 남성들보다
나의 상황을 좀 더 이해할 수 있어야 하는 같은 여성들에게 더 많이 들었

던 것이에요. 왜, 왜일까요?

이야기꾼: 부당한 폭력 앞에서 주저앉아 울기만 하지는 않았다는 말씀이지요. 여자라는 이유로 인고의 시간을 보내다 죽어버린 폭력에 희생당한 여인의 모습이 아니라 자신이 당한 폭력의 부당함에 적극적으로 대처한 여성의 모습이었군요.

　　아, 저기 뒤에서 손을 드시는 분이 계시네요. 네, 말씀하십시오.

향린 여인: 네, 저는 초대 손님은 아니지만, 향린교회에 다니는 교우로 말씀을 드리고 싶어요. 30대에 들어선 기혼 여성인 저는 지금의 현실에서 아이를 낳아야 하는 건지, 낳는다면 그 아이를 지금과 같은 교육 현실에서 기를 다른 대안적인 방법들을 잘 찾아나갈 수 있을지, 그러기 위해 경제적인 여건은 잘 만들어나갈 수 있을지, 일과 육아 및 가사를 현실적으로 어떻게 잘해나갈 수 있을지, 여성으로서 앞으로 살아갈 날들에 대한 두려움과 걱정에 일상 속에서도 고민에 빠지곤 해요. 하지만 개인적인 저의 고민과 향린에서 말해지고 있는 이슈들이 좀처럼 거리가 좁혀지지 못하는 느낌은 왜일까요? 얼마 전 무건리 예배에 참여하게 되었어요. 예배 후 주민 분들이 음식을 준비하여 주셨어요. 그런데 시간이 지연되자 여성 주민분들이 돌아가서 챙겨주어야 할 식구들 걱정에 남겨진 설거지를 어찌해야 할지 몰라 하고 계셨고, 결국 너무나 미안해하며 향린에게 도움을 요청하셨어요. 그래서 저와 친구가 설거지를 하게 되었지요.

　　물론 저도 감사한 마음으로 우러나서 한 것이었지만 문득 그런 생각이 들었어요. 왜 저 여성분들이 미안해서야 되지? 저분은 집에 가면 식구들에게 또 미안한 마음을 가지시겠지?

　　그렇다면 우리는 왜 무건리 여성 주민들이 안팎의 가사 일을 신경쓰지 않도록, 그 이후 설거지며 뒷정리하는 마무리까지 세세하게 논의하지 못했을까? 또 감사히 먹은 것에 대해 향린 공동체가 자발적으로 주민들과 함께 정리에 나서지 못하고 청신 등 일부 교우들의 몫처럼 남겨져 있었던 걸까? …… 솔직히 그날, 저는 무건리의 상황보다도 그 풍경에 더 마음이 안타까웠어요.

우리 교회는 밖으로는 사회참여적인 훌륭한 교회로 인정받고 있는 것에 비해 우리 내부를 들여다보면 부족한 점이 꽤 많은 것 같아요. 사회정의감 지수는 굉장히 높으면서 우리 안에서 일어나는 크고 작은 폭력에 대해서는 둔감하지요. 이런 이중적 기준을 가지고 있는 것은 무엇 때문일까요? 물론 평화, 통일, 부정의를 향한 정의로운 외침. 이것이 저의 고민과 무관하다고 생각하지는 않아요. 하지만 소수자들의 절실하고 다급한 문제들은 너무 쉽게 간과시켜버리고 있는 것은 아닐까요? 그렇기에 우리의 소통에는 공감하며 나누는 이야기의 한계가 이미 너무 명확해져버린 것은 아닐까요? 우리가 교회에서 하고 싶은 이야기가 평화, 통일만 있는 것은 아닐 거라고 생각해요. 다양한 형태의 삶—비혼, 한부모 가족, 비혼모 가족, 자녀 없는 부부, 동성애, 소외된 노년 등 그것이 소수의 이야기일지라도 개인들에게 놓인 다양한 삶의 방식에서 오는 고민과 아픔들…… 그리고 그 속에 있는 자신의 이야기들을 꺼내어 우리의 주제로 이야기할 수 있어야 한다고 생각해요. 그런 과정을 통해 더욱 풍부해지는 감수성으로 공감하며 우리 자신의 모습을 민감하게 들여다볼 수 있을 거라 생각해요. 저는 우리 향린인 모두가 배려를 바탕으로 한 공감과 위로, 치유 이런 것들에 대한 마음이 좀 더 많아졌으면 해요. 예수님처럼요.

이야기꾼: 네, 정말 위로가 필요한 사람들이 참 많군요. 이제 우리의 이야기도 거의 끝에 왔군요. 사마리아인 이야기를 해볼게요.

어느 사마리아인이 있었어요. 길을 가다 강도 만난 사람을 보았지요. 무척 고통스러워하지만 목숨이 위태로운 정도는 아니었어요. 이 선한 사마리아인은 그 앞에서 발을 뗄 수가 없었어요. 이 사회가 이렇게 무질서하고 정의가 실종된 것에 대해 정의감이 강한 사마리아인은 분개했어요. 강도는 그리 멀리 가지 못한 것 같았어요. 인적이 많은 곳도 아니기 때문에 발자국을 따라가면 어렵지 않게 강도를 붙잡을 수 있을 것 같았어요.

그래서 이 착한 사마리아인은 강도당한 사람에게 잠시만 기다리라고 당부를 하고 부리나케 강도를 잡으러 갔어요. 처음 이야기는 이렇게 끝나요. 이번에는 좀 다른 이야기예요. 어느 사마리아인이 있었어요. 길을 가다 강도 만난 사람을 보았지요. 목숨이 위태로운 정도는 아니었지만 무척 고통스러워하고 있었어요. 이 사람이 겪고 있는 고통을 빨리 덜어 주어야 한다는 생각뿐이었어요. 이 강도당한 사람을 여관으로 데리고 가서 …… 그다음은 잘 아시겠지요.

어느 사마리아인이 더 착한 사마리아인이라고 규정할 수는 없겠지요. 하지만 예수님이라면 어떻게 하셨을까요?

위로와 치유를 통한 살림이 필요한 우리 시대에 우리는 예수님과 같은 공감능력을 키워야 할 것이에요. 그렇다면 강도는 언제 잡느냐고요? 강도를 잡아야지요. 강도가 미워야 잡을 수 있겠지요. 그런데 강도가 왜 미울까요? 내가 다친 것도 아닌데, 사회정의 때문에요? 실은 그건 나의 이기심 앞에서는 한낱 구호뿐일 때가 많지요. 그런데 사회정의, 그게 정말 필요한 거거든요. 그러면 그건 어떻게 만들어질까요. 왜 강도를 잡으려고 합니까? 아프니까요. 강도 만난 사람을 보니 그 처지가 너무 딱하고 억울하고, 이야기를 들어 보니 열심히 일해서 번 돈을 가지고 식구들 먹을 쌀을 사가야 하는데 그만 몽땅 다 털리고 말았다고 해서, 나도 한때 어려웠던 시절이 생각나 그만 내 일 같아서, 가엾은 마음이 생기고 그 강도 만난 사람의 아픔이 내 아픔이 되어 가슴 한편이 찡하게 무너져 내리고 눈가에 갑자기 이슬도 맺히고, 이래야 강도가 진정으로 미워지는 것이고 강도의 정체를 밝히고 강도를 끝까지 찾아 잡을 용기가 생기는 것 아닐까요? 진정한 용기 말이에요.

성서에는 사마리아인이 가엾은 마음이 생겼다라고 말하고 있어요. 가엾은 마음, 이것은 공감이고 배려이며, 연민이에요. 릴리스와 이브의 공감, 바쎄바에 대한 공감이 바로 지금 도둑을 잡을 수 있는 지혜와 용기의 원천인 셈이겠지요.

본회퍼는 "공동체를 사랑하는 사람은 공동체를 죽이고, 형제를 사랑하는 사람은 공동체를 세웁니다"라고 말했습니다. 공동체 안에서 사람들은 자신들의 상처와 은사를 가진 있는 모습 그대로 사랑하도록 부름을 받았습니다. 그리고 그 사랑이 제대로 행해지려면 차이를 차별로 만드는 관행, 권력과 권위, 복종과 지배의 질서가 아니고, 배려와 연민, 사랑과 보살핌의 원리가 중심이 되는 교회 공동체가 되어야 가능할 것입니다.

나 없는 '향린' | 선우연 |

루가복음 24:1~12

　돌아오는 10월 30일 다음 주 월요일은 저의 서른일곱 번째 생일이고, 11월 1일 수요일은 아홉 해를 맞는 결혼기념일입니다. 그래서 저는 연초부터 이번 주말을 제 생일과 결혼기념일을 기념하는 차원에서 남편인 홍용표 집사와 두 딸과 함께 가족여행을 가기로 거창한 계획을 세웠습니다. 하지만 몇 주 전 뜻하지 않게 '하늘뜻펴기'에 대한 제의를 받아 고심한 끝에 가족여행을 접고 오늘 이 자리에 서게 되었습니다.

　제가 향린교회에 다닌 지도 벌써 15년이 되었습니다. 그러나 15년 중 중간 7, 8년은 결혼, 출산, 육아 등으로 거의 향린을 떠나 있었습니다. 제가 스물두 살 때인 91년 향린교회는 시간 속에 있는 교회였습니다. 역사성을 띠고 개인적이든 공동체적이든 삶의 현장에서 사랑, 정의, 평화를 외치며 치열한 몸부림을 치던 기억들이 생생합니다.

　그런 기억들을 안고 재작년에 다시 향린에 왔을 땐 저에게 향린교회는 더이상 역사성을 띠지 않는 교회로 비쳐졌습니다. 마치 집이라는 공간 속에서 남편이 가져다주는 일정액의 월급으로 살림하고 아이 키우며 매일 똑같이 반복되는 일상을 만족하며 사는 가정주부의 모습처럼, 또는 매일 똑같은 시간에 출근하여 퇴근하며 그래서 똑같은 월급을 받으며 거대한 조직 속에 안주하려는 샐러리맨의 모습처럼 말입니다. 흐르는 강물을 거슬러 오르는 연어의 모습은 온데간데없고 그저 서울 한복판 명동이라는 값비싼 곳에서 십수 년의 전통을 과시하며 공간 속에 정착한 그런 교회로 말입니다. 저 또한 이런 교회에서 무기력증에 걸린 늙은 노파처럼 하품이나 하며 편안히 몇 년째 교회생활을 하고 있습니다.

향린교회 어디에도 마음 둘 곳이 없던 저는 마치 주변인처럼 겉돌고 있었습니다. 제 스스로 자생력을 갖고 싶어서였을까요? 내적 동기 부여가 몹시 필요해서였을까요? 다시 성서를 보고 싶은 마음이 간절하여 다양한 성서마당 중 "여성의 눈으로 성서읽기"의 문을 두드렸습니다. 그중 저에게 가장 뼛속 깊이 파고 든 부분이 바로 예수의 부활 메시지였습니다. 마치 캄캄한 어둠 속에서 더듬거리며 길을 찾고 있는 저에게 어스름히 비추는 한줄기 새벽의 빛처럼, 저에게 예수의 부활은 그렇게 다가왔습니다.

부활이라는 단어는 기독교에서는 너무나 흔한 단어지요. 교리적으로 기독교를 지탱해주는 단어이기도 하지요. 단답형 질문에 대한 답변처럼, 선입견 속에 가두어놓았던 '예수의 부활 메시지'를 이 시간 저는 여러분과 나누고자 합니다.

마태오복음 17장 9절에서 13절을 보면 예수와 제자들이 부활에 대해 대화하는 내용이 짤막하게 언급되어 있습니다. 예수께서는 제자들과 함께 산에서 내려오시는 길에 "사람의 아들이 죽었다가 다시 살아날 때까지는 지금 본 것을 아무에게도 말하지 마라"라고 단단히 당부하십니다. 그때에 제자들이 묻습니다. "율법학자들은 엘리야가 먼저 와야 한다고 하는데 어떻게 된 일입니까?" 이 질문에 예수께서는 "과연 엘리야가 와서 모든 준비를 갖추어

놓을 것이다. 그런데 실상 엘리야는 벌써 왔다. 그러나 사람들은 제멋대로 다루었다. 사람의 아들도 이와 같이 그들에게 고난을 받을 것이다"라고 대답하십니다. 제자들은 예수의 그 말씀이 "세례요한인 줄 깨달았다"라고 기록되어 있습니다.

당시 소수의 사람들은 승천한 엘리야가 세례요한이냐 예수냐며 수군거렸지요. 그러나 정작 예수를 따라다녔던 제자들은 여전히 부활이나 예수에 대해 전혀 깨닫지 못했습니다. 마르코복음 9장 9절에서 13절까지도 이와 같은 내용이 있습니다. 마르코복음에 보면 제자들은 죽었다가 다시 살아난다는 말씀이 무슨 뜻인지 몰라 서로 물어보다가 "율법학자들은 엘리야가 먼저 와야 한다고 하는데 어떻게 된 일입니까?"라고 묻습니다. 제자들도 예수의 부활에 대해 율법학자들과 같은 생각을 갖고 있었던 것입니다.

오늘날 예수의 부활 메시지가 없다면 저는 물론이거니와 예수를 믿는 많은 사람들이 어쩌면 회의를 가졌을지도 모릅니다. 예수의 부활이 단지 당시 일회성으로 끝난 부활이었다면 2천 년이 지난 지금 그 부활 사건은 역사 속에서 하나의 사건일 뿐 오늘 우리들에게 무슨 의미가 있겠습니까?

오늘을 사는 우리들은 다시금 예수의 부활에 대해 고민을 가져볼 필요가 있습니다. 예수의 부활은 과거 속에서의 부활이 아닌 현재도 앞으로도 연속적으로 일어나는 시간성을 갖는 부활입니다. 예수는 아무도 알아보지 못하는 모습으로, 심지어는 제멋대로 다루어지기까지 하는 미천한 존재로 부활하십니다. 예수의 정신, 그 맥락을 이어가는 사람이 부활한 예수가 아니겠습니까? 부활은 일회성이 아닌 지금도 역사 속에서 계속 이루어지고 있습니다.

안병무 박사는 강남 향린교회 창립예배 때 다음과 같은 말씀을 하셨다고 합니다. "세상에 예수는 있다. 지금도 살아 있다. 2천 년 전의 예수가 아니다. 오늘날 어떤 형태로든 살아 있다. 우리의 거리에 살아 있다. 그러나 교회에는 없다. 순교하는 놈이 한 명도 없다. 교회 밖에는 있다. 자꾸 죽어가지만…… 교회는 없어"라며 눈물로써 호소하셨다고 합니다. 예수가 제자들에게 하신 말씀처럼 고난을 당하고 있는 것이지요. 더더욱 안타까운 것은 사람들은 예수를 알아보지 못한다는 것입니다. 그것은 왜일까요? 예수의 정신이 무엇인지, 예수가 어떤 분이었는지 제대로 아는 사람이 없다는 말입니다. 아니 알려고 하지도 않고 알기를 두려워하는지도 모릅니다.

여기서 우리는 십자가 고난의 현장과 부활의 현장에서 증인이 된 '갈릴래아 여인'에 대해 주목할 필요가 있습니다. 당시 십자가 처형을 받는 사람들은 국가에 반역하며 백성을 선동하는 자, 즉 정치범이었습니다. 십자가 처형의 자리에 있다는 것은 처형당하는 자들과 한패거리로 몰리는 위험한 일이었습니다. 그러나 '갈릴래아의 여인들'은 두려움을 무릅쓰고 예수의 십자가 처형 현장을 지켰습니다.

루가복음 24장 1절에서 10절에 보면 '갈릴래아 여인'들은 예수의 무덤을 찾아갑니다. 무덤을 막았던 돌은 이미 열려 있었고 예수의 시체는 없었습니다. 그곳에는 흰옷 입은 청년만이 있었습니다. 그 청년들은 예수가 다시 부활했다고 말했고, 여인들은 지난날 예수가 그녀들에게 다시 살아나겠다고 했던 말을 떠올리며 한 치의 의심도 없이 제자들에게 예수 부활을 전했습니다. 그러나 제자들은 헛소리려니 하며 믿지 않았습니다. 토마 또한 예수의 손과 허리에 있는 못자국을 찔러본 다음에야 믿었습니다. 보지 않고 믿는 자가 행복하다고 말씀하신 예수의 말을 떠올리며 갈릴래아 여인들이야말로 예수를 진정 사랑한 사람들이었다고 생각해봅니다.

예수의 수난과 부활에 대한 '그 말'을 기억했던 갈릴래아의 여인이야말로 부활의 첫 증인이 되었던 것이지요. 갈릴래아 여인들의 믿음은 어디서 나온 것일까요? 당시는 여인들의 바깥출입을 금하던 폐쇄적인 사회였습니다. 모든 것이 남성중심적인 사회에서 소외계층이었다고 할 수 있습니다. 그런 여인들에게 예수의 말씀 한 마디 한 마디는 희망이었고 진리였습니다. 어찌 모든 것을 버리고 따르지 않을 수 있었겠습니까?

우리도 갈릴래아의 여인처럼 부활한 예수를 보지도 않고 천사들의 말만 듣고도 예수의 부활을 믿을 수 있을까요? 의심 많은 토마처럼 못자국을 보여달라고 하겠습니까? 예수를 제대로 알지 못하면 예수를 사랑한다 할 수 없지요. 우리 모두 예수를 다시 묵상할 때가 아닌가 생각해봅니다. 지난날 통일을 위해 그 누구보다 더 앞장섰던 문익환 목사님이나 힘없는 노동자를 대신해 자신의 몸을 불사르며 죽어갔던 전태일님 이외에도 이름도 빛도 없이 예수의 삶과 정신을 이었던 많은 사람이 있었고 지금도 예수는 어느 노동자로, 혹은 택시 운전기사로, 혹은 노숙자로 부활하여 이 땅에서 고난받고 천히 여겨지며 살고 계십니다.

오늘은 기독교개혁주일입니다. 저는 한국 사회의 기독교 개혁이라는 거창함보다 향린 안을 다시금 들여다보았으면 합니다. 안병무 박사의 말처럼 향린이 예수의 십자가와 부활사건을 통해 눈에 보이는 건물로서의 교회가 아닌 미래를 향해 달리는 공동체로 거듭나기를 나 자신과 향린공동체에게 당부합니다.

마지막으로 제가 최근에 감명 깊게 보았던 영화의 이야기로 '하늘뜻펴기'를 마치려고 합니다. 영화는 시한부 선고를 받은 한 여인이 자신이 죽기 전에 해야 할 일 10가지를 정하고, 하나하나 이루어가는 과정을 그린 내용입니다. 여인은 남겨진 아이들과 남편을 위해 그녀가 없는 그녀의 인생을 준비합니다. 그녀는 아이들에게는 18세까지 생일 때마다 축하메시지를 녹음해두고, 남편에게는 아이들과도 어울릴 새 아내를 찾아줍니다. 그녀가 없는 그녀의 인생은 단절되는 것이 아니라 지속되는 것이지요.

나 없는 '향린'의 모습을 떠올려봅시다. 그리고 목록을 적어봅시다. 지금 내가 서 있는 자리에서 무엇을 해야 할 것인가를 고민하지 않을 수 없습니다. 우리도 언젠가는 모두 다 여러 가지 이유로 향린을 떠나게 됩니다. 우리는 무엇을 준비해야 하나요? 떠난 자리만 남기렵니까? 우리의 아이들만 남기렵니까? 나 없는 향린에 내가 계속 남아 있다고 상상해봅시다. 향린은 결코 늙지 않을 것입니다. 향린은 역사 속에서 꿈틀거릴 것입니다. 저는 살아 있는 예수공동체로 다시 부활하는 향린의 모습을 여러분과 함께 그려봅니다.

2004년 12월 5일 _ 대림절 2

나는 누구의 이웃인가? |김혜숙|

잠언 3:19~28, 루가복음 10:25~37

　평신도 하늘뜻펴기는 다양한 측면에서 큰 의의를 갖고 있지만, 이 자리에선 저 개인에게도 큰 의미가 있습니다. 저에게 '하늘뜻펴기'란 부끄러운 제 자신을 하느님께 겸허히 드리며 성서라는 저울에 제 믿음의 무게를 달아보는 성찰과 다짐의 시간이기 때문입니다.

　"누가 내 이웃입니까?"라는 율법교사의 도전적인 질문으로 '착한 사마리아인' 이야기는 시작합니다. 예수는 율법교사뿐만 아니라 그 자리에 있는 유대인들에게 이야기를 들려줍니다. 이 장면을 상상해봅시다. 지금 연극을 보고 있다고 상상하면 더 좋을 듯합니다. 크리스마스이브 저녁에 무대에 올리는 연극입니다.

　이제 커튼이 올라가고 연극이 시작됩니다. 무대는 어두컴컴한 저녁 무렵 인적이 없는 으슥한 산길입니다. 잘 차려입은 사제가 흥겹게 길을 가다 피 흘리며 쓰러져 있는 사람을 보게 됩니다. "에쿠, 이게 뭐야!" 깜짝 놀란 사제는 고민합니다. "시체나 피를 만지면 부정해져서 제사를 드릴 수 없는데 어찌지?" 사제는 목숨이 붙어 있는 산 사람을 순식간에 죽은 사람으로 만들어 버립니다. "저 한 사람이 중요한가? 내 임무가 중요한가? 인정에 끌리지 말자. 사제가 정결법을 어길 수는 없지. 에이, 골치 아파." 사제는 그 자리를 떠납니다. 뒤이어 무대에 나타난 레위인도 마찬가지입니다. 레위인도 성전 제사를 맡은 관리이니 별반 다르지 않을 것입니다. 직무유기에 따르는 양심의 가책을 정결법으로 무마합니다.

연극은 계속됩니다. 여성 교우들은 어떤 역을 맡겠습니까? 당시의 상황으로 보아 사제와 레위는 남자임에 틀림없습니다. 사마리아인이나 강도 만난 자가 어떻겠습니까? 강도 만난 자를 여성이 맡기로 합시다. 미스코리아처럼 늘씬하고 예쁜 여성 말입니다. 그러면 연극이 다르게 전개될 것입니다. 16세기 자코프 바사노라는 화가가 그린 〈착한 사마리아인〉이라는 성화를 본 적이 있습니다. 그 그림에서 강도 만난 사람은 옷까지 빼앗기고 십자가에 달린 예수님 복장을 하고 있습니다. 성화에서처럼 상반신을 드러내고 누워 있는 젊고 멋진 여인을 본 사제와 레위인의 마음은 달라졌을지도 모릅니다. 그렇다면 사마리아인이 등장하기도 전에 연극은 끝나겠지요.

그러나 연극이 그렇게 싱겁게 끝나지는 않습니다. 지극히 인간적인 남성의 마음으로 덥석 강도 만난 여인을 안아 일으키다가 "아차, 정결법이 있지!" 하고 한숨을 쉽니다. 발길을 돌리면서 "에잇, 이놈의 정결법!", "여성의 몸을 악으로 여기는 정결법!" 이리저리 머리를 굴리며 고민하던 사제가 드디어 소리칩니다. "정결법은 악법이다. 정결법을 폐지하라!", "국가보안법은 악법이다. 국가보안법을 폐지하라!"라고 외칩니다. 이렇게 되면 이 연극은 해피엔딩입니다.

많은 사람을 빨갱이로 몰아 고문하고 감옥에 넣고 남북 간에 증오의 장벽을 높게 쌓는 국가보안법을 사수하겠다던 자들이 연극에서처럼 "보안법을 폐지하라!"고 외치면 얼마나 좋겠습니까? 그러나 씁쓸하기도 할 것 같습니다. "이 법만이 살길이요!" 하다가 자신의 이익에 어긋나면 하루아침에 악법이라고 외치는 불의한 정치인들과 기독교인을 보기 때문입니다. 살면서 한 번도 빼앗긴 적이 없는 자들, 너무 많이 가지고 있어 조금 내놓아도 전혀 아쉬울 것 없는 자들이 빼앗길까봐 벌벌 떱니다. 자신의 이익이 곧 정의이며 하느님의 뜻이라고 강변합니다.

그러나 지금 여기 강도 만나 누워 있는 자는 멋진 여인처럼 그렇게 매력적인 존재가 아닙니다. 유대인 사제나 사마리아인 모두에게 골치 아픈 존재일 뿐입니다. 곤경에 처한 사람을 돕는 것이 인간으로서 마땅히 해야 할 도덕률입니다만, 이 경우에는 법을 어기는 것이기도 합니다. 사제처럼 사마리아인도 유대인과 접촉해서는 안 되고, 피투성이 시신을 만지는 것 또한 금기시되고 있기 때문입니다.

그렇다면 강도 만난 사람의 이웃이 되는 일에 누가 더 큰 결단을 해야 합니까? 물론 사마리아인입니다. 사제는 곤경에 처한 유대인을 당연히 도와야 합니다. 단지 제의 정결법이라는 규범적 테두리만 넘으면 됩니다. 그러나 사마리아인이 강도 만난 유대인을 구하기 위해서는 인종장벽, 종교적인 차별, 규범적 경계를 무너뜨려야 합니다. 물론 재산이나 시간상의 손해도 감수해야 합니다. 정치적 테러가 횡행하는 곳에서는 목숨이 위태롭기까지 합니다.

요즘 '노마디즘(nomadism)'이란 용어가 종종 쓰입니다. 농경문화와 대조되는 '유목주의' 정도로 번역될 것입니다. 정착하여 안정되었지만 정체되고 완고하며 보수적인 농경문화에 비해 비록 떠돌아다니지만 네 땅 내 땅 소유에 집착하지 않고 경계를 넘나들어 개방적이며 다양한 인생사를 겪으며 얻은 지혜로 창조적이고 변화를 두려워하지 않는 유목민의 특성을 강조하는 개념입니다. 21세기 포스트모던 사회에서 요청되는 사고 유형이라고 합니다.

사랑은, 사마리아인이 했던 것처럼 유대인과의 대결구조를 깨고, 자신을 규정하는 경계를 넘어서는 데에서 시작되는 것 같습니다. 사랑은 갇힌 사고에서 벗어나 마음을 열 때 시작되는 것 같습니다. 나와 다른 사람을 포용하는 너그러움에서, 변화를 두려워하지 않는 용기에서 시작되기도 합니다. 사랑은 내 것의 일부라도 손해가 날 때 더욱 확산되고 풍성해지는 듯합니다.

이제 2막이 오릅니다. 예수님이 강도 만난 사람으로 분장하고 누워 있습니다. 예수가 자청한 역입니다. 병든 자, 버려진 자의 예수, 갈릴래아의 예수는 강도 만난 자의 처지에 동병상련의 마음을 가집니다. 예수 자신도 장차 십자가 위에서 옷이 벗겨지고 피 흘리며 버림받을 것을 알고 있기 때문입니다. 마태오복음 25장 35절 이후에 보면 헐벗은 자, 주린 자, 감옥 갇힌 자에게 베푼 것이 곧 주께 한 것이라고 말합니다. 그러니 예수님이 곧 강도 만난 자입니다.

길 가다 노숙자나 걸인을 보면 마음이 아프고 안타깝습니다. 도울 사람, 도울 곳이 왜 이리 많은지요. 향린 교우들에게는 더더욱 많을 것으로 압니다. 때때로 개인적 구제가 구조적 문제를 항존시키는 것은 아닌지 의문이 들기도 합니다. 그래서 마음이 불편해집니다. 피하고 싶을 때도 있습니다. 이런 생각이 들면 강도 만난 자로 누워 있는 예수가 골치 아파집니다. 강도 만난 자가 없다면, 예루살렘 사제는 예수한테 비난받을 이유도 없었겠지요. 강도 만난 자만 없다면, 아니 예수만 없다면 이 세상 더 편하게, 더 재미있게 살 수 있다고 생각하는 그리스도인도 있을 것입니다. 그래서 슬그머니 삶 속에서 예수를 빼버리는 것입니다.

10여 년 전 로마의 성 베드로 성당에 갔었습니다. 성당의 장대함이나 아름다움은 극치에 달했습니다. 그런데 제 마음이 가볍지는 않았습니다. 그 아름다운 건물은 하느님의 이름을 빌어 쌓아올린 인간의 영광과 오만처럼 보였기 때문입니다. 성당 내부를 찬찬히 둘러본 후, 맨 뒤편에 서서 화려한 제단을 바라보며 하느님께 질문했습니다. "하느님, 이곳에 계시나요?" 저의 질문에 "아니다. 난 한 번도 이곳에 와본 적이 없다"라고 하느님은 대답하시는 것 같았습니다. 면죄부 판매라는 기만과 가난한 자의 피와 같은 헌금으로 아름다움을 덧입힌 그 성전에 하느님은 계시지 않은 것 같은 생각이 들었기 때문입니다.

'하늘뜻펴기'를 준비하며 제 안을 들여다보았습니다. "하느님, 제 마음의 전에 계시나요?"라는 질문에 "아니다. 한 번도 네 안에 거한 적이 없다" 하실까 두려웠습니다. 저 스스로 그리스도인이라고 말하지만, 제 삶 속에서 예수 그리스도가 폐기되는 경우가 더욱 많습니다. "주님! 당신의 종으로 살겠습니다"라고 고백하지만, 어느새 제가 주인 노릇하고 있습니다. 무늬만 그리스도인입니다. 하느님이 계시지 않는 성전엔 인간의 욕망이 주인 노릇하고 있습니다. 여러분의 삶 속에서는 누가, 무엇이 주인 노릇하고 있습니까? 오늘 성서본문은 "마음을 다하고 목숨을 다하여 하느님을 사랑하라"고 합니다.

얼마 전 시청 앞 잔디광장에서 많은 기독교인들이 모여 '국가보안법 폐지 및 미군 철수'에 반대하는 집회를 열었습니다. 우리나라를 지키는 이는 하느님이 아니라 미군의 총과 탱크라고 선언하는 듯 기도했습니다. 이는 국가보안법 폐지에 반대하면서, 그 대신 하느님을 폐지하는 것이라는 생각이 들었습니다. 하느님이 폐기된 자리에 미국을 앉혀놓고 있습니다. 그들의 발에 무참히 짓밟힌 잔디처럼 폐기된 하느님이 짓밟혀집니다.

오늘은 대림절 둘째 주일입니다. 대림절은 힘든 세상에 희망으로 오실 구세주를 대망하는 기간입니다. 몸소 신과 인간의 경계를 허물고, 어두운 세상을 구하려 이 땅에 사랑으로 오시는 하느님을 기다리는 때입니다. 예수가 예루살렘 성전 마당을 오염시키는 시장 좌판을 엎어버리셨듯이, 오염된 내 안의 좌판을 엎어버리고, 아기 예수가 거할 자리를 깨끗하게 하는 시기이기도 합니다. 그래서 희망과 사랑이 피어나도록 내 마음의 성전을 넓히는 계절인 것입니다. 오시는 아기 예수는 십자가에서 자신을 온전히 내어줌으로써 "마음을 다하고 목숨을 다하여" 사랑을 실천하는 수난의 그리스도이며, 지금 이 시대에 강도 만난 자로 누워 있는 사람들입니다.

그런데 혹시 2000년 전 예수가 누울 곳이 없어 헤매던 것처럼, 이 시대의 아기 예수도 거할 자리를 찾지 못해 이리저리 헤매고 있는 것은 아닌지요? "너희가 날 버리는구나. 내가 너희의 골칫덩이가 되었구나!" 예수님이 추위에 떨며 탄식하고 있는 것은 아닌지요? 여러분의 예수님은 어떠하신지요?

이제 3막이 시작됩니다. 누가 무대에 오를 차례입니까? 여러분입니다. 어떤 역을 맡으시겠습니까? 물론 관객으로 남으셔도 좋습니다. 사제 역을 여성이 맡으면 연극이 어떻게 진행될까요? 다 죽어가는 환자를 흔쾌히 돌보겠다고 나선 여관집 주인과 그의 아내는 누가 맡겠습니까? 여성 예수는 어떻습니까? 다양한 모습을 상상해봅시다. 많은 등장인물 중 여러분과 가장 비슷한 사람은 누구입니까? 곰곰이 생각해보면, 저는 예루살렘 사제일 때가 많습니다. 종종 사마리아인일 때도 있습니다. 물론 강도 만난 자가 되어 사마리아인을 기다리고 있기도 합니다.

여러분은 어떻습니까? 삶의 자리에 따라 처지와 역할이 달라지겠지요. 어떤 사안에 대해서는 용감한 사마리아인이었다가, 가장 가까운 사람에게 완고하고 무정한 예루살렘 사제가 되기도 할 것입니다. 가정에서, 교회에서, 직장에서, 특정 이슈에서 여러분은 강도 만난 자처럼 곤경을 겪기도 할 것입니다.

이제 연극은 끝났습니다. 예수님은 관객들에게 묻습니다. "강도 만난 사람의 이웃이 누구라고 생각하느냐?" 아직도 인종차별, 종교적 우월감에서 헤어나오지 못하는 머리 좋은 율법교사는 "사마리아인입니다"라는 대답을 피하고 "그 사람에게 사랑을 베푼 사람입니다"라고 슬쩍 비켜 대답합니다.

예수는 논쟁에서 더 고단수입니다. 예수는 즉시 "너도 가서 그렇게 하여라"라고 말합니다. 어법이 명령형입니다. '너희 유대인들이 인간 취급하지 않는 사마리아인도 경계를 넘어 사랑을 베푸는데, 너희 유대인은 도대체 무엇 하느냐?'라는 호된 질책이 이 말에 담겨 있습니다.

이 명령을 통해 예수는 사마리아인의 인권과 종교를 회복시키고 있습니다. 그러나 예수의 더 큰 의도는 허깨비 율법에 안주하며, 하느님마저 폐기해버린 텅 빈 예루살렘 성전 질서를 무너뜨리고 사랑을 회복하려는 데 있습니다. 그래서 유대인 청중을 불편하게 만들고 회개하라고 촉구합니다. 지역이든 계층이든 나와 타자 간에 놓인 경계와 틀을 먼저 허물고, 스스로 낮아져 먼저 말 걸라고 명령하는 것입니다. 가진 것의 일부라도 내놓으라는 것입니다. 손해 보라는 것입니다. 손해와 상실 없는 변화는 없으며, 변화 없는 성장은 없기 때문입니다.

온 인류는 사랑하면서 한 방에 있는 사람을 사랑하지 못하는 존재가 인간이라고 도스토옙스키는 말합니다. 그래서 사랑은 작은 것에서부터 연습할 필요가 있습니다. 사랑은 상대방을 위해 없는 시간을 쪼개는 것입니다. "사랑해!", "미안합니다!"라고 고백하는 것입니다. 사랑은 친절입니다. 위로와 격려의 말 한 마디이기도 합니다. 호된 꾸지람일 때도 있습니다. 개인적인 면 이외에, 사랑의 실천은 사회구조적인 측면에서 다양하게 해석될 것입니다. 예수님은 율법교사에게 "그대로 실천하라! 그러면 살 수 있다"라고 하십니다. "노력해라! 연습해라!"라고 말씀하시는 듯합니다.

예수께서 저에게 하시는, "너도 가서 그렇게 하라"는 명령을 듣습니다. 향린교회 2004년 표어가 "너도 가서 그렇게 행하라!"입니다. 이 표어는 예수께서 우리 향린공동체에게 주신 명령이라고 생각합니다. 물론 향린인은 누구보다 사랑의 실천에 앞장서고 있습니다. 그러니 달리는 말에 박차를 가하듯 더욱 열심히 행하라는 뜻일 것입니다.

예수를 구주로 고백하는 종은 "No!"라고 말할 수 없습니다. 주인의 명령에 단지 "예!"라고 대답하고 실천할 뿐입니다. 오늘 이 자리에 연극배우로 또는 관객으로 참여하신 여러분 각자에게 예수님은 무엇이라고 말씀하실는지요? 다 같이 묵상하며 예수의 음성을 들어봅시다. 우리에게 하시는 명령을.

제8장

'작은 예수' 되어 십자가 함께 지고

청년

나를 따라오너라. 내가 너희를 사람 낚는 어부가 되게 하겠다.

마르코복음 1:17

나와 향린, 우리는 한 가족 | 이원준 |

시편 147:1~11, 에페소서 2:14~19

저는 올해 1월부터 향린교회를 나왔고 한양대학교에 재학 중인 학생입니다. 고등학교 때 산악반이었는데 평생 히말라야 같은 곳에서 등반하는 것이 꿈이었습니다. 원정대 의사로 가면 돈도 받으면서 산에 다닐 수 있지 않을까 하고 의대를 진학하였습니다만 지금은 예전처럼 열심히 산에 가지는 않습니다. 현재는 한양대학교 병원에서 병원실습을 하고, 내년 1월에 있는 한국의사국가시험을 준비하고 있습니다.

올해 초였습니다. 사순절 기간에 대추리의 노인정에서 새벽을 맞이했습니다. 아직 바람은 겨울을 담고 있었습니다. 양손으로 귀를 가리고, 입김을 훅훅 불고, 바람을 피해 성당 벽에 바짝 붙어 섰습니다. 대추리의 넓은 들판을 보면서 문익환 목사님의 〈뜨거운 마음〉을 불렀습니다.

"뜨거운 마음 바람에 실어 숨 막힌 이 땅에 보내노라 정의의 깃발을 휘날리며 자유의 천지 이루고 지고."

저도 새벽 찬바람 속에 뜨거운 마음이 되었습니다. 다음날, 언제 그랬냐는 듯이 학교에 가고, 친구를 만나고, 밥을 먹고, 레지던트 선생님께 잔소리를 듣고, 잔소리한 사람 씹고, 공부를 하였습니다. 토요일이 되어 대추리에 가고, 새벽에 뜨거운 마음이 되고, 또 언제 그랬냐는 듯이 학교 가고, 또 대추리에서 뜨거운 마음이 되었습니다. 그리고 다시, 식은 마음이 되었습니다.

씨를 뿌리고 수확을 하고 땀을 섞고 세월을 보낸 사람이 그 땅의 주인일 텐데, 전쟁놀이 한다고 우리나라 경찰·군인 앞세워서 주인을 내쫓습니다. 이건 잘못되었다. 막아야 한다. 그래서 향린교회를 통해 대추리에 갔습니다. 하지만 그런 고민은 주일에 대추리에서 있을 때뿐이었고 일상으로 이어지지 못하였습니다. 주일의 원준과 평일의 원준으로 저는 분열되었습니다.

그 뒤 청년신도 모임에 나갔습니다만 처음에는 좀 '껄적지근'했습니다. 자기 소개하는 시간이었습니다. 저처럼 새로 온 어떤 분이 자기가 향린에 오기까지의 긴 여정에 대해 말하고 예전 교회에서의 고민을 말했습니다. 어떤 교우님이 이렇게 말했습니다.

"그런 문제는 여기에도 있습니다. 문제의 답은 알아서 찾으십시오."

저에게는 그 말이 '네가 알아서 해라!'로 들렸습니다. 안타깝게도 그 이후로 그 새로 온 분을 뵙지 못했습니다. 이런 역경 속에도 그 당시 제가 향린교회에 나온 것은, 향린에서 찾고자 하는 것이 친목이 아니라 이념적이고 사회적인 어떤 것이었기 때문입니다. 그러나 지금 저에게 향린교회를 다니는 이유가 무엇이냐고 물어본다면 이념적이고 사회적인 것 때문만은 아니라고 답합니다. 그리고 제 삶 속에서 주말과 평일의 분열도 화해하고 있습니다. 무엇 때문일까요? 이성적이고 합리적이기 때문에, 의견이 비슷해서 팔짱 끼고 고개를 끄덕이게 하는 것뿐만 아니라, 제 심장을 쥐고 강하게 끌어당겨 무거운 엉덩이를 일으키게 하는 것이 무엇일까요?

오늘의 말씀을 보겠습니다. 시편 147편 말씀입니다. "힘센 말을 기뻐하지 않으시고 힘 좋은 장정의 다리도 반기지 않으신다. 당신 두려운 줄 아는 사람, 당신 사랑 믿는 사람, 그들만을 반기신다."

구약의 시대는 농경사회였습니다. 더 많은 생산을 하기 위해 필요한 요소가 힘센 말과 힘 좋은 장정의 다리였을 것입니다. 그런데 하느님은 두려운 줄을 알고 사랑을 믿는 사람을 반기신다고 합니다. 힘센 말, 힘 좋은 장정의 다리는 지금의 자본, 그 자본을 잘 굴리는 영특한 두뇌 등 각 시대의 권력이 요구하는 것입니다. 반면에 하느님이 반기시는 두려운 줄 아는 사람은 시대의 양심을 지키고 정의를 따르는 사람일 것입니다. 그렇다면 사랑을 믿는다는 것은 무엇인가요? 시편에 나온 '이념'으로서의 사랑은 신약에서 예수님의 삶으로, 실천으로 나타납니다. 사랑은 자본주의의 용어를 사용하면 밑지는 장사입니다. 나의 시간, 나의 노력, 나의 능력, 나의 노동을 나만을 위해 사용하는 것이 아니라 우리를 위해 사용할 때 '사랑했다'고 말할 수 있습니다. 예수님은 그것도 모자라 자신의 삶을 통째로 내던지셨습니다.

에페소서 2장 말씀입니다. "그리스도야말로 우리의 평화이십니다. 그분은 자신의 몸을 바쳐서 유다인과 이방인이 서로 원수가 되어 갈리게 했던 담을 헐어버리시고 그들을 화해시켜 하나로 만드시고 …… 또 십자가에서 죽으심으로써 둘을 한 몸으로 만드셔서 하느님과 화해시키고 원수 되었던 모든 요소를 없이 하셨습니다. …… 이제 여러분들은 외국인도 아니고 나그네도 아닙니다. 성도들과 같은 한 시민이며 하느님의 한 가족입니다."

백사장의 모래를 한 움큼 쥐면, 우수수 손가락 사이로 떨어집니다. 하지만 벽돌을 들 때는 구성하고 있는 모래가 우수수 떨어지는 일이 없습니다. 모래 알갱이들이 단단한 벽돌이 되는 까닭은 1000도가 넘는 고열과 압력이 있기 때문이고, 그런 벽돌로 집을 만들 수 있는 까닭은 시멘트가 있기 때문입니다. 물론 인간의 고귀한 노동이 단단히 한몫합니다. 이런 생각을 해봅니다. 우리 인간들이 모래알이고, 하느님께서 그 모래알을 주물럭거리고 열을 가하여 벽돌을 만들고, 그 벽돌에 시멘트를 발라서 집으로 한 덩이로 만드시는 겁니다. 우리를 향린의 지붕 아래 하나되게 하는 매개체도 뜨거운 사랑이라 할 수 있습니다.

우리는 시편과 에페소의 말씀을 보면서 '사랑'에서 두 가지 의미를 발견합니다. 예수님의 삶이 보여준 실천적인 사랑과, 이질적인 것들을 하나로 만드는 평화로서의 사랑입니다.

향린을 만나기 전에, 대학의 작은 독서모임을 통해서 책을 읽고 토론하고 집회에 참석하였습니다. 하지만 동아리 모임에서 저희가 매일같이 입버릇처럼 말하는 실천의 문제에서는 회의적이었습니다. 매년 연례행사처럼 5·18에 광주 가고, 6·15, 8·15 때 광화문·시청 가고, 사회 문제가 되는 사건에 분개하고 집회에 참석하였습니다만 뭔가 부족했습니다. 입으로 〈뜨거운 마음〉을 불렀던 대추리에서조차도 뭔가 빠진 느낌이었습니다. 머리로는 이해하고 겉으로는 열심히 하는 것처럼 보여도 저의 일상은 그런 고민이 없는 친구들과 큰 차이가 없었습니다. 이념적이고 사회적인 고민들을 일상 속에 녹여내지 못한 것입니다.

동아리를 이끌고 있다는 일종의 의무감에 사건이 있을 때면 평상시와는 전혀 다른 모습으로 돌변하곤 했습니다. 그리고 일상에 와서는 '이 정도 하면 됐지 뭐……', '내가 할 수 있는 것이 얼마나 되겠어?', '다른 친구들을 봐. 쟤네들보다는 낫잖아?' 하며 위로를 해보았지만 어떤 불안감을 떨칠 수가 없었습니다. 졸업한 뒤 의사가 되었을 때에도 이렇게 자기 합리화만 하며 살다가, 20대에는 그랬었지 하면서 '자주', '민주', '통일'이 추억거리로, 술안주로 전락할 것 같았습니다. 여러 교우님을 만나면서, 또 목사님들을 뵈면서, 예수님을 알게 되면서 그런 불안감은 점차 엷어지고 오히려 확신이 생깁니다. 다시 대추리의 새벽으로 돌아가보면, 거기에도 답은 있었습니다. 〈뜨거운 마음〉 2절입니다.

"뜨거운 마음 눈물에 실어 메마른 이 땅에 보내노라 사랑의 샘줄기 터뜨려서 따뜻한 인정 피우고 지고."

예수님이 지고 간 십자가의 길은 쉬운 길이 아닙니다. 그리고 저 개인은 나약하기 그지없습니다. 향린의 공동체 안에서, 청년신도회 안에서 사랑을 배우고, 사랑을 훈련하고, 서로 사랑해서, 용광로와 같은 뜨거운 사랑이 넘쳐나면 십자가의 길이 오로지 고통만이 있는 참고 견뎌야 하는 고행의 길이 아니라 희망과 웃음이 충만한 행복의 길이 될 수 있습니다.

수요예배가 끝나고 청년남신도회 선배님들과 뜻깊은 만남을 하고 집에 돌아오는 길이었습니다. 핸드폰 문자가 왔습니다. 한 교우님이었습니다.

"쭌 싸랑해^^ 향린에서 작은 예수로 살아가자^^."

그래서 답장을 보냈습니다.

"그려, 십자가도 같이 지고 가면 가벼울 것이여."

이 시대에 예수가 태어나신다면 | 송조은 |

시편 12:1~8, 마르코복음 1:14~20

　현재 우리 세대를 지칭하는 용어들이 많이 있습니다. 먼저 이십대 태반이 백수라는 "이태백", 우석훈 씨가 말하는 "88만 원 세대", 세계 출산율 최저라는 "불임세대"가 있습니다. 그리고 이러한 우울한 사회상과 더불어 젊은 청년들의 사회 비판적인 시각과 운동의 동력은 상실되어버린 지 오래입니다. 소위 전문가 혹은 운동을 해봤다는 386 선배들은 이러한 현상을 20대 청년들의 운동 동력이 상실되어 조직화되지 못했기에 발생하는 문제로 치부하며 20대 젊은이들을 질타합니다. "거리로 나서라!", "왜 투표를 하지 않느냐?"라는 말들이 아마 대표적인 말들일 것입니다. 하지만 청년들도 이에 대해 할 말이 많습니다.

　힘겨운 대학입시를 뚫고 소위 서울 상위권 대학에 입학한 K군은 입학도 하기 전에 350만 원이 넘는 등록금 통지서를 받아듭니다. 서울로 상경해서 알아본 하숙방값은 평균 월 40~45만 원, 거기에 추가로 생활비를 필요로 합니다. 집안 형편이 그리 넉넉지 않은 K군은 일단 학자금 대출을 통해 학비를 해결하고 하숙비를 부모님에게 지원받습니다. 그리고 부족한 생활비를 과외를 통해 해결하기로 합니다. 과외 1건당 받는 과외비는 월 30만 원, 생활비를 충당하기 위해서는 2건은 뛰어야 합니다. 요즘은 경쟁이 심해서 학교 근처를 벗어나 일산, 구리시 등까지 원정 과외를 떠나기도 합니다. 이러한 와중에 학부제 속에서 1학년부터 취업이 잘 되는 과에 가기 위한 학점경쟁이 시작됩니다. 군대 가기 전에 학사경고 한 번쯤은 맞아봐야 대학생활 제대로 하는 것이라는 옛이야기는 그야말로 전설입니다. 학점은 학부 내에서 좋은 과를 가기 위해서도 필요하고, 경영, 경제와 같은 취업에 도움이 되는 과에 이중전공을 하기 위해서도 필요합니다. 혹시라도 교환학생을 노린다면 좋은 학점과 더불어 토플점수도 준비해야 합니다.

K군은 일단 눈앞의 일들을 해결하기 위해 과외와 학점관리에 집중합니다. 대학의 낭만이라는 동아리 활동이나 비판적인 의식을 함양할 수 있는 학회, 학생회 활동은 그에게는 사치일 뿐입니다. 이러한 시간에 K군은 기업에서 주관하는 인턴이나 해외 봉사활동, 공모전에 지원해서 입사 시 자기소개서에 적어넣을 경험들을 만들어나가야 합니다. 토익점수가 영어실력과는 아무런 상관이 없다는 것을 알지만 계속해서 공부합니다. H모 자동차 그룹의 합격자들의 토익점수가 920점이었네 하는 소문부터 아예 대놓고 900점 이상만 원서를 접수하는 것으로 유명한 증권사도 있습니다.

이제 4학년이 되어 본격적으로 취업전선에 뛰어든 K군은 대학생들이 취업하고 싶어하는 기업 1위라는 삼성전자의 필기시험을 칩니다. 인성검사 문제 중에는 이러한 문제들이 보입니다. "한국의 경제성장은 대기업이 이끌어왔다", "오너 중심의 경영체계가 꼭 나쁜 것만은 아니다", "기업의 방침과 상반되는 시민단체에 지원을 표시할 수 있다", "기업 내부의 비리는 외부의 폭로를 통해서라도 해결할 필요성이 있다"(김용철 변호사 건). K군은 어떠한 답변을 해야 할지 고민스럽습니다.

이러한 와중에 뉴스가 들려옵니다. 이명박 정부가 일자리 나누기를 위해서 대졸 신입사원들의 연봉을 일괄적으로 20% 삭감하겠다고 합니다. 자신들의 임금 삭감에는 그렇게 투쟁하던 노동조합들이 정작 신입사원들의 일에는 신입사원들이 조합원 신분이 아니라며 문제를 회피합니다. 이렇게 해서 정규직, 비정규직 구분에 이어 정규직 내에서도 연봉이 1년 차이에 따라 500만~1000만 원 정도 차이가 나는 새로운 계급이 형성되었습니다. 청년들에게 노동조합은 이익단체이자 국가경쟁력을 망치는 주범일 뿐입니다. 어쨌거나 K군은 이러한 어려움을 뚫고 국내 굴지의 대기업에 합격을 했습니다. 주변에서는 신의 아들이라는 호칭을 붙여줍니다. 사실 입사한 동기 중 30% 정도는 취업재수를 했습니다. 주변 친구 중에는 9급 공무원 시험에 3년 연속 낙방한 친구, 인생 한방을 노리며 신림동에서 고시공부를 하는 친구들도 많습니다. 하지만 이제 그마저도 여의치 않은 것 같습니다. 로스쿨 제도가 정착되면 사립대의 경우 한 학기 1000만 원의 등록금을 부담해야만 합니다.

K군은 입사한 후에도 마음이 편치 않습니다. 2천만 원이 넘는 학자금을 상환해야 할뿐더러 결혼을 위해 돈을 모아야 할 것 같습니다. 고용은 불안정할뿐더러 앞으로 열심히 부어야 할 국민연금은 자신이 은퇴할 때쯤에는 고갈될 것이라고 합니다. 맞벌이를 해서 평생 돈을 모아도 자신의 집을 가질 수 있을지 걱정스럽습니다. 재테크만이 살 길이라는 말이 여기저기서 들려옵니다.

지금까지 서술한 K군의 이야기가 현재 한국 사회에서 다수의 청년들이 겪고 있는 현실적인 문제들입니다. 어떻게 보면 대단히 찌질하고, 바보 같은 이야기입니다. 그런데 청년들은 왜 이런 찌질한(보잘것없고 변변치 못한) 문제를 가지고 고민하며 체제에 순응하기 바쁠까요? 저는 그 첫 번째 이유로 "존재의 불안"을 꼽고 싶습니다. 과거 고도성장기에는 정치적인 체제에 대한 불만이야 많았겠지만 막상 사회에 나와서 일할 일자리도 많았고, 자영업을 하더라도 성실하게만 일한다면 성공할 확률이 높았습니다. 하지만 지금은 어떻습니까? 고도성장의 시대는 갔고 IT 기술의 발전에 따라 고용 없는 성장이 일반화되었습니다. 한국은 더 이상 노동집약적인 산업에서 강점을 보일 수 없으며 지식과 창의성을 필요로 하는 일자리는 제한되어 있습니다. 치솟는 집값과 물가, 등록금 앞에서 청년들은 자신들의 생활공간을 확보하는 것만으로 충분히 지쳐 있습니다. 즉, "물질적 존재의 불안이 정신적 존재의 부재"를 가져오는 것입니다. 저는 이러한 현상을 "청년 예수들의 죽은 혼"이라고 표현하고 싶습니다.

두 번째 이유는 "명확한 목표의 부재"에 있습니다. 지금 이 하늘뜻펴기를 들으시는 향린의 교우분들이 생각하시는 시절의 운동이라는 것은 목표가 명확했습니다. 80년의 광주를 누구나가 느낄 수 있었습니다. 자신의 친구가 고문을 당하고, 여학우가 전경들에게 머리채를 끌려가는 한편, 자신의 동기 또는 선배나 후배였던 이한열 군이 최루탄에 맞아 운명을 달리했을 때 자신들의 적이 누구인지 모르는 사람이 누가 있었겠습니까? 하지만 지금 이명박 정부는 우리가 87년에 얻어낸 민주화의 성과로 탄생했습니다. 우리가 이명박 정부를 욕하지만 이명박을 몰아내고 다른 사람이 정치지도자가 된다고 하여 크게 달라질 것 같지는 않습니다. 그동안 여야 간의 정권교체를 두 번이나 이뤄냈지만 대학 등록금은 계속 늘었고, 사교육비는 증가했으며, 부동산 거품은 더욱 심해졌습니다. 민주화가 현재의 청년 세대에 실질적으로 쥐어준 복지는 네이버, 다음과 같은 포털사이트에 악성 댓글을 다는 자유밖에 남아 있지 않습니다. 물론 이마저도 근래 들어 제약이 들어오고 있습니다.

이런 상황에서 향린교회는 무엇을 어떻게 해야 할까요? 사회운동의 주역이 되어야 할 청년 대학생들은 무엇 하고 있느냐는 향린의 목소리는 자칫하면 바리새인들이 율법으로 압박하듯 청년들을 과거의 틀 안에 넣고 생각하는 것이 될 수도 있습니다. 존재의 위기와 명확한 적의 부재 속에서 우리는 무엇을 해야 할까요? 우리는 20년 전의 청년 예수가 아니라 2010년 바로 이 시대의 청년 예수상을 그려내야 한다고 생각합니다. 20년 전의 기준으로 봤을 때 현재의 '청년 예수'들은 '죽은 혼'일 뿐이지만 이 시대의 청년 예수상이 확립된다면 죽은 혼은 부활할 수 있을 것입니다. 그리고 이 문제는 우리 청년들만의 것이 아니라 향린 모두가 함께 고민해야 할 문제는 아닐까요?

영성, 그리고 혁명 | 이수연 |

레위기 19:1~2/9~18, 고린토전서 3:10~11/16~23, 마태오복음 5:38~48

원수사랑과 우울증 극복

저는 이번 하늘뜻펴기에서 청년들의 고민과 아픔을 여러분과 함께 나누고 싶습니다. 저는 작년에 미술대학을 졸업한 '예술가'입니다. 현재 저는 부모님께 얹혀살고 있습니다. 돈만이 최고의 가치로 여겨지는 자본주의 국가에서 '예술가'라는 직업은 '백수'와 동의어가 되어버렸습니다. 그러다 보니 저도 모르게 이유를 알 수 없는 우울증과 허무감이 생겼습니다. 하지만 이 시간 저는 이 우울증과 허무감을 어떻게 극복할 것인지에 대해 이야기하려 합니다. 더 나아가 기독인으로서 어떻게 삶의 희망을 찾을 것인지를 말하고자 합니다.

통계청 자료에 따르면 대한민국의 자살률은 OECD 국가 중 1위입니다. 사실상 세계 1위입니다. 또한 대한민국 20~30대 청년들의 사망원인 1위가 바로 자살입니다. 우리나라 노인 자살률은 OECD 평균의 5배에 달합니다. 얼마 전 통계청에서 연령대별 자살충동 조사를 했습니다. "지난 1년 동안 자살하고 싶다는 생각을 해본 적 있었는가?"라는 질문에 "그렇다"라고 대답한 사람의 비율을 따져서 연령대별 순위를 매겼습니다. 1위는 10대가, 2위는 40대가 차지했습니다. 높은 자살률과 우울증은 청년들만의 문제는 아닙니다. 모든 연령대가 다 우울한 상황입니다. 대한민국은 자살공화국입니다. 사람을 벼랑 끝으로 몰아내는 이 나라에서 나는 과연 어떻게 살아야 하나 많은 고민을 했습니다. 그리고 과연 성서는, 하느님은 이 부분에 대해 뭐라 말씀하실까 매우 궁금했습니다.

하늘뜻펴기를 준비하기 위해 목사님을 만나서 함께 나눌 성서구절을 상의했습니다. 세계교회 성서일과에 따른 오늘의 말씀을 보게 되었습니다. 그 중 가장 중심이 되는 내용은 바로 '원수를 사랑하라'는 마태오복음 구절이었습니다. 저는 도대체 이 원수사랑 구절과 우울증 극복이 무슨 관련이 있을까 생각하며 괴로워했습니다.

하지만 이 구절을 다시 곱씹어 보는 중에 저는 그 질문에 대한 하느님의 대답을 들을 수 있었습니다. 이 구절에 대한 역사비평적 해석을 들은 적이 있습니다. 오른뺨을 때리면 왼뺨도 돌려대라. 겉옷을 뺏으면 속옷까지 줘라. 누가 억지로 오 리를 걸어가자고 하면 십 리를 함께 가주어라. 예수께서 말씀하신 이 세 가지 지침은 불의에 굴복하라는 게 아닙니다. 오히려 저항하라는 것입니다. 나에게 폭력을 행하는 자에게 비폭력적인 방식으로 저항하라는 것입니다. 왼뺨, 속옷, 십 리까지 가주는 것. 이것들은 착취하는 자의 기존 요구를 초과하는 추가적 행위입니다. 이것은 나를 억압하는 상대방을 당황하게 합니다. 예를 들어, 속옷까지 벗어줘버리면 우리는 알몸이 됩니다. 그것을 보고 사람들은 옷을 빼앗아간 사람을 손가락질하게 됩니다. 그래서 이 사람은 일상적인 착취의 습관을 넘어서서 스스로를 되돌아보게 됩니다. "아! 이 사람도 사람이구나! 내가 이 사람을 너무 사람취급 안 했구나!" 하는 깨달음을 얻는 것입니다. 이런 비폭력 저항은 착취자를 교화시킵니다. 그리고 이 저항은 저항 자체가 목적이 아닙니다. 나를 억압하는 자의 양심을 일깨워주는 것이 목적입니다. 원수에게 굴복하지 않고 저항을 하지만, 동시에 그 저항 속에는 그 원수를 사랑하는 마음이 전제되어 있습니다. 저항과 사랑은 반대되는 것처럼 보입니다. 하지만 여기서는 그 두 가지가 완벽하게 섞여 있는 것입니다.

영성과 혁명

몇 달 전에 본 김규항 씨 인터뷰집의 한 문장이 생각났습니다. "하루에 30분도 기도하지 않는 혁명가가 만들 세상은 위험하며, 혁명을 도외시하는 영성가가 얻을 수 있는 건 제 심리적 평온뿐이다." 영성가와 혁명가, 이 둘은 어떻게 보면 정반대의 인물입니다. 하지만 이 둘이 합체를 하면 뛰어난 영성을 가진 혁명가가 됩니다. 그리고 예수님이 바로 이런 분이 아니었나 하는 생각이 듭니다. 서로 반대되는 것처럼 보이는 것을 동시에 한다? 영성가와 혁명가가 합체하는 것이 바로 원수사랑 구절의 저항과 사랑을 동시에 하는 것과 같은 것이라는 생각을 했습니다. 이 인터뷰집을 처음 봤을 때 당시 저는 하루에 1초도 기도하지 않았습니다. 그리고 혁명도 매우 도외시했습니다. 심리적 평온? 위험한 세상? 둘 다 없었습니다. 저는 소심하고 무기력했습니다. 게다가 우울증에 걸려서 자주 자살충동을 느꼈습니다. 하지만 이제는 잃어버린 영성과 혁명을 하나씩 차근차근 찾아야겠다는 생각이 들었습니다. 마태오복음의 예수께서 제게 이렇게 말씀하시는 것 같았습니다. 영성 없이 투쟁만 하면 더 허탈해질 뿐이다. 그리고 우울증 치료 한답시고 방에만 틀어박혀서 기도만 하게 되면 영적 기형아가 된다. 수연아! 영성훈련과 혁명을 동시에 하거라~! 그래야 우울증을 극복하고 인간답게 살 수 있다.

요즘 제 삶을 바꾸고 있는 청년신도회 친구 두 명을 소개하고자 합니다.

이 두 사람을 통해 제 안에 영성과 혁명이 천천히 자라나고 있습니다.

우울증을 압도하는 전도서의 말씀

먼저 제 영성에 큰 도움을 주는 친구를 소개하겠습니다. 저는 이 친구 덕분에 올해부터 기도와 성서읽기 생활을 시작하게 되었습니다. 이 친구는 평소에 저처럼 우울증에 많이 시달리던 친구입니다. 이 친구는 얼마 전에 극단적인 생활고로 세상을 떠난 작가 최고은 씨와 같은 직업을 가진 영화 시나리오 작가입니다. 몇 달 전에 이 친구가 제게 기도요청을 했습니다. 하지만 저는 당시 별로 기도를 안 해서 기도요청이 부담스러웠습니다. 그런데 이 친구가 너무 우울해 보여서 기도를 해야겠다는 생각을 했습니다. 그래서 다음날부터 매일 5~10분 정도 정기적으로 기도를 하기 시작했습니다. 그리고 성서를 각자 매일 한 장씩 읽고 일주일에 한 번씩 만나서 느낀 점을 나누자고 했습니다. 저는 전도서를 읽자고 했습니다. 우리의 우울증 극복에 도움이 될 법한 내용을 전에 얼핏 본 것 같아서였습니다. 근데 막상 집에 가서 전도서 첫 페이지 첫 문장을 보니 이런 문장으로 시작을 하는 것입니다. "헛되고 헛되며 헛되고 헛되니 모든 것이 헛되도다." 아~! 큰일났다. 이거 읽으면 나도 이 친구도 더 우울해지겠다 싶었습니다. 하지만 이 친구는 '전도서가 좋다. 바꾸기 싫다'라고 했습니다. 그래서 걱정은 됐지만 일단 전도서로 시작을 했습니다. 그런데 전도서를 읽다 보니 전도서의 내용이 너무 우울해서 저의 우울증을 전도서가 압도하는 경험을 하게 되었습니다.

그중 제 마음에 와 닿았던 구절 몇 개를 읽어드리겠습니다. "하늘 아래서 억울한 일 당하는 사람들을 다시 살펴보았더니, 그 억울한 사람들이 눈물을 흘리는데 위로해주는 사람도 없더구나. 그래서 나는 아직 목숨이 붙어 살아 있는 사람보다 숨이 넘어가 이미 죽은 삶들이 복되다고 하고 싶어졌다. 그보다도 아예 태어나지 않아서 하늘 아래 벌어지는 악한 일을 보지 못한 것이 더 좋다고 생각되었다"(전도 4:1~3). 예전에 니체 강의를 듣다가 이 부분과 거의 같은 내용을 들었던 적이 있습니다. "인간에게 있어서 최선의 상태는 이미 이를 수 없는 곳에 있는데 그것은 바로 태어나지 않는 것이다. 하지만 차선이 있다. 그것은 빨리 죽는 것이다." 그때 저는 니체가 너무 염세적이라고 생각을 했습니다. 그런데 성서에 같은 내용이 있는 것을 보고 저는 적잖이 당황했습니다. 저의 당혹감은 이뿐만이 아니었습니다. 한 구절 더 소개하겠습니다. "착한 사람은 착하게 살다가 망하는데 나쁜 사람은 못되게 살면서도 고이 늙어가더구나. 그러니 너무 착하게 살지 마라"(전도 7:15~16). 착한 사람 망하고 못된 인간 잘되는 현재 대한민국의 상황을 그대로 묘사해 놓은 것 같았습니다.

저는 성서에 이렇게 솔직한 내용이 있는 줄은 꿈에도 몰랐습니다. 착하게 살지 말라? 태어나지 않는 게 더 낫다? 이게 과연 성서인가 하는 생각이 들었습니다. 하지만 성서의 내용이 항상 깨끗하고 아름다운 것만이 있는 것이 아니라 우리 삶의 더럽고 치사한 부분까지 사실대로 언급하고 있다는 부분이 저는 오히려 고마웠습니다. 희한하게도 이것이 제게는 위로가 되었습니다. 때로는 밝고 희망적인 이야기를 하는 것이 전혀 위로가 안 되고 오히려 '인생 더럽다!'라고 속시원하게 같이 욕해주는 친구가 더 고마울 때가 있습니다. 지나친 희망은 거짓말로 느껴지기 때문입니다. 인생이 헛되고 세상이 부조리하다고 말하는 전도서를 읽으니 하느님께서 전도서의 저자인 솔로몬을 통해 제게 이렇게 말씀하시는 것 같았습니다. "수연아! 인생 갑갑한 거다 안다. 내가 다 알고 있다. 미안하다. 모든 걸 삼켜버리는 자살충동, 사방에서 죽으라고 너를 향해 쉴 새 없이 대포알을 쏘고 있는 것 같은 상황. 그거 다 안다. 내가 미안하다, 수연아. 함께 세상을 욕하자! 나와 함께 울자!" 저와 함께 부조리한 세상을 욕하시는 하느님을 느낄 수 있었고 이것은 제게 큰 힘이 되었습니다.

사회변혁의 열정에 불을 지피다

두 번째 친구를 소개하겠습니다. 이 친구는 제 마음속에 잠들어 있던 혁명에 대한 열정에 불을 지피고 있는 친구입니다. 이 친구는 사회변혁운동에 많은 에너지를 쏟아붓고 있는 친구입니다. 교회에 와서 청년신도회 방에 앉아있으면 늘 ≪레프트21≫이라는 신문을 들고 와서는 한마디 합니다. "형! 이번에 신문 정말 재밌는 내용이 많아요. 혹시 관심 있으시면 하나 구입하실래요?" 그리고 평일에도 가끔 문자를 보냅니다. "형! 이번에 서울역에서 사람들이 아주 많이 오는 집회가 있는데 혹시 관심 있으시면 같이 가보실래요?" 사실 이 친구가 주는 신문은 한두 번 사보다가 말았고, 같이 가자는 집회는 한 번도 가본 적이 없었습니다. 집회를 같이 가자는 요청을 제가 매번 거절을 하는데도 이 친구는 쉬지 않고 매번 "혹시 관심 있으시면 같이 가실래요?"라고 말했습니다. 솔직히 좀 미안하고 부담스러웠습니다.

그러던 어느 날 이 친구가 회원으로 활동하는 '다함께'라는 단체에서 '튀니지 혁명과 21세기'라는 제목의 토론회를 했습니다. 이번에도 이 친구가 어김없이 "형, 혹시 관심 있으면 같이 갈래요?"라고 했습니다. 그때 저는 속으로 생각했습니다. '그래. 같이 가자는 말을 수도 없이 반복했는데 그래도 예의상 한번은 가봐야 하지 않겠나?' 미안한 마음으로 갔습니다. 하지만 그날 그 토론회에서 전에 한 번도 구경 못한 전혀 새로운 종류의 희망을 볼 수 있었습니다. 튀니지 혁명의 한가운데 있었던 한 청년이 했던 말을 그날 토론회의 연사를 통해 전해 들었습니다. "혁명이 시작되면 세상이 뒤집힌 것처럼 보인다. 나를 때리고 착취하고 억압하던 경찰이 시위대 앞에서 힘도 못쓰고 도망친다. 우리를 핍박하던 공포스러운 정권은 이제 나약하고 작게 보인다." 혁명을 통해 세상이 뒤집어진다는 것은 과연 어떤 느낌일까? 저는 궁금하고 부러웠습니다. 그리고 이 부러움은 제 마음에 뜨거운 희망을 주었습니다. 그 이후에 저는 중동 혁명과 관련된 집회에 적극적으로 가게 되었습니다. 이번에는 이 친구에게 미안해서 간 게 아니라 제가 너무 가고 싶어서 갔습니다.

얼마 뒤 이집트 대사관 앞에서 집회가 있었습니다. 이 집회에는 100명 내외의 사람들이 모였습니다. 꽤 많은 수의 이집트인들이 집회에 참여했고, 이들은 본국의 가족들 생사도 모르는 상황에서 가슴 아프고 눈물 나는 투쟁을 하고 있었습니다. 이들의 절박한 표정과 뱃속부터 치고 올라오는 목소리가 제 심장을 강타했습니다. 말 한마디 안 통하는 생전 처음 보는 외국인들이지만 자유를 향한 이들의 강렬한 몸짓과 눈빛에서 살아 움직이는 힘찬 생명력을 느낄 수가 있었습니다. 한편 마음이 무거워졌습니다. 집회와 토론회에 참가하기 전에는 이집트 혁명을 마치 뉴스에 으레 나오는 재밌는 해외토픽 수준으로 느꼈기 때문입니다. 집회 이후에 집으로 돌아오는 길에 이 이집트 분들의 가족을 지켜달라고 또 혁명이 성공하게 해달라고 눈물로 기도했습니다. 그 후 며칠 뒤 이집트 대사관에서 2차 집회가 있었습니다. 이집트 현지에서는 군이 시위대 편으로 돌아섰고, 무바라크 정권의 힘이 약해지고 있었습니다. 대사관 앞 시위에 참가한 이집트인들의 표정이 예전보다 훨씬 안정되어 보였습니다. 다행이다 싶었고, 또 제 마음도 좀 가벼워졌습니다. 그리고 바로 그다음 날 새벽에 친구로부터 문자가 왔습니다. "형, 무바라크가 물러났대요." 황홀했습니다. 이집트 혁명에 제가 크게 도움이 된 것은 없었지만 그래도 저의 작은 눈물과 잠깐의 기도가 지구 반대편에서 일어나는 이집트 혁명에 티끌만큼이라도 도움이 되지 않았을까 하는 생각에 심장이 터질 듯이 기뻤습니다.

청년신도회에서 만난 이 두 친구를 통해 저는 잃어버린 마음속의 혁명과 영성을 회복해가고 있습니다. 예수님처럼 완벽한 영성가 그리고 혁명가가 되지는 못하겠지만 그래도 제가 하는 짧은 기도와 작은 투쟁이 저의 영혼에 드리워진 어둠의 그림자를 차차 걷어내고 있습니다. 더 나아가서 사람답게 사는 삶, 열정으로 사는 삶을 향해 천천히 나아가고 있습니다. 영성과 혁명을 동시에 품고 있는 예수님. 그런 예수님을 닮아가자는 권유를 여러분께 하고 싶습니다.

소통의 영성 | 김사라 |

레위기 19:1~2/9~18, 고린토전서 3:10~11/16~23, 마태오복음 5:38~48

개인영성과 사회운동

　저는 한의학을 공부하고 있으며, 올해는 세계의 공동체들을 방문하고 제3세계 국가들을 여행하고 싶어서 휴학 중입니다. 얼마 전 새날청년회에서는 뜨거운 토론이 이뤄진 적이 있습니다. '우리 교회와 다른 교회의 차이는 무엇인가?', '우리 교회 안에서 개인 영성이 너무 무시되고 있는 것이 아닌가?' 이러한 토론은 향린교회에서 오랫동안 성장해온 친구들과 다른 교회에서 성장한 친구들 사이에서 여러 이야기를 낳았고, 이는 '개인 영성'과 '사회 구원'이라는 토론으로 이어지게 되었습니다.

　저는 저의 조금은 특이한 배경 덕분에 이러한 질문에 대해 미리 고민했었고, 이에 대한 저의 생각을 친구들에게 이야기할 수 있었습니다. "얘들아, 내가 발견한 것은 하느님은 공의의 하느님이시자 사랑의 하느님이시라는 거야. 그리고 이러한 공의와 사랑, 다르게 대입해보면 사회운동과 개인 영성은 절대 분리될 수 없다고 생각해. 성경에서도 율법학자가 예수께 가장 중요한 계명이 무엇이냐고 물었을 때, '주 너희 하느님을 사랑하고 네 이웃을 네 몸과 같이 사랑하라'라고 말씀하셨잖아. 즉, 예수님께서도 하느님에 대한 사랑으로 표현되는 개인 영성과 이웃에 대한 사랑으로 표현되는 사회 영성을 함께 말씀하신 것 같아. 한국 사회에서 둘은 마치 반대편에 서 있는 것처럼 느껴지지만, 내가 만나본 깊은 영성을 소유한 분들은 사랑에서 시작했건 공의에서 시작했건 그 반대편에 맞닿아 있더라구."

저의 이야기에 많은 친구들이 공감을 해주었고, 저는 이러한 내용으로 하늘뜻펴기를 준비하기 시작했습니다. 그러나 저는 하늘뜻펴기를 준비하는 가운데 '사랑과 공의'라는 깨달음도 중요하지만, 제가 그러한 생각을 하게 된 콘텍스트(context), 즉 배경 그 자체도 매우 중요하다는 새로운 시각을 얻을 수 있었습니다.

제가 아까 저의 배경이 조금 독특하다고 말씀드렸습니다. 제 이야기를 조금 해보자면, 저의 아버지께서는 한국 역사를 전공하시고 다시 신학을 전공하신 분입니다. 향린교회에서 전도사님으로 계셨고, 또한 이곳에서 목사 안수를 받으셨습니다. 제가 중학교 때부터 향린교회를 다니게 된 이유도 아버님을 따라 교회를 나가기 시작했기 때문입니다. 저는 아버님 밑에서 사회 영성과 정의의 하느님에 대해서 배웠다고 생각합니다. 저희 어머님 또한 신학을 전공하신 분으로, 전도사님으로 계시면서 여러 가정상담 사역을 해오셨습니다. 저는 이러한 어머님 밑에서 개인 영성과 사랑의 하느님에 대해서 배웠다고 생각합니다.

실천하는 사랑에서 배우다

그런데 그보다 더 큰 영향을 미친 것은 '한국 누가회'라는 대학교 동아리 활동이었습니다. 제게 정의의 하느님, 공의의 하느님을 심도 깊게 가르쳐준 곳이 어려서부터 다닌 향린교회라고 한다면, 제게 사랑의 하느님을 깊게 깨닫게 해준 곳은 '한국 누가회'라고 할 수 있습니다. '한국 누가회'는 전국의 의대, 치대, 간호대, 한의대생으로 이루어진 기독교 동아리입니다. 저는 학교에서 기독교인이라는 사실이 알려지면서 자동가입이 되었는데요, 처음 저에게 '한국 누가회'는 낯섦 그 자체였고, 또한 그를 통한 괴로움 그 자체였습니다. 낯선 찬양과 낯선 말씀, 낯선 기도 때문에 예배를 드려도 오히려 하느님과 멀어진 느낌이었고, 동아리 사람들과 이야기를 하고 있노라면 제가 마치 '이방인'이 되어버린 느낌이었습니다.

처음에 저는 이러한 누가회를 회피해버리고 싶었습니다. 그래서 예배도 안 나갔고, 또 어떻게 하면 동아리를 탈퇴할 수 있을까 고민하기도 했습니다. 그러나 의료시설이 낙후된 곳에서 의료 활동을 자원하는 선배님들을 만나면서, 저는 단순히 타자가 회피해야 할 대상이 아님을 깨달을 수 있었습니다. 물론 그렇다고 처음부터 예배 문화라든지 사고의 차이가 좁혀진 것은 아니었습니다. 그러나 점차 시간이 지나면서 저는 많은 것을 배우게 되었습니다. 그리고 그것은 전적으로 사람들과의 만남을 통한 것이었습니다.

한 가지 일화를 말해볼까 합니다. 제가 경주에 있었을 때, 저희 동아리 친구들은 매일 함께 모여 기도를 했습니다. 그런데 하루는 제가 신입생일 때였는데, 동아리회장 오빠가 '과외 자리가 들어오게 해주세요'라는 기도제목을 낸 적이 있습니다. 제가 그 이유를 묻자, 오빠는 신입생들에게 밥을 사주며 함께 이야기하고 싶은데 그러려면 돈이 필요하기 때문이라고 대답하였습니다. 저는 상당히 감동을 받았는데요. 그 오빠가 실제로 홀어머니를 모시며 늦은 나이에 다시 한의대에 입학한 사정을 알고 있었기 때문입니다. 이러한 '사건'들을 통해서 저는 머리로가 아닌 가슴으로 사랑의 하느님을 깨닫게 되었습니다. 그리고 동아리 사람들과 함께 기도하고 예배하고 찬양하는 가운데, '있는 그대로 용납받고 사랑받음'을 깊게 경험하였으며, 저 또한 무엇보다 타인을 '있는 그대로 용납하고 사랑하는 법'을 배울 수 있었던 것 같습니다.

안병무 선생님 평전에서 이러한 이야기를 읽은 적이 있습니다. 안병무 선생님이 청년 시기에 설교자로 있을 때 소아마비 환자에게 복음을 전했다고 합니다. 그런데 집 밖으로 나가기 싫어하던 그녀가 외출도 하고 사람들과 교제하는 등 엄청나게 변화하게 됩니다. 안병무 선생님은 자신의 설교를 통해서 그녀가 변했다고 자부하였는데, 후에 그녀의 일기를 보고 충격을 받게 됩니다. 왜냐하면 안병무 선생님은 그녀의 일기 가운데서 그녀를 바꾼 것은 '안병무 선생님이 아니라 선천댁, 즉 환자였던 그녀와 매일 삶을 함께했던 안병무 선생님의 어머님'이었다는 것을 깨달았기 때문입니다. 제게는 한국 누가회가 매일매일 함께 하는 삶과 사랑을 통하여 소아마비 환자를 바꾼 선천댁처럼 느껴졌습니다.

타자와 소통하기 위해

그런데 하루는 이처럼 '선천댁과의 만남'으로 여겨지는 '한국 누가회'와의 만남이 '타자와의 소통'이었다는 깨달음을 얻을 수 있었습니다. 제가 읽게 된 『장자, 차이를 횡단하는 즐거운 모험』이라는 책에서는 타자와의 만남과 소통에 대해서 이야기를 하고 있었는데, 이 책을 읽으면서 저는 지금은 선천댁처럼 느껴지는 '누가회'가 처음에는 완전한 타자였다는 사실을 깨달았습니다.

'타자'란 여러 철학자들의 정의가 있지만, '나와 공동체의 규칙을 공유하지 않는' 사람입니다. 그런데 실제로 타자는 우리가 인정하건 인정하지 않건 우리에게 역겨움을 유발시키는 존재이며 또한 참을 수 없는 존재라고 합니다. 제게는 저와 공동체 규칙을 공유하던 향린교회는 '우리'인 반면 '한국 누가회'는 '타자'였던 것이지요.

이러한 타자와의 만남에서 우리가 취할 수 있는 태도는 몇 가지가 있습니다. 우선 가장 편한 '피하기'가 있을 수 있고, 나의 환상 속에서 '타자'를 부인하기가 있을 수 있습니다. 이 두 가지는 진정으로 타자와 마주치지 않는다는 점에서는 사실 하나라고 할 수 있습니다. 이와는 다르게 진정으로 '타자'와 만나는 것이 있는데, 철학자들은 이러한 만남을 '목숨을 건 비약'이라고 설명하고 있습니다. 왜냐하면 타자와 나 사이에는 깊은 단절이 있어서 '제대로' 된 소통조차 이뤄질 수 없기 때문입니다.

저는 이러한 타자성을 생각하면서 조금은 발칙하게도 교회 어른 분들과 새청을 생각해보았습니다. 우리는 모두 '향린'이라는 규칙을 공유하는 '우리'입니다. 그러나 조금만 더 자세히 살펴본다면, 우리 가운데에서도 존재하는 타자성을 발견할 수 있습니다. 특히나 교회 어른 분들과 새청은 서로 다른 세대를 살아왔기 때문에 그만큼 서로 다른 여러 규칙들을 가지고 있다고 생각합니다. 실제로 우리가 얼마나 대화하기가 힘이 드나요? 일단은 대화할 기회가 없고, 또 전교인 수련회에서 마주친다고 해도 서로 다른 세대에 속한 분들과는 20분 정도 말하다 보면 할 이야기가 없습니다.

이렇게 대화하기조차 힘든 우리는 왜 서로를 만나야 할까요? 철학자들은 말합니다. '타자와의 만남'이란 겉으로 보기에 두려움과 절망감이지만, 실제로는 우리의 지평을 넓혀주는 축복이라고요. 우리는 스스로를 자각하기 힘듭니다. 나의 사고나 행동은 너무 당연한 것이기 때문입니다. 우리가 '나'를 깨닫는 손쉬운 방법이 있다면, 그것이 바로 타자와의 만남입니다. 타자가 주는 낯섦 때문에 우리는 스스로를 대상화하여 보는 눈을 얻을 수 있는 것입니다. 그리고 이러한 나에 대한 깨달음은 나에 대한 버림으로 이어집니다. 내 안에 있던 불필요한 것들은 버리면서 내가 더 넓어지게 되는 것이지요.

우리 안의 소통을 위하여

향린 안에서 청년들과 장년들 또한 새롭게 만나보면 어떨까요? 장년들은 청년들을 만나면서 자신의 삶에서 일부 '껍데기가 되어버린' 부분을 발견할 수도 있을 것입니다. 또한 청년들의 타오르는 열정을 함께 나눠 가질 수도 있을 것입니다. 이에 반해 청년들은 장년들과의 만남을 통해 물질적이고 자본주의적인 문화 가운데에서 존재하는 자신의 삶에 대해 반성할 수도 있을 것입니다. 또한 어르신들의 삶 속 지혜를 배울 수 있을 것입니다. 그러나 이러한 만남은 쉬운 일이 아닙니다. 그래서 철학자들은 이러한 만남을 '목숨을 건 비약'이라고까지 표현했던 것입니다. 그런데 저는 이번 하늘뜻펴기를 준비하면서 '타인과 만나기 위한 예수의 노력'을 마태오복음 본문에서 느꼈습니다. 예수께서 말씀하십니다. "너희가 너희를 사랑하는 사람들만 사랑한다면 무슨 상을 받겠느냐? 세리들도 그만큼은 하지 않느냐", "또 너희가 너희 형제에게만 인사한다면 남보다 나을 것이 무엇이겠느냐? 믿지 않는 사람도 그렇게 하지 않느냐?"

이와 같은 본문을 이렇게 적용해본다면 어떨까요? "청년들이 청년들끼리만 이야기하고, 장년들이 장년들끼리만 이야기한다면 교회가 세상보다 나을 것이 무엇이냐? 세상에서도 그렇게 하지 않느냐."

예수께서는 또한 말씀하십니다. '오른뺨을 맞으면 왼뺨도 돌려대며, 원수를 사랑하고 자신을 핍박하는 사람들을 위하여 기도하라'고 말입니다. 저는 이것을 타자와 만나기 위한 예수의 인내와 노력이라고 생각했습니다. 만일 어떤 이가 오른뺨을 맞고 나서 '저 죽일 놈, 내가 다시는 저 자식하고 만나나 봐라' 이렇게 생각하고 뺨을 때린 이를 다시는 만나지 않았다면, 뺨을 때렸던 이의 삶은 과연 변할 수 있을까요? 그러나 만일 뺨을 맞은 이가 다시 왼뺨을 돌려댔다고 생각해보면, 뺨을 때리는 이는 생각을 하게 될 것입니다.

'어라, 이상한데. 저 사람은 나와 다르네. 저 사람에게는 도대체 뭐가 있는 것일까?' 그리고 그러한 만남이야말로 진정으로 뺨을 때리는 이의 삶을 변화시킬 것입니다. 그러나 이러한 변화는 실제로는 뺨을 돌려대는 이의 인내와 노력을 요구합니다. 뺨을 한 대 맞은 이는 생각해보면 얼마나 아프고 화가 나겠습니까?

이렇게 인내와 시간을 요하는 타자와의 만남. 향린교회 어르신 분들에게 묻고 싶습니다. 진정으로 청년들과 만나기를 원하십니까? 그리고 우리 청년들에게 묻고 싶습니다. 진정으로 교회 어르신 분들과 만나기를 원하십니까? 우리는 어떤 노력으로 서로를 만날 수 있을까요? 저는 이현주 목사님 시를 읽으며 이번 하늘뜻펴기를 마무리지으려고 합니다.

「우리는 서로 만나 무얼 버릴까」 _ 이현주

바다 그리워, 깊은 바다 그리워
남한강은 남에서 흐르고
북한강은 북에서 흐르다가
흐르다가 두물머리 너른 들에서

남한강은 남을 버리고
북한강은 북을 버리고
아아, 두물머리 너른 들에서
한강 되어 흐르는데

아름다운 사람아, 사랑하는 사람아

우리는 서로 만나 무얼 버릴까?

설레는 두물머리 깊은 들에서

우리는 서로 만나 무얼 버릴까?

바다 그리워, 푸른 바다 그리워

우리는 서로 만나 무얼 버릴까?

제9장

나를 다듬어 변혁의 주체로

교회갱신

그러나 너에게 나무랄 것이 한 가지 있다. 그것은 네가 처음에 지녔던 사랑을
버린 것이다.
그러므로 네가 어디에서 빗나갔는지를 생각하여 뉘우치고, 처음에 하던 일들
을 다시 하여라.

요한묵시록 2:4~5

평신도가 본 기독교 개혁 | 피경원 |

창세기 12:1~4

오랜만에 이 자리에 서는 것 같습니다. 2년 전 집사 직분을 반납하고 나서 예배시간 감사기도 순서를 맡지 않게 되어 내심 좋았는데, 결국은 훨씬 무거운 짐을 지고 서게 되었네요. 제가 집사 직분을 반납했던 것은 진정한 의미의 집사 역할을 제대로 해낼 자신이 없어서이기도 했지만, 교회 내에 장로, 권사, 집사 등등의 직분이 역할분담보다는 무슨 신분이나 서열로 여겨지는 한국 교회문화에 대한 반감 때문이기도 했습니다. 평신도 주도적 내지는 평신도 중심적 가치를 표방하는 우리 교회에서 상대적으로 서열화의 요소가 적은 것은 사실입니다. 다만, 교회 활동을 다수가 조금씩 분담하기보다는 소수에게 편중되는 현상은 여전하고, 장로니까, 권사니까, 집사니까 무엇 무엇을 해야 한다는, 다시 말해 '자리'가 사람을 만든다는 세속적 가치가 관철되는 것이 가끔 보여 싫었을 뿐입니다. 남녀노소를 불문하고 다 같이 아무개 선생님 하고 부르며 서로 존중하던 과거의 향린으로 돌아가는 것은 실현하기 어려운 희망사항일까요?

1517년 마르틴 루터가 95개 조의 반박문을 붙인 역사적인 사건을 기념하여 기독교개혁주일로 오늘을 지키지만, 저는 루터가 했던 진정한 의미의 위대한 일은 그가 도피 시절에 독일어로 성서를 번역하여 평신도에게 성서를 돌려준 것이라고 생각합니다. 그보다 훨씬 전에 존 위클리프가 성서를 영어로 번역한 일이 있었지만 수고가 많이 드는 필사본이기 때문에 보급이 제한적이었을 것입니다. 루터 이후에 유럽 곳곳에서 개혁가들이 자기 나라 말로 성서를 번역하였고, 구텐베르크 인쇄기술과 맞물려 성서가 빠른 속도로 배포된 것은 주지의 사실입니다. 평신도들이 자기 나라 말로 성서를 접하게 되면서 그동안 몰랐던 뜻밖의 소식, 즉 복음을 알게 되었고, 이를 통해 하느님의 말씀의 역사(役事)가 다시 살아나면서 근대로 향하는 변혁의 역사가 새롭게 일어나게 된 것입니다. 루터의 기독교(종교) 개혁 사건은 이후 수백 년간에 걸쳐 의무교육, 봉건적 신분제 철폐, 시민혁명 등 근대시민사회로 이행하는 데 있어 중요한 정신적 자양분을 공급하게 됩니다. 물론 오늘날의 개신교는 새로운 '사제 계급의 출현', '도그마화', '교권에 대한 신봉' 등으로 다시 개혁의 대상으로 전락해버렸지만 말입니다.

모든 종교가 다 마찬가지이겠지만 하느님 사랑과 인간 사랑의 근본정신을 망각하면서 발생하는 현상이 사치스런 예배공간, 복잡한 전례, 방어용 교리 등과 같은 겉치레가 늘어나고 규칙을 만들어 자유로운 소통을 가로막는 것입니다. 서로의 차이를 존중하기보다는 차이점을 부각하여 서로 대적하면서 자기정체성을 세우려 하기 마련이고, 심하면 서로를 죽이는 짓도 서슴지 않지요. 특히 오늘 본문에서 읽은 '믿음의 조상' 아브라함을 뿌리로 하는 일신교들, 즉 유대교, 기독교, 이슬람교가 정말 전투적입니다. 전 세계적으로 유대교도가 1천 5백만 명, 이슬람교도가 13억 명, 기독교도가 22억 명 정도로, 다 합치면 전 세계 65억 인구의 절반 이상이니 본문의 "나는 너를 큰 민족이 되게 하리라"는 예언이 실현된 게 맞습니다. 하지만 하나의 하느님을 섬기면서 이렇게 민망하리만치 서로 적대적이니 아브라함이 지하에서 땅을 치며 통곡할지도 모르겠습니다.

이에 반해 개혁가들은 종교의 근본정신을 대중들이 알아듣기 쉽게 가르쳐주었고 말과 행동이 일치했으며, 규칙은 간단명료했기 때문에 매우 유연하고 포용적이었습니다. 성서를 평신도에게 돌려준 루터의 경우에도 후대에 비판받지요. 자유와 해방 정신에 도취된 재세례파들과 연관되어 있는 독일 농민들의 반란을 탄압하는 데 앞장섰기 때문입니다. 반면에 예수님의 비유는 당시 무식한 농부들의 언어로 구성되어 있었습니다. 안식일의 주인은 사람이라고 가르치고 안식일에 적극적으로 사랑을 실천하셨지요. 예수님께서 가르쳐주신 기도는 얼마나 간단합니까? 군더더기 하나 없이 모두 쉬운 말로 되어 있습니다. 성 프란체스코는 제자들에게 성서의 다른 것은 필요하지 않고 오로지 산상수훈만 읽고 그대로 행하라고 가르쳤다고 합니다. 복음은 그에게 있어 단순히 삶의 공식이었고, 그는 당대의 유식한 문화에 대한 반대 명제를 생활 속에서 실천했다고 합니다. 복음을 어떤 알레고리 같은 것을 사용하지 않고 글자 그대로 일반 민중들이 알아듣기 쉽게 선포하였습니다. 그는 해석이나 주석이 복음의 힘을 거세시킬 뿐이라는 걸 잘 알고 있었습니다. 따라서 그를 종교개혁, 민중교회의 선구자로 평가하는 주장도 쉽지 않게 접할 수 있습니다. 그는 모든 이에게 굴복하여 모든 이를 하나같이 섬겼고, 도둑이나 맹수에게 축복을 베풀 만큼 포용적이었습니다. 옛날 우리나라에서도 신라의 개혁가 원효대사는 깨달은 바를 세상에 나눠줄 수 없다면 팔만대장경도 '고름 닦는 걸레'에 불과하다고 보고, 〈무애가(無碍歌)〉라는 누구나 따라 부를 수 있는 단순한 노래를 부르면서 중생구원에 나섰지요. 그는 부처와 중생을 둘로 보지 않았으며, 오히려 "무릇 중생의 마음은 원융하여 걸림이 없는 것이니, 태연하기가 허공과 같고 잠잠하기가 오히려 바다와 같으므로 평등하여 차별상(差別相)이 없다"라고 하였다고 합니다. 그러므로 그는 철저한 자유가 중생심(衆生心)에 내재되어 있다고 보았고, 스스로도 어디에도 걸림이 없는 철저한 자유인이 될 수 있었으며, 그 어느 종파에도 치우치지 않고 보다 높은 차원에서 일승과 일심을 주장하였다고 합니다.

예수님, 성 프란체스코, 원효대사…… 이분들 앞에서 우리가 불완전하고 노쇠하다는 걸 발견하게 되는 건 무엇 때문일까요? 이들은 아주 먼 옛날 각기 다른 곳에서 살았던 분들이지만, 우리에게는 여전히 새로운 자요, 우리 모두가 찾고 있는 미래를 지닌 자들로 보입니다. 이분들이 추구한 개혁과 해방 프로그램의 핵심에는 "인간의 혁명"이 있었다고 봅니다. 인간혁명을 성서 용어로 하면 '회개' 또는 '거듭남'이라고 할 수 있습니다. 30여 년 전 안병무 선생님도 모든 제도나 조직의 변혁보다 인간혁명이 앞서야 한다고 말씀하셨습니다. 저도 이 부분에 대해 전적으로 동의합니다. 우리 교회에서는 1년 전 정관을 제정했고, 최근에는 실천적인 내용을 담은 신앙고백문을 새로 만드는 작업을 개시했습니다만, 개인적으로는 그다지 달갑지 않은 게 제도 개혁에만 그치고 여기 모인 한 사람 한 사람의 내적인 자각과 실질적인 변화에는 미치지 못할까 우려되어서입니다. 오히려 이런 것들을 만들어만 놓고 우리의 개혁의 소임은 다했다는 자기만족에 빠질 위험조차 없지 않습니다. 기독교의 개혁은 제도나 조직의 변혁에 앞서 개개인의 회개와 거듭남이 있어야 할 것입니다.

거듭나는 것은 어떤 점진적인 개선의 길이 아니라 철저한 삶의 혁명을 뜻합니다. 철저히 새로운 존재가 되어야만 미래의 세계에 참여할 수 있다는 말입니다. 지금의 것들을 그대로 안고 간다면 새로운 존재가 되거나 새 세대에 참여할 것을 기대할 수 없습니다. 오늘 창세기 본문에 나타난 바와 같이 "네 고향과 친척과 아비의 집을 떠나 내가 장차 보여줄 땅으로 가거라" 하시는 야훼의 분부에 대해 아브라함이 두말없이 그대로 따라 길을 떠나는 이야기와 같은 상황이지요. 정처 없는 떠돌이 생활 가운데 그는 많은 어려움도 겪고, 인간적으로 비겁한 모습도 보이기도 했지만, 결국 그는 하느님에 대한 믿음의 정수를 몸소 보여주었고 후대에 '믿음의 조상'으로 추앙받게 되었습니다.

그런데 과연 거듭난다는 것이 가능한 일일까요? 저는 불가능하다고 봅니다. 동구권과 소비에트의 붕괴 이후 급진적 혁명운동이 퇴조를 보이던 시기에 제가 몸담았던 기독교 동아리는 해방의 이념이 아닌 수도원적인 영성을 통해 힘을 얻고자 수도원을 찾아다니면서 다양한 영성훈련법을 배웠고, 저도 무수한 영성서적들을 읽으면서 내적인 수양 속에서 더욱 비장한 결심을 하게 되었습니다. 도시에 살면서 광야생활을 하는 훈련을 거듭했었습니다. 그러나 취업하고 결혼하여 가정을 꾸리고 살면서 처음의 결심이 갈수록 약해졌습니다. 신앙생활과 사회생활이 말대로 쉽게 통일되지 않았습니다. 도시의 광야생활이 힘들어지고 자꾸 변명의 논리만 늘어가고 무기력해져 갔습니다. 새로운 존재가 되기로 결단한 나는 왜 나를 무기력하게 만들고 돈의 노예가 되게 만드는 자본주의 구조를 변혁하는 입장에 서지 않는가? 그것은 "현재"에서 얻은 것, 얻은 자리, 기득권을 절대로 고수하려 함으로써 그것의 노예가 되었기 때문입니다. 새로운 존재가 되면 "현재"라는 기존 질서에서 소외되어 버립니다. 그와 더불어 나의 온갖 기득권도 박탈당하게 됩니다. 인간이 만든 제국적 체제의 힘이 너무나도 강하다는 걸 느끼며 절망합니다. 그에 비하면 나라는 존재는 정말 미약하구나……. 작년 초 우리 집 소유권 등기를 하면서 갈수록 커가는 중력의 힘을 느꼈습니다. 나는 가난한 형제들을 섬기고 희생할 수 있는가? 다른 한편으로는 풍족한 생활을 유지 또는 개선하기 위해 경쟁사회에서 남보다 앞서려고 달리면서…… 그러면서 무슨 여유로 형제들을 도울 수 있을까? "현재"의 가치에서 내 삶을 보장받으려고 노력하는 한 새로운 존재로 거듭나는 것은 기대할 수 없습니다.

예언자들은 새로운 세계가 오고 있다고 꿈꾸었고, 그 꿈을 그대로 선포하였습니다. 예언자들의 메시지를 읽거나 예수님, 성 프란체스코, 원효대사의 이야기들을 접하면 가슴이 뜨거워집니다. 세상을 벗어나는 것, 다른 이들을 보다 지성으로 섬기는 것, 가난한 이들과 보다 다정하게 살고, 자연을 보다 훌륭하게 존중하는 새로운 세계가 정말로 오는 것처럼 믿어지거든요. 그러나 정작 약속의 땅으로 인도하는 부르심에 대해서는 주저주저하는 나 자신을 봅니다. 나를 유혹하는 "현재", 다시 말해 "이집트의 고기 가마"에 머물고 싶고, 다가올 새로운 세계를 성취하기 위한 투쟁의 길에는 당연히 크고 작은 고난이 따를 것이기 때문입니다. 나 자신이 이렇게 고뇌하다 주저앉아버리는 니고데모인데 무슨 자격으로 거창하게 기독교 개혁의 이념이나 이상을 논하겠습니까? 제국적인 체제 앞에서 연약한 존재인 우리 모두에게 인간을 신뢰하고, 자비롭고 선하신 하느님을 신뢰할 수 있는 믿음을 달라고, 제국적인 체제를 떠나는 새로운 선택을 실천할 수 있는 용기를 달라고 기도할 따름입니다.

내가 만난 향린 | 박용식 |

창세기 3:7~9, 로마서 8:28~30

저는 올해 36살로 희년청년회 소속입니다. 교회에 출석한 건 94년부터니까 꽤 오래됐지만, 직장관계로 8년 넘게 강원도를 전전하다 보니 교회에서 쌓은 내공으로 따지면 신입회원이나 별반 다를 게 없습니다.

요즘 제가 다니는 회사가 안팎으로 어렵습니다. 작년에 600억이 넘는 적자를 내 대외적인 신뢰가 떨어졌고, 회사 내부에선 이 문제를 놓고 노사 간에 또 직종 간에 책임 공방이 끊이지 않고 있습니다. 팀장은 간부회의 석상에서 한 임원이 했던 말을 전했습니다. "지금 회사 사정이 어렵고 의견충돌이 심한 상황이지만 '모든 것이 합력하여 선을 이룰 것'이라는 말처럼 참고 기다리면 활로가 보일 테니 묵묵히 자기 일에 충실하라"고 하시더군요. 어디서 많이 들어본 말이었습니다. 어릴 적부터 내가 힘들어 할 때마다 어머니께서 들려주시던 그 구절, 바로 로마서 8장 28절이었습니다. 그 순간 제 머릿속에는 잊고 있었던 과거의 기억들이 살아났습니다.

밑도 끝도 없는 고민으로 꽉 차 있었던 고교 시절, 겉으로 평범하고 멀쩡

하게 보였을지 모르지만 마음 한복판은 세상에 대한 온갖 불만으로 가득찬 반항기 많은 학생이었습니다. 의대 진학을 바라시던 어머니의 뜻대로 2학년 들어 이과를 선택했지만, 제 뜻은 정반대 쪽에 있었습니다. 영어, 수학책 대신 지금은 제목도 기억 안 나는 철학서적, 종교서적들을 탐독했습니다. 그러기를 1년. 3학년 진학을 앞두고 저는 어머니에게 폭탄선언을 했습니다.

"엄마, 저 의대에 갈 생각 전혀 없거든요……. 아니, 대학에 갈 생각이 없습니다."

"그럼, 뭐 하고 싶니?"

"구도자의 길을 걷고 싶습니다."

순간 할 말을 잃으신 어머니는 다음날 예언의 은사를 받았다는 용한 전도사님 한 분을 모시고 오셨습니다. 그 전도사님은 제 머리에 손을 얹고 한참 동안 방언으로 기도하신 후 땀을 닦으시면서 말씀하셨습니다.

"철학과를 간 후 신학을 하리라."

그 순간 어머니와 저는 동시에 깜짝 놀랐습니다. 아니, 전혀 내 고민을 사전에 말한 적이 없는데 어떻게 이런 말씀을 하시지……. 용하다더니 진짜구나…….

어쨌든 저는 이 사건을 계기로 이과에서 문과로 옮겨 3학년을 시작했습니다. 사실 대학에 가고 싶은 생각이 전혀 없었지만, 부모님에 대한 최소한의 예의도 있고, 전도사님의 예언도 있고 해서 철학과를 지원하기로 마음먹었습니다. 어느덧 대학입학 원서를 쓰는 날이 왔고, 담임선생님의 반대를 무릅쓰고 철학과를 선택했습니다. 옆에서 보던 담임선생님께서 2지망, 3지망도 쓰라고 하셔서 모두 철학과로 써 넣었더니 그렇게 무성의한 게 어딨냐며 "비슷한 과로 다른 거라도 써. 거기 옆에 신학과 있네." 그러면서 자기 손으로 직접 신학과를 쓰시더군요. 그러고 보니 제가 지원한 학교에는 철학과와 신학과가 모두 있었습니다. 속으로 좀 신기하다는 생각이 들었지만, 당시엔 별다른 느낌이 없었습니다.

그리고 얼마 후 시험을 치렀고, 시험이 좀 어려웠다 싶었지만 까짓거 장학금 안 받으면 되지, 뭐 이런 심정으로 합격자 발표를 기다렸습니다. 그런데 합격자 발표 당일 서울에 있던 삼촌에게서 합격자 명단에 제 이름이 없다는 전화가 왔습니다. 순간 약간 고개를 갸우뚱했지만 차라리 잘됐다는 생각이 들었습니다. 어차피 대학은 내 길이 아니었구나. 하지만 어머니는 바로 돌아누우셨습니다.

그런데 30분 후에 다시 삼촌에게서 걸려온 전화. "야, 네 이름 간신히 찾았다. 신학과 맨 끝에 있더라!" 잠시 마음을 진정시키고 찬찬히 생각해보니 그 당시로부터 1년 전에 용한 전도사님이 말씀한 예언이 떠올랐습니다. "철학과로 간 후 신학을 하리라." '그 말은 다시 말해 1지망 철학과, 2지망 신학과 합격이라는 말이었구나!' 어쨌든 저는 오묘하신 하나님의 섭리에 감탄하며 신학과 신입생으로 대학에 첫발을 내디뎠습니다.

그런데 대학생활은 시작부터 충격의 연속이었습니다. 신학을 주일학교 성경공부의 업그레이드 버전쯤으로 여기던 순진무구한 학생들에게 교수님들의 한 마디 한 마디는 너무도 가혹했습니다. 신입생 오리엔테이션에서 한 학생이 용기를 내서 교수님께 질문을 던졌습니다. "교수님, 천국이 있다고 생각하십니까?" 교수님 왈 "글쎄, 아직 안 죽어봐서 잘 모르겠는데……." 그리고 여기에 한 술 더 뜨는 건 선배들이었습니다. 개강하자마자 신입생들을 모아놓고 한다는 말이 "전두환 조찬기도회에 참석해 살인마를 축복한 교회 목사들을 규탄하는 집회에 가자"는 것이었습니다. 아니, 감히 어떻게 목사님을……. 그것도 하나같이 명성이 자자한 대한민국 대표 목사님들을 정죄할 수 있단 말인가……. 신입생들은 오히려 선배들을 규탄했습니다. 더욱이 신학공부를 하자고 꼬셔서 가봤더니, 이건 신학을 가장한 사회과학으로 의식화 교육을 시키는 것이었습니다.

시간이 흐르면서, 선배들에 대한 의구심은 의식화 교육을 통해 어느덧 존경심으로 바뀌어갔습니다. 내 속에 자리 잡고 있던 사회에 대한 막연한 반항심은 학생운동으로 그 출구를 찾은 듯했습니다. 그리고 채 1학기가 끝나기도 전에, 20년 동안 쌓아온 신앙을 밑바닥부터 부정한 채 기독교를 떠나게 됩니다. 지금 생각하면 치기 어린 생각들이지만, 당시에는 모든 것이 확신에 차 있었습니다. 기독교가 세상을 구할 수 있는가……. 종교는 인민의 아편이라고 말했던 턱수염 기른 한 철학자의 생각은 곧 제 생각이 되었습니다. 그 후 3년을 각종 집회와 최루탄 연기 속에 보냈고, 세상의 벽에 수없이 좌절했습니다.

91년 강경대의 사망과 전국연합의 출범으로 마지막 불꽃을 태운 학생운동은 너무도 순식간에 사그라졌고, 92년 어느 봄날, 저는 머리를 깎고 입영 열차에 몸을 실었습니다. 2년 3개월 간의 감옥 같은 군 생활을 마치고 돌아와 보니, 세상은 너무도 많이 변해 있었습니다. 모두 언제 그랬냐는 듯이 너무도 평화롭게 살고들 있더군요. 동지는 간 데 없고, 깃발도 나부끼지 않는 학교는 저에게 아무런 의미도 없는 곳이었습니다.

이런 저를 보고 있던 한 친구가 저에게 교회 한 곳을 추천했습니다. 너 같은 청춘들에게 딱 어울리는 곳이 있다는 겁니다. 향.린.교.회. 였습니다. 교회 이름은 낯설었지만, 홍근수 목사님에 대한 얘기는 어렴풋이 떠올랐습니다. 방송 출연 한번 잘못했다가 국가보안법으로 구속됐다는 슬픈 사연 말입니다. 저는 왠지 동료의식이 느껴졌고, 며칠 뒤 무작정 명동으로 향했습니다. 교회에 들어서자 이미 예배 시간은 지나 있었고 향우실에 몇몇 청년들이 모여 신나게 떠들고 있었습니다. 낯선 사람이 찾아왔는데도 아랑곳하지 않는 분위기였습니다. 좀 있으면 말을 걸겠지 했지만 어림없었습니다. 그러다 제가 먼저 다가가 어색하게 인사를 건넸고, 뒤풀이 한다길래 따라가 봤습니다. 그런데 이게 딱 내 분위기였습니다. 몇 년 동안 잊고 지내던 고향의

맛이었습니다. 그 이후로 향린에 출석하면서 진정한 의미의 기독교 신앙에 대해 고민하는 사람들을 만나게 되었고, 지금까지 여러분들의 가르침 속에 살아가고 있습니다.

다시 로마서 8장 28절 이야기를 해야겠습니다. 로마서는 바울로가 로마교회에 보낸 편지입니다. 제가 알기로 당시 로마교회는 여러 민족과 집단이 얼키설키 섞여 있던 곳이었습니다. 그래서인지 교회 안에서 서로의 주장이 부딪쳐 갈등이 끊이지 않았습니다. 어쩌면 한 교회 테두리 안에 있었을 뿐, 서로 다른 신을 섬기고 있는 듯한 분위기였을지도 모릅니다. 이때 바울로가 편지를 보낸 것입니다. 교회의 정체성을 강조하고, 갈등의 이유가 하나님 앞에서 하찮은 것에 지나지 않음을 환기시킵니다. 그리고 말합니다. "모든 일들이 서로 작용하여 좋은 결과를 가져올 것이다"라고 말입니다.

저에게 있어 이 구절은 세월과 더불어 여러 가지의 모습으로 다가옵니다. 앞서서 제 얘기를 장황하게 늘어놓은 것은, 좌충우돌하며 지극히 불합리한 존재로 살아온 나에게 이 성서 구절이 하나의 희망이며 위안이 되고 있다는 말을 하고 싶어서였습니다. 하물며 한 개인의 삶이 이처럼 복잡할진대, 사회, 국가, 더 나아가 세계의 문제는 더 말할 나위가 없을 것입니다. 진보와 보수, 세대와 세대 간에, 또 진보는 진보끼리 서로 옳다며 으르렁대는 모습을 우리는 심심찮게 보며 살고 있습니다. 중심을 잡기가 힘든 세상이 되고 있습니다.

그런 이 시대에 로마서 8장 28절은 도대체 무슨 의미로 해석돼야 할까? 공자가 말하는 중용의 길인가, 아니면 요즘 열린우리당이 좋아하는 중도주의 노선인가……. 그도 아니면 헤겔 할아버지가 주장한 정반합에 의한 변증법적 통일을 말하는 것일까? 로마서 8장 28절은 생각하기에 따라서 오해의 소지가 많을 수도 있습니다. 상황을 고려하지 않는 막연한 통합주의로 비춰지거나, 세상을 변혁할 힘도 용기도 없는 자들의 나약한 변명으로 들릴 수도 있겠습니다.

저는 이 문제에 대한 답이 예수의 십자가에 있다는 막연한 생각을 해봅니다. 스스로를 낮추고 죽음으로써 세상을 구원한다는 십자가의 길. 사실 저는 아직도 이 의미를 정확히 모르겠습니다. 아니, 어쩌면 평생 모를 것 같습니다. 그런 의미에서 저는 아직도 진정한 기독교인이 아닐지도 모르겠습니다.

다만 십자가를 생각하면 한 가지 떠오르는 단어가 있습니다. 조국을 등졌던 한 망명객이 쓴 에세이 『나는 빠리의 택시운전사』에 나오는 '똘레랑스'라는 프랑스어입니다. 굳이 우리말로 푼다면 '관용' 혹은 '타인에 대한 이해와 용서'가 아닐까 싶습니다. 이 책을 쓴 홍세화는 한마디로 세상에 의해 버림받은 자입니다. 버림받은 자의 용서는 희생을 전제로 합니다. 예수는 히브리 민중과 제자들에게 철저하게 버림받은 존재였습니다. 어쩌면 예수는 그당시 사람들과 너무도 다른 말과 행동을 보였기에 버림받았다는 생각이 듭니다. 예수가 다시 이 땅에 온다고 해도 우리는 그를 몰라보고 다시 십자가에 못박을지도 모릅니다.

향린 교우 여러분, 저는 감히 이 자리에서 우리 교회 안의 똘레랑스에 대해 말하고자 합니다. 우리는 향린교회가 한국 사회 어느 교회보다 민주적이고 진보적이라는 자부심을 갖고 있습니다. 그리고 그것은 상당 부분 사실입니다. 그러나 아이러니하게도 우리의 그런 높은 자부심 때문에 우리 안에서 놓친 사람들은 없었는지, 아니, 버린 사람들은 없었는지, 아니, 지금 이 시간에도 버려지고 있는 사람은 없는지 생각해보고 싶습니다. 제가 향린에 온후 10여 년 사이, 많은 사람들이 향린에 새로 들어왔지만, 반면에 보이지 않는 얼굴들도 많은 것 같습니다. 개개인의 여러 사정들이 있었겠지만, 떠난 사람들에게 마음의 빚을 느끼는 건 숨길 수 없을 것 같습니다.

저는 가끔 이런 생각을 해봅니다. 우리가 향린을 공동체라고 말하는데,

우리 공동체가 지향하는 공동의 선이라는 게 과연 있을까? 어쩌면 그건 환상일지도 모르겠습니다. 하지만 다시 생각해보면 이렇습니다. 우리 교회의 가장 중요한 사회적인 실천 중의 하나가 통일운동입니다. 우리가 통일을 얘기할 때 그것은 사상과 문화의 획일화가 아니라 아름다운 공존을 의미하는 것일 겁니다. 하느님께서 천지를 창조하신 후 "보시기에 좋았더라"라고 하신 바로 그 모습이 우리 공동체의 지향점이 아닐까 하는 생각을 해봅니다.

마지막으로 이런 기도를 드려봅니다.

"주여, 세상의 미천한 존재들을 모두 합하여 선을 이룬다는 당신의 뜻을 알게 하소서. 그리하여 우리가 서로의 허물보다는 아름다움을 보게 하시고 당신이 바라는 형상으로 향린공동체를 거듭나게 하소서. 아멘."

지금! 우리를 발견하기 | 강일국 |

사도행전 4:32~35, 요한 1서 1:1~7, 요한복음 20:1~10

저는 희년남신도회 회원이구요, 성가대 봉사를 하고 있습니다. 그리고 향기로운 이웃 합창단 '단장'입니다. 아시죠? 저는 최근 힘든 시간을 보냈습니다. 지금까지 평신도 하늘뜻펴기를 하신 분들은 잘 아시지요? 문제의 그날. 성가대 연습이 끝나고 제직수련회에 얼굴이라고 비치려고 했는데, 일이 이렇게 커질 줄은 몰랐습니다. 지금까지 힘든 시간을 보냈습니다. 꿈에서 조헌정 목사님도 몇 번 뵈었습니다. 힘든 과정이지만 평신도 하늘뜻펴기는 우리 교우들을 알아갈 수 있다는 점에서 좋은 제도라고 생각됩니다. 섬돌향린교회는 매주 평신도들이 10분씩 하늘뜻펴기를 한다고 합니다. 앞으로 우리 교회에서도 이런 제도를 도입하는 게 좋을 것 같습니다.

제가 오늘 말씀 드릴 것은 향린교회 60주년 기념 설문조사 내용과 함께, 우리 교회가 돌아보아야 할 점이 무엇인가 하는 것입니다. 재작년 설문지를 만들 당시 진지하게 논의하던 것이 기억납니다. 설문지 제작팀에서는 어떻게 하면 우리 교우들의 특징을 잘 드러낼 수 있을까, 혹시 잘못된 조사로 향린교회에 누를 끼치지는 않을까 노심초사하며 설문을 만들었습니다. 설문조사를 보면 개인별 특성, 교회활동, 신앙생활, 사회문제에 대한 시각 등이 자세하게 나와 있습니다. 첫 번째로 우리 교우들의 특성을 살펴보겠습니다. 먼저 우리 교우들의 출석기간을 보면요. 출석기간이 5년 이하인 교우와 16년 이상인 교우가 많습니다. 6년에서 15년 정도 출석한 교우는 상대적으로 적습니다. 허리가 약한 셈입니다.

향린교회에 출석하게 된 계기를 보면 스스로 찾아서 오셨다는 분이 48%로 가장 많았습니다. 나머지는 주변의 전도로 나온 분들이었습니다. 다른 교회에 비하면 본인의 선택으로 교회에 나온 비율이 매우 높은 편인 것 같습니다. 우리 교우들의 특성 중 가장 놀라운 것은 학력수준이 대단히 높다는 것입니다. 우리 교우들의 학력수준을 보면서 거의 기절할 뻔했습니다. 대개 연령이 높을수록 최종 학력이 낮아지는 경우가 많은데, 우리 교회분들은 연령이 높으신 분이나 적으신 분이나 학력 수준이 비슷합니다.

구체적으로 살펴보면요. 우리 교회는 70대 이상인 교우 중에 대학원을 나온 비율이 30%가 넘습니다. 제가 이분들이 대학원에 입학할 당시 통계를 확인해봤는데요. 우리 교회 교우들의 대학원 입학률은 당시 평균 입학률의 360배 정도였습니다. 우리나라에서 지금 70대 이상 되신 어르신들 중에 대학원 졸업 이상 학력을 가진 분들이 우리 교회에 모두 계신 게 아닌가 싶을 정도로 높은 비율입니다. 이렇게 학력이 높으니 세대를 막론하고 자기 논리가 대단히 강하다는 것을 알 수 있습니다. 한번 논쟁이 붙으면 상당히 치열할 것임을 예상할 수 있겠지요. 제가 처음 향린교회에 나왔을 때 머리가 하얀 어르신이 영어 성경을 읽고 계시더라구요. 와! 여기는 어르신들도 영어로 성서를 읽는구나, 제가 긴장을 했는데요. 나중에 보니까 거의 대부분 한글 성서를 읽으시더라구요.

우리 교회는 다양한 연령층이 고루 분포되어 있습니다. 연령별로 신앙생활을 어떻게 하시는가 보았는데요. 연령이 높을수록 개인적인 신앙생활에 열심이셨습니다. 기도, 성서읽기, 헌금하는 비율이 모두 연령이 많을수록 높았습니다. 성서읽기나 기도는 어르신들이 모범을 보이고 있다고 볼 수 있겠지요. 헌금과 사회기부를 하는 비율을 보면, 헌금을 많이 하는 교우들이 사회기부를 많이 하는 것으로 나타났습니다.

두 번째로 우리 교우들이 향린교회에서 느끼는 문제점입니다. 향린교회에서 느끼는 문제가 무엇이냐 하는 질문에 대해서, 교우들의 참여 부족이라고 응답한 비율이 34%로 가장 많았구요. 다음으로 20.3%가 세대 간 단절이라는 응답이 많았습니다. 실제 우리 교우들이 향린교회 모임에 참여하는 정도를 보면, 활동을 전혀 안하는 분이 32%구요, 1개 이상은 참여하는 교우가 약 70%였습니다. 기대치가 높은 편이네요.

향린교회의 사회참여 정도에 대해서는 어떻게 생각하는가 질문했는데요. 적절하다는 응답이 약 50%였는데요. 많거나 너무 많다는 응답은 35%로 부담을 느끼는 것으로 나타났습니다. 연령이 60대 이상이거나 20대 이하인 교우들이 상대적으로 부담을 많이 느끼고 있었습니다.

우리 교회에 학력이나 학벌로 인한 차별이 있는가 질문했는데요. 차별이 없다는 의견이 54%였지만, 46%의 교우들은 향린교회에도 차별이 있다고 응답하였습니다.

우리 교우들의 학력수준이 비교적 높은 관계로, 직업 지위에 있어서도 이른바 엘리트 문화를 형성하고 있는 편이라는 것은 부인할 수 없는 사실입니다. 학력, 학벌, 직업, 소득과 같은 조건들을 보고 사람들을 판단하지 않기 위해서는 편견 없이 서로를 이해하려는 노력이 더 필요한 것으로 보입니다. 차별을 없애려는 노력을 특별히 하지 않는다면 사회의 불평등한 차별이 우리 교회에서도 일어날 것이기 때문입니다. 노동자들을 위해 노력하지만 노동자가 적응하기 힘든 교회, 소외된 사람들을 위해 일하지만 소외된 사람이

다니기 어려운 교회가 되어서는 안 되겠지요. 혹시 그런 측면이 있는 것은 아닌지 생각해봐야 할 것 같습니다.

성소수자에 대한 인식에 대해서는 긍정적인 의견이 68%, 부정적인 의견이 21%였습니다. 동성애, 즉 성소수자들에 대한 인식은 동성애에 대한 객관적인 논의를 활성화한다면 편견을 줄일 수 있으리라 생각됩니다. 제 주변에는 보수적인 기독교인이 많은데요. 동성애 문제만 나오면 사생결단을 하기 때문에 당황할 때가 있습니다. 제 수업에 들어오는 대학원생들 중에 목사님을 포함해서 보수적인 기독교인이 많아서 논쟁을 벌인 경우가 한두 번이 아닙니다. 이야기를 하다 보면 객관적인 근거보다는 보수적인 신앙 관점이나 비과학적 편견으로 이야기하는 경우가 대부분이었습니다.

지지난 주에도 일부 대학원생들과 설전을 벌였는데요. 아직도 동성애가 에이즈의 주요 원인이라고 말하는 것을 보고 적잖이 놀랐습니다. 이분은 자료까지 들고 와서 주장을 했는데, 자료를 살펴보니 사실을 왜곡한 내용이었습니다. 열띤 논쟁을 거쳐야 했지만 객관적인 근거를 가지고 이야기했을 때 공감대를 형성할 수 있었습니다. 우리 교회에서 그런 논의가 필요하리라 생각됩니다.

세 번째, 우리 교우들의 사회적 행위에 대한 인식을 조사했는데요. 고액과외, 체벌, 부동산 투자에 대해서는 기독교 정신에 위배된다는 의견이 3분의 2 정도 되었구요. 기독교 정신에 위배되지 않는다는 의견은 많지 않았습니다. 사주팔자에 대해서는 반반이었어요. 그런데 주식투자에 대해서는 긍정적인 의견이 59%였고, 부정적인 의견은 41%였습니다. 이것은 좀 의외였습니다. 저는 자본주의의 핵심적이면서도 가장 중대한 문제는 이 사회가 노동자에 대한 착취를 허용하는 것이라고 생각합니다. 자본가가 일하지 않고도 이윤을 창출하는 것은 노동에 대한 착취 때문입니다. 저는 주식투자가 노동에 대한 간접적인 착취라고 보고 이것도 비판의 대상이 되어야 한다고 가르치고 있었습니다.

물론 주식에 투자하는 것이 죄악을 저지른다는 의미는 아닙니다. 노동하지 않고 이익을 보는 것은 잘못이라는 점에서 주식투자는 분명히 기독교 정신에 위배된다는 것입니다. 자본주의 사회에서 살면서 이런 모순에서 완전히 벗어날 수는 없지만 이것이 기독교인이 나아가야 할 방향은 아니라고 보는데요. 이런 말씀을 드리면 59%의 교우님들이 저를 노려보실까요. 설마 그러진 않으시겠지요. 자본주의 사회구조의 모순에 대해서 논의가 더 필요하리라 생각됩니다.

지금까지 향린교회가 앞으로 어떻게 되면 좋을까 하는 생각을 해보았습니다. 향린교회 교우들은 칭찬받고 존경받을 만한 훌륭한 분들입니다. 저는 학생들에게 우리 교회 자랑을 많이 합니다. 불의한 정권에 저항하고 사회 참여를 활발히 하며, 타 종교에 개방적이며, 소수집단을 보호하는 데 앞장서고 있다고 말입니다. 보수적인 신앙을 가진 분들은 '음, 이단이구나' 하고 생각하기도 하지만 대부분은 대단하다는 반응을 보입니다.

저는 향린교회 정회원이 된 지 5년쯤 되었는데요. 교회에 오래 다닐수록 이 사실을 잊을 때가 많은 것 같습니다. 우리 교우들이 얼마나 훌륭한 분들인지요. 그냥 무심하게 지나가거나 어떤 교우들이 어떻다는 둥 뒷담화를 하기도 하지요. 그러다가 종종 '역시!' 하는 생각이 들고, 다시 처음에 가졌던 로망을 기억합니다. 하나의 과정이겠지요. 슈퍼맨으로 보이던 아빠가 보잘것없는 한 남자로 보이다가 점점 크면서 새삼 훌륭한 분이었다는 것을 알게 되는 아들처럼 말입니다.

우리 교회 교우들은 서로를 이해하고 서로의 귀중한 의미를 아는 데 더 노력해야 할 것 같습니다. 교우들이 서로 잘 이해하기 위해서 꼭 필요한 태도는 역설적이게도 다른 사람에 대한 이해가 근본적으로 어렵거나 불가능하다는 사실을 깨닫는 것입니다.

한 가지 예를 들어보겠습니다. 성가대에서 발성을 배우면서 한 가지 사실을 깨달은 점이 있습니다. 발성을 잘 하려면 자기 소리를 들어야 하는데 밖으로 소리 나는 자기 노래 소리를 객관적으로 들을 수 없다는 것입니다. 자기가 노래 부를 때 몸 안에서 나는 소리도 함께 듣기 때문이지요.

그래서 발성을 잘 하려면 반드시 다른 사람이 들어주어야 한다고 하네요. 유명한 성악가는 대부분 모니터 요원을 두고 있다고 합니다. 우리나라에서 일부 톱클래스 성악가들이 이전 실력만 못한 것은 자기 실력만 믿고 다른 사람의 조언을 들으려 하지 않기 때문이라고 합니다. 근본적으로 나 자신이 내는 소리가 밖으로 어떻게 전달되는지 알 수 없다는 것을 알아야 하는데, 그게 잘 안 됩니다. 똑똑한 엘리트일수록 이런 실수를 범할 우려가 있는 것 같습니다. 상대방은 어떤가요. 상대도 자기가 어떻게 표현하는지 모르면서 이야기하거든요. 나중에 나이가 들면 말도 헛 나오더라구요.

문제는 이런 사실을 인식하지 못하고 자기는 객관적으로 판단하고 있다고 생각하는 것이지요. 저도 오해할 때가 많은데요. 제가 좋아하는 교우 한 분이 갑자기 저를 보고 인사를 하지 않는 거예요. 저는 이전에 제가 그분에게 뭘 잘못했나 생각했는데, 나중에 알고 보니 그분은 그런 의도가 전혀 없었고 딴생각을 하느라 그러셨더라구요. 조그만 행동에서도 오해의 소지가 있지요.

아주 가끔 우리 교회에서 일어나는 논쟁에서도 그런 것을 본 적이 있습니다. 잘못된 정보, 사소한 감정, 사소한 선입견 등으로 일어난 문제가 다른 식으로 합리화되면서 오해를 불러일으키고 상처를 주는 일 말입니다. 우리 교우들은 기본적으로 저항정신이 강하고 비판능력이 강하기 때문에 이 사회에 필요한 중요한 일들을 많이 하고 계시지요. 이런 비판은 불의한 정권에 대해서 저항할 때는 큰 힘이 됩니다. 문제는 이런 비판을 우리 안에서 서로에게 한다면 너무나 많은 오해와 상처를 낳게 된다는 것입니다. 다른 교우가 어떤 입장에 있는지 같이 지내보고 수다도 떨고 식사도 같이 하면서 대화할 때 서로를 이해할 수 있기 때문입니다. 예수님께서는 판단하지 말라고 하셨지요. 비판능력이 강한 우리 교우님들은 다른 교우를 판단하기에 앞서서 이해하기 위해 세심한 주의를 기울일 필요가 있습니다.

조직의 운영에서 대해서도 생각해보아야 할 것입니다. 우리 교회는 성직자들의 독단적 행사를 막기 위해서 민주적인 제도를 가지고 있지요. 목회운영위원회 같은 제도 말입니다. 교회의 활동에 참여를 활발하게 하기 위해 신도회나 소모임 등을 운영하고 있습니다. 문제는 이 조직이 경직되거나 조직 간의 소통이 없으면 원래 의도대로 작동하지 않을 수 있다는 것입니다. 새로운 조직을 만들면 민주적 운영이나 소통이 잘 되는 데 도움이 되겠지만, 제도가 기계적으로 그것을 만들어주는 것은 아닙니다. 원래의 목적대로 조직을 운영할 수 있도록 지속적으로 보완하는 노력을 기울여야 할 것입니다.

우리가 보완해야 할 영역 가운에 또 중요한 것이 영적인 훈련과 교육입니다. 우리 교회는 지적인 수준이 대단히 높고 사회운동을 활발히 하는 반면, 개인에 대한 영적 수련이 상대적으로 약한 것으로 보입니다. 예배 시간에 하는 성서읽기나 침묵 기도, 새해마다 하는 영성 단식 등이 있는데요. 우리 몸에 체화되도록 영성 수련에 더 힘써야 합니다. 개인적인 수련에 도움을 줄 수 있는 프로그램을 더 만들면 좋을 것 같습니다. 영적 수련을 바탕으로 해서 이 사회의 부조리에 저항하는 것이 참 그리스도인의 모습일 것입니다.

교육 문제는 향린교회가 정말 진지하게 생각해야 할 부분입니다. 서두에서 말씀드렸습니다만 등록한 지 5년 미만인 교우들과 16년 이상인 교우들이 많은 반면에 6~15년 된 교우들의 비율이 적은 편입니다. 이것은 새 교우들이 많다는 의미이기 때문에 꼭 나쁜 것은 아닙니다. 문제는 외부에서 들어오는 교우에 비해 내부에서 교육받고 성장하는 교우들의 비율이 현저히 떨어진다는 것입니다. 우리 교회 어린이, 푸른이를 잘 자라게 도울 수 있는 방안이 무엇인지 지금보다 더 관심을 가지고 지원할 필요가 있습니다.

　지금 향린교회의 푸른이들은 그 어느 때보다도 힘든 시기를 지내고 있습니다. 푸른이들은 향린교회에서 느끼는 모순점, 즉 낮은 곳으로 임하라는 진보적 이념을 가지면서도 사회적인 지위를 얻어야 한다는 모순을 느끼고 있습니다. '민중 속으로 들어가라. 하지만 너는 일단 성공해야 한다.' 이런 모순을 느끼는 겁니다.

　향린교회의 사회참여 정도에 대한 설문에서도 20대 이하의 푸른이들은 많다, 또는 너무 많다는 의견의 비중이 상대적으로 높았습니다. 사회참여에 부담을 느끼고 있다는 이야기입니다. 푸른이들의 눈에 무책임하게 보일 수도 있는 사회참여 독려는 오히려 이들에게 거부감을 줄 수 있습니다. 사회적 비판의식이 자신의 것이 될 수 있도록 소화하게 한 후에 사회참여를 하게 해야 할 것입니다. 지금 푸른이들은 아파하고 있습니다. '아프니까 청춘이다'라는 말은 참 무책임한 말입니다. 어른들이 아프게 해놓고 이제 와서 합리화하는 것이기 때문입니다. 향린교회는 힘들어하는 푸른이들이 위로, 즉 힐링을 받게 할 수 있어야 합니다. 푸른이들이 느끼는 모순을 극복할 수 있도록 보다 세심한 지원이 필요합니다. 학교 교육에서 느끼는 문제를 해결할 수 있는 힘을 교회에서 얻을 수 있게 해야 합니다. 이를 위한 교육과정이나 진로지도 프로그램을 실시해야 합니다.

　마지막으로 제가 드리고 싶은 말씀은요. 향린교회가 이 사회에서 얼마나 중요한지 그 가치를 다시 인식할 필요가 있다는 것입니다. 여기 옆에 앉아 계신 교우들 보이시지요. 우리 교우들이 얼마나 소중한지 다시 인식할 필요가 있습니다. 먼저 바로 옆에 있는 우리 교우들이 얼마나 훌륭한 분인지, 얼마나 중요한 분인지 '내가 모르고 있었다'는 것을 깨달을 필요가 있습니다. 진정한 이해를 위해서는 '내가 아무것도 몰랐구나!' 여기서 시작해야 합니다! 앞으로 교우들을 만나실 때 '몰라 뵈어서 죄송합니다'라고 생각하시고 인사하시는 것도 좋을 것 같습니다.

향린교회는 우리 사회에 필요한 중요한 역할을 하고 있습니다. 진보교회의 모델이라고 해도 과언이 아닐 것입니다. 영성훈련과 교육으로 내실을 기하고 이 사회의 불의를 깨치기 위해 노력하면서, 하나님의 뜻을 따라 한 걸음씩 나아가는 작은 교회의 모습을 보인다면 한국 사회, 한국 기독교에 적지 않은 울림을 주는 교회가 될 것입니다.

향린의 변곡점과 하느님의 시간 | 김광열 |

이사야 50:4~9, 필립비서 2:6~11, 마르코복음 14:32~36/15:33~39

카이로스의 때를 느끼기

올해 제직수련회 주제는 "우리 이대로 괜찮아?"였습니다. 그리고 저희 조는 "한국 교회의 미래와 향린교회의 역할"이라는 주제로 토론을 하였습니다.

조별 토론에서 저희 조는 먼저 한국 교회를 진단해보기로 했는데, 한국 교회의 미래에 대해 다음과 같은 의견들이 나왔습니다.

1) "급속한 고령화로 교세가 감소할 것이다."
2) "교회 구성원의 특성이 달라지고 있다. 20~30대의 젊은층과 40대 이상의 장년층 사이에 큰 차이가 있다. 젊은 세대가 교회에 대해 가지는 뜨거움이 사라지고 있는 듯하다." 생각해보면 교회 외에도 다양한 관심을 갖는 젊은층의 증가는 자연스러운 일이기도 할 것입니다.
3) "세상이 달라졌다. 경제 성장기에는 기도하고 교회에 다님으로 부자가 되는 것으로 착각할 수 있었지만, 이제는 명예퇴직, 청년실업의 증가

를 기도로 해결할 수 없다." 즉, 기복신앙을 바탕으로 양적 성장을 하던 시기는 더 이상 오지 않는다는 뜻입니다.

4) "대형교회는 얼마 동안 살아남겠지만, 소형교회는 붕괴할 것이다."

5) "교회가 사회 현안에 대한 관심 없이, 더욱 가볍고 즐거운 주제로만 흘러갈 것이다." 교회는 미래에도 여전히 가난하고 억눌린 자를 보살피는 노력을 하지 않을 것으로 예상하는 것입니다.

조별 토론에서 결론을 내지는 않았지만, 한국 교회는 사회 변화와 더불어 일부 대형 교회를 제외하고 몰락의 길로 가고 있고, 그렇게 얼마간 존속될 교회도 세상과 역사 속에서 아무 존재 의미가 없을 것으로 보이지 않았나 여겨집니다. 이런 상황에서 향린교회의 역할은 과연 무엇이고 무엇을 준비해야 하는지 토론을 했는데, 주요 사항은 다음과 같습니다.

1) 교회성, 공동체성을 강화하는 노력을 해야 한다. 교인들이 교회 행사에 더욱 열심히 참석해야 하고, 또한 참석하도록 독려해야 한다.

2) 새로 들어오는 교인들은 다양한 이슈에 관심을 가질 수 있으며, 기존 교인들과 생각이 다를 수 있다. 즉 성소수자, 통일에 대한 견해차 등 민감한 이슈들을 제기할 수 있는데, 이런 문제를 다룰 수 있는 준비가 필요하다.

3) 교회가 사회 변혁을 통해 빵의 문제를 해결하도록 더욱 노력해야 한다.

4) 한국기독교장로회의 보수화를 막아야 한다. 기장 총회에의 대표 파견, 서울노회의 신도회 행사 등에 좀 더 적극적으로 참여해야 한다.

5) 젊은층에 다가가기 위해 좀 더 전략적인 접근이 필요하다. 팟캐스트와 SNS 등의 발달된 사회관계망 시스템을 활용하여, 향린이 갖고 있는 신학강좌 등의 콘텐츠를 더욱 알려야 한다. 또한 교회 내에 청년

선교위원회를 구성하여 교회 차원에서 적극적으로 사회에 있는 청년들과 소통해야 한다.

이상이 저희 조에서 토론한 주요 내용인데, 굳이 제가 더하고 뺄 내용이 없다고 봅니다. 다만, 저는 앞서 말씀드린 토론 내용 중에서 '고령화와 청년 선교'라는 부분에 대해 추가로 제 생각을 말씀드리고자 합니다. 이번 제직수련회에서 제가 깜짝 놀란 것 중 하나는 향린의 급속한 고령화인데, 참여하신 분들의 평균 연령이 제 생각으로는 60세 정도 되지 않았을까 판단됩니다. 저는 미국에서 1999년부터 2년 반쯤 지낸 적이 있는데, 그때 우리 교회에서 전도사와 부목사로 일했던 곽건용 목사가 시무하고 계시는 교회에 1년 정도 다녔습니다. 그 교회는 백인들이 세운 교회당을 빌려 예배를 드렸는데, 400~500명이 예배드릴 수 있을 만큼 크고 잘 지어진, 그리고 참 예쁘게 생긴 교회당이었습니다. 그러나 그 당시 백인들은 소수의 할아버지 할머니들만 남아 있었고, 담임목사의 주 임무 중 하나는 장례식을 주관하는 것이었습니다. 그 교회의 고민은 교인들이 얼마 안 가서 모두 없어질 것 같은데, 교회를 어떻게 해야 하는가 하는 것이었습니다.

오늘날 유럽에서는 더욱 심각하게 교회가 없어지고 있습니다. 2015년 1월 ≪월스트리트 저널≫에 따르면, 네덜란드는 1600개의 가톨릭교회 중에서 1000개가 10년 사이에 없어졌다고 하며, 개신교회 또한 4년 동안 700개가 없어질 것으로 예상된다고 합니다.

한국 사회도 급속도로 고령화되고 있습니다. 일반적으로 고령화사회를 65세 이상의 노령인구 분포로 구분하는데, 14% 이상이면 고령사회, 20% 이상이면 초고령화사회라고 합니다. 우리나라는 2018년에 고령사회가 되고, 2026년에 초고령사회가 될 것으로 예상되고 있습니다.

우리 교회는 어떤 상황일까요? 지난 2015년 공동의회 자료집에 교인들의 연령별 분포가 포함되어 있어서 그걸 기준으로 제가 계산한 결과, 65세 이상은 16%로 이미 고령사회로 들어서 있습니다. 이번에 하늘뜻펴기를 준비하면서 알게 된 것인데, 우리 교회에도 베이비붐 세대가 있습니다. 바로 40~55세 연령층인데, 전체 교인의 38%를 차지하고 있습니다. 다른 연령층에 비해 거의 두 배가 넘는 숫자입니다. 이 연령층의 노령화와 더불어 15년 정도 후에는 65세 이상 교인이 36%가 될 것으로 예측되며, 그 이후에는 급속도로 노령인구가 증가할 것입니다.

이런 고령화시대에 우리 교회에는 두 가지 과제가 있다고 생각됩니다.

첫째, 교인의 다수를 점하게 되는 장년층을 위한 프로그램 개발입니다. 유엔의 보고서에 의하면 앞으로 30년 후인 2045년경에는 인간의 평균수명이 130세 정도로 증가할 것으로 예측하고 있습니다. 그때가 되면 지금 고령화를 구분하는 기준인 65세는 인생의 딱 반을 사는 시기가 되는 것입니다. 80세 평균연령의 현재 나이로 보면 약 40세 정도에 해당하게 되는 것이지요. 저는 무엇보다 교회공동체가 은퇴에 대한 관점을 바꾸어야 한다고 봅니다. 은퇴는 이제 일을 쉬고 여생을 그럭저럭 보내는 삶이 아니라, 배우자와 자녀, 부모, 직장의 모든 의무에서 벗어나 진정으로 자신만을 위해 살기 시작할 수 있는 나이, 기독교인인 우리는 진정으로 예수를 따르는 사람으로 살아갈 수 있는 나이가 된 것으로 보아야 한다는 것입니다. 한창 젊은 나이의 사람들보다는 육체적으로 다소 약할 수는 있겠지만, 그래도 굉장히 긴 시간을 나름의 보람 있는 곳에 헌신하고 즐길 수 있는 나이인 것입니다. 그런 헌신과 의미를 찾을 수 있는 프로그램을 교회가 적극적으로 개발해서 고연령층의 교우들이 보람찬 인생을 살 수 있도록 해야 합니다. 또한 교우들도 더욱 적극적으로 기여할 수 있는 방법을 스스로 찾고, 삶의 자세를 보다 젊게 가져가려는 노력을 기울여야 하겠습니다.

두 번째 과제는 젊은 세대에 대한 보다 적극적인 관심과 세움입니다. 점점 젊은 사람은 사회적으로 숫자가 줄게 되고, 젊은이들이 소수로 있는 조직은 종국에는 문 닫을 때만 기다리게 될 것입니다. 제가 미국에서 봤던 그런 교회가 되는 것이지요. 그렇게 사멸의 길로 가지 않기 위해서라도 우리 교회공동체는 젊은층과 더욱 적극적으로 소통하고, 사랑하는 마음으로 소중히 여기며 젊은이들의 고민이 우리 공동체의 고민이 되도록 배려해야 합니다. 이것은 단순히 '새날청년회', '청년신도회', '희년청년회' 등을 담당하는 목회자의 임무가 아니라 전 교회 차원에서 풀어가야 하는 과제입니다. 이를 위해 당회나 목회운영위원회 산하에 교회청년선교위원회를 구성하고 향후 계획을 위한 체계적 논의와 함께 10년 이상의 장기적 노력 등을 기울인다면 꿋꿋하게 세상의 빛과 소금으로 살아갈 젊은 기운이 숨 쉬는 '청년예수의 향린'이 될 수 있을 것입니다.

사실 시간이 얼마나 남았는지 알 수 없습니다. 교회를 하늘에 떠 있는 인공위성에 비유를 한다면, 우리 교회는 이제 조금씩 지구로 가까워지는 변곡점을 넘어섰다고 생각됩니다. 변곡점은 백두산 어느 산등성이에 한 날 한 시에 떨어지는 빗물이 산등성이 왼쪽으로 떨어지면 압록강을 이루고 서해로 가지만, 오른쪽으로 떨어지면 두만강을 지나 동해가 되는 그런 지점입니다. 우리가 그렇게 큰 변화의 출발점에 있다는 얘기입니다. 인공위성이 계속 떨어져 끝내 지구로 추락하느냐, 아님 궤도를 올려 계속 정상적으로 지구를 도느냐 하는 것과 같은 갈림길에 교회가 있습니다. 세상이 변하고 있고, 그에 맞추어 우리가 변해야 하는 것은 어떻게 알 수 있을까요? 그건 불안정입니다. 화산이 폭발하기 전에 수증기가 분출하고 진동으로 낙석이 생기듯이, 변화의 가장 큰 징조는 불안정입니다. 우리는 과거 1~2년 동안 교회 내부에 잠재되어 있던, 소통, 신뢰, 사랑, 지도력 등이 부족한 모습이 한꺼번에 분출되는 듯한 시기를 보냈고 아직도 진행형입니다. 이런 내적인 불안정은, 세상이 변하고 있고, 우리가 그에 맞추어 젊은 향린으로 개혁해나가야 하는 절박한 시기가 되었다는 징표일 수 있습니다.

다시 수련회 주제로 돌아가봅시다.

"우리 이대로 괜찮아?" 아니오! 절대로 괜찮지 않습니다. 달라져야 합니다. 교회적으로 더욱 젊어지려는 노력을 해야 하고, 젊은층의 고민과 얘기를 들어야 합니다. 향린의 운동방식이나 관성적인 제도·문화가 젊은이들이 뚫고 올라오는 데 장애가 된다면, 과감히 개혁하여 그들이 주체가 되고 판을 벌일 수 있도록 해야 합니다. 이렇게 시대가 바뀌어가고 교회적으로 그에 대한 영향을 받기 시작하고 있는 상황에서, 현재 향린은 주변 명동도시정비와 맞물려 개축하거나 이전을 해야 하는 등의 시점을 맞이하고 있습니다. 이것이 과연 우연의 산물일까요? 저는 그렇게 생각하지 않습니다. 하느님이 우리 교회에게 큰 축복을 주셨다고 봅니다. 교회 내 공간이 증가하고 엘리베이터가 생겨 편리해지는 그런 단순한 건물의 변화가 아니라, 내적인 개혁으로 승화시킬 수 있는 기회를 주신 것입니다. 앞으로 60년 동안 우리의 선교 방향에 맞는 공간과 꼭 필요한 시설을 갖추고, 이 땅의 정서를 담은 향린 고유의 예배가 펼쳐지기에 적합한 예배당이 있는, 그러면서도 건강한 생기가 느껴져서 젊은이들이 많이 찾는 그런 교회를 만들 수 있고 또 만들어가야만 하는 것입니다.

흔히 시간에 대해 말할 때, 모든 사람에게 동일한 물리적인 시간인 '크로노스'가 있고, 특별한 때, 기회와 결단의 때, 기독교 신앙에 입각해볼 때 하느님이 개입하시는 순간인 '카이로스'가 있다고 합니다. 이런 의미에서 보면, 오늘의 이 순간은 향린 63년 중의 어느 일 년, 그냥 흘러가는 크로노스의 시간으로 2015년이 아니라 바로 하느님의 때, 시대의 변화에 대응할 수 있도록 준비해주신 카이로스의 시간일 것입니다. 재깍재깍, 하느님의 시간이 오는 소리가 들리지 않으십니까? 그리고 그 속에서 향린교회를 사랑하시는 하느님이 보이시지 않습니까? 우리에게 닥친 시대의 변화를 직시하고,

우리 모두 힘을 모아 교회를 젊게 변화시켜 나가는 데 함께함으로써 하느님의 사랑에 화답했으면 합니다.

새 교우의 질문 | 이욱종 |

예레미야 31:27~34, 디모테오후서 3:14~4:5, 루가복음 18:1~8

    저는 11년의 미국 유학생활을 접고 올해 2월 말부터 향린교회에 출석하기 시작했습니다. 오늘 저는 향린에 오도록 결심하게 된 이유와 새 교우의 입장에서 향린교회에 다니면서 가졌던 질문을 여러분과 나누고자 합니다.

    오늘의 루가복음 본문에는 당대의 사회적 약자였던 한 과부의 간청 이야기가 나옵니다. 과부는 그 당시 가부장제 사회구조 속에서 자신의 의사를 표현하기도 어려웠던 사람인데, 예수께서는 과부를 하느님의 택한 백성으로 이야기합니다. 한편, 하느님을 두려워하지 않고 사람도 거들떠보지 않을 만큼 불의한 이 재판관은 마치 오늘날의 법 집행자들이나 정치인들을 말하는 것 같습니다. 마르코복음과 루가복음 속 예수는 각각 한 번씩 비유를 통해 과부를 언급하고 있는데, 모두 남편의 부재 속에서 사회적 약자로 묘사됩니다. 오늘의 본문 속 과부는 자신의 의견을 묵살하는 정치적·사회적 주류 세력으로부터 주변 인물로 존재하고 있습니다. 이 여인은 끊임없이 자신이 당한 부당함을 불의한 재판관에게 토로합니다. 마치 백남기 농민께서 자본가와 정부가 정한 쌀값의 부당함과 노동의 권리를 물대포를 맞고 쓰러지는 순간까지 평생 동안 불의한 세상에 외쳤던 모습과 비슷합니다.

오늘 성서본문의 과부는 불의한 사회체제가 강요하는 시스템과 가치에 굴복하지 않습니다. 자신의 사람됨에 집중하여 부당한 일을 당했음을 계속해서 외칩니다. 여인의 지속적인 호소는 현실을 외면하는 재판관을 못 견디게 합니다. 못 견디게 한다는 말에는 부끄럽게 한다는 뜻도 들어 있다고 합니다. 본문 속 예수께서는 불의한 재판관이 변하여 정의를 행사하는 것보다 과부의 지속적인 탄원을 강조합니다. 불의한 주류 세력이 부끄러워할 정도로 끈질긴 약자의 탄원이야말로 말세에 예수께서 찾는 '하느님 백성의 믿음'이라고 가르칩니다.

소위 모태신앙이었던 저는 어릴 때부터 출석하던 보수교회의 가치와 판단을 그대로 수용하고 믿었습니다. 칼빈주의를 성서만큼이나 신봉했던 저는 미국의 영적대각성운동과 그 운동의 지도자 조나단 에드워즈를 예수 다음으로 따랐던 보수교회의 전통을 그대로 받아들이며 신학교를 다녔고, 이를 더 배우기 위해 미국에 유학을 갔습니다. 현지에 가보니 미국 청교도들은 개인의 신앙에 정부가 개입해서는 안 된다는 자신들의 개혁주의 신앙과, 하느님의 나라를 세워 '언덕 위의 교회'가 되겠다던 신념이 서로 상충함에서 오는 자기모순에 빠져 초기부터 갈등하고 있었습니다. 많은 사람들이 성령의 능력으로 회개하고 각성했다는 영적대각성운동의 실상 역시 개인의 탐욕이나 이기심만을 일시적으로 뉘우친 것에 지나지 않았습니다. 정작 자신들이 스스로 하느님의 심판자가 되어 북미 원주민과 아프리카 노예들을 이교도로 단죄하면서 그들의 생명뿐만 아니라 역사·문화·영혼까지 말살했던 사회정치적 죄악은 전혀 회개하지 않았습니다. 겉으로는 하느님의 선민인 척하지만 실상은 자신의 현실 속에서 타인을 탄압하고 그 고통을 외면했던 "아메리칸 딜레마"의 역사를 배우며, 저는 마치 오늘 성서본문 속 불의한 재판관의 모습을 보는 듯했습니다.

저는 학문을 통해 이러한 보수 주류 교회가 신도들에게 주입한 맹신의 부당함을 말하고 싶었습니다. 미국 종교사, 특히 소수민족인 아프리카계 미국인들의 흑인교회 현상에 주목하는 가운데, 새로운 영적 각성의 모델을 킹 목사로 대변되는 1960년대 시민권리운동에서 찾고 있습니다. 계속해서 보수주의 교회를 떠나지 못하고 청년교역활동을 하던 중 '세월호 참사'가 일어났습니다. 보수교회는 처음에는 공감을 하다가 어느 순간 정치적 계산을 하는 무리들에게 호도되어갔고, 기독인으로서의 당연한 참여를 강조하던 저는 '큰 불통'을 경험했습니다. 과부와 같이 사회적 약자인 세월호 피해자들의 탄원을 주류 정치세력의 진실왜곡에 편승하여 외면하는 이곳에서는 도저히 기독교 시민의 사회참여가 불가능하겠다는 판단이 들었습니다. 결국 저는 보수교회를 떠나게 되었습니다.

한국에 돌아와 평소 다니고 싶었던 향린교회에 등록하였습니다. 지난 2월부터 현재까지 약 7개월 동안 새 교우로서 제가 가지게 된 질문은, 오늘 본문 속 '불의한 재판관을 부끄럽게 한 과부의 지속적 탄원과 같은 역동성이 향린교회에게는 있는가?' 하는 것입니다. 저는 귀국 이후 향린이 주최하는 거리 기도회와 촛불교회의 현장 활동에 거의 빠지지 않고 참여해왔습니다. 현장에 있어 보니 역시 향린은 누구보다 적극적으로 사회의 행악에 대해 규탄하며 개혁을 부르짖었습니다. 하지만 한 가지 좀 의아한 점을 발견했습니다. 현장에 오는 분들은 거의 정해져 있는 듯한 정체된 느낌 말입니다.

감히 말씀드립니다만, 저는 민중의 자각과 그들의 자성이 모인 역동성이 민중운동의 핵심이라 여기며, 거기에서 나오는 역동성이 우리 역사를 움직여온 힘이라고 생각합니다. 민중과 함께해온 향린의 정체성이 몇몇 민중 신학자 혹은 목사의 훌륭한 하늘뜻펴기로 유지될까요? 국악을 연주하는 것이 민족 정체성 함양에 도움을 줄 수는 있겠지만 결코 정체성 자체가 될 수는

없습니다. 향린의 정체성, 우리 민족의 정체성은 바로 교회 정문 기둥에 있
는 6월 민중항쟁 기념동판 사진 속에서 청바지와 운동화 차림으로 서슬 퍼
런 군부의 억압에 저항하며 태극기 앞으로 뛰쳐나가는 젊은이의 모습에 있
다고 생각합니다.

기성 보수교회에는 대부분 전도부가 있습니다. 보수신앙에서는 전도부야
말로 교회의 핵심 기관입니다. 성령충만 받고 교인들 모두가 복음을 역동적
으로 전하는 것이 이상인데, 성령충만은 평생 한 번 있을까 말까 소식이 없
으니 대체전략으로 전도부장을 한 명 세워 모든 책임을 지우는 것입니다.
대부분 전도부를 물질적으로 후원하고 기도해주는 것으로 모든 문제의식을
자위합니다. 향린공동체도 비슷하게 될 수 있지 않을까요? 현장의 역동성을
상실한 향린교회란, 향린이 자성하는 민중의 모습을 잃어버리고 자신들의
종교체제와 전통, 친분관계가 있는 이들끼리의 사귐이 주는 내부의 안락에
익숙해져 간다는 것이 아닐까요?

새 교우가 향린에 바라는 것이 무엇이겠습니까? 저를 포함해 향린의 많은
새 교우들은 불의한 종교적 구습을 고집하고 과부의 탄원을 무시하는 기성
교회보다 끊임없이 자성하고 개혁한 향린교회가 '좀 더' 예뻐 보여서, 절대
적으로 예뻐서가 아니라 상대적으로 더 예쁜 교회여서 찾아왔을 것입니다.
새 교우의 순수한 짝사랑은 예수가 제시한 '이웃', 다시 말해 인간의 존재 자
체를 품는 이웃의 모습과 정의를 위해 끊임없이 자성하며 현장 속에 뛰어드
는 역동적인 향린의 정체성을 느낄 때 비로소 완성되지 않을까요? 물론 저
는 우리 공동체가 여전히 생동하는 정체성이 예쁜, 그래서 짝사랑할 만한
공동체라고 생각합니다. 하지만 이런 상대적 아름다움의 균형이 심각하게
깨어질 때, 우리 향린은 정체성을 잃은 회칠한 무덤과도 같은 기성교회의
구태를 똑같이 반복하게 될 것이고, 더 이상 '향기로운 이웃'이 아닌 '악취 나
는 이웃'이 될 수도 있다는 사실을 기억해야 할 것입니다.

저는 귀국한 지 며칠 지나지 않아 참석한 올해 2월 말의 제4차 민중총궐기 대회에서 받았던 감동을 잊을 수가 없습니다. 시청 광장을 가득 메웠던 수많은 깃발 중에서 기독교 단체는 거의 찾을 수 없었습니다. 그런데 향린 공동체 소속 교회들의 깃발들이 나부끼는 것이 유독 제 눈에 들어왔고, 참 감사했습니다. 지금까지 모순된 인간이 만든 종교 가치를 가르치고 남을 심판했던 저 자신이 참 부끄러워 이제 새로운 신앙의 길, 교회의 길이 무엇일까 고민하던 중, 향린의 깃발은 마치 썩어서 미쳐가는 한국 교회의 살아 있는 양심같이 제 가슴에 물결쳤습니다. 당장 저 교회에 가지 않고서는 견딜 수 없어 그다음 주부터 바로 향린에 왔습니다.

저는 보수 기성교회를 40년 이상 다녔고, 그 가운데 11년 정도 유급으로 목회 사역을 했습니다. 저는 이 경험 속에서 가지게 된 안타까운 점, 기성교회의 회칠한 종교가치가 싫어서 버리고 왔습니다. 한국 사회와 교회에 산적한 문제들로 인해 더 많은 교우들이 이런 마음으로 향린을 찾을 것이라 생각합니다. 그때 이곳에서도 버리고 온 구습이 반복되는 느낌을 받지 않도록, 자신을 끊임없이 개혁하여 민중과 함께 길을 걸었던 청년 예수의 길, 반짝반짝 살아 숨 쉬는 역동적 진리의 길, 진실의 길을 걷고자 끝없이 탄원하는 '과부 향린'의 모습을 사랑하며 함께하고 싶습니다.

"청년 예수의 깃발이여, 영원히 박동하는 심장처럼 우리 한국 교회의 양심이 되어 언제나 요동쳐라! 청년 예수의 깃발이여, 현실의 모순에 무뎌진 우리의 가슴에 생명처럼 영원히 물결쳐라!"

부록

1. 평신도 성직자 바르나바(2004년 9월 26일 하늘뜻펴기) / 조헌정 목사
2. 처음 그리스도인(2005년 11월 20일 하늘뜻펴기) / 조헌정 목사

香
隣

평신도 성직자 바르나바 | 조헌정 목사 |

사무엘상 20:12~17, 사도행전 11:19~26

어떤 사람이 예수님께 와서 이런 질문을 했습니다. '선생님, 다른 사람들은 모두 금식을 하는데 왜 당신의 제자들은 금식을 하지 않습니까?' 이때 예수님께서는 이런 말씀을 하셨습니다. '신랑의 친구들이 신랑과 함께 있는 동안에 슬퍼할 수 있겠느냐? 신랑을 빼앗길 날이 올 터인데 그때에는 금식할 것이다. 친구여, 당신도 알지 않는가? 헌 옷이 찢어져서 기울 때에 새 헝겊 조각을 대고 기우면 그 새 조각이 더 옷을 찢게 만들지 않느냐? 사람들이 새 포도주를 헌 가죽부대에 넣지 않는 것은 새 포도주의 강한 성분이 헌 가죽부대를 터트러서 포도주도 쏟아지고 가죽부대도 버리는 잘못을 범하지 않으려 하는 것이다.'

새 부대 새 마음

그렇습니다. 사람은 옛 모습 그대로인데 새로운 조직만 갖다 붙인다고 해서 새 사람이 되는 것은 아닙니다. 또 반대로 사람은 새롭게 변화되었는데 옛 조직과 틀을 그대로 유지하면 그 조직은 얼마 가지 않아 와해되고 맙니다. 몇 년 전 IMF를 맞아 유행한 말이 구조조정입니다. 그러나 구조를 새롭게 바꾼다고 해서 회사가 다 새롭게 태어나는 것은 아닙니다. 정신도 바꾸어야 합니다. 요즘 남한의 경제가 지난 IMF 시절보다 못하다고 하는 탄식이 높아지고 있습니다. 그것은 변혁의 정신이 따르지 않았기 때문입니다. 경제는 단순히 GNP의 생산성만의 문제가 아니라 분배의 문제이고, 또한 수치만이 아닌 국민의 의식 수준과도 긴밀하게 연결되어 있습니다. 오늘 우리 사회는 국가보안법 철폐 문제와 일제 청산 문제로 열띤 공방전이 벌어지고 있습니다. 그런데 이 과정에서 저는 우리 국민의 의식 수준이 너무 뒤떨어져 있다는 것을 새삼스럽게 경험하고 있습니다. 우리나라와 같이 자원이 부족하고 국토가 작은 나라는 세계를 무대로 뛸 수밖에 없습니다. 그런데 세계화를 꾀하면서 동시에 국가보안법을 계속 유지하겠다고 하는 것은 매우 이율배반적입니다. 자기 민족을 품지 못한 사람이 어찌 세계를 품을 수 있겠으며 과거를 청산하지 못한 민족이 어찌 미래를 향해 나아갈 수 있겠습니까? 전도서에도 만물에 다 때가 있다는 말씀이 있습니다. 보안법이 필요했던 때도 있고, 던져버릴 때도 있습니다. 지금은 버려야 할 때입니다.

사도행전의 얘기를 처음부터 쭉 읽어보면 교회가 시대에 따라 어떻게 변해가고 있는 것인가를 볼 수 있습니다. 12제자로 시작한 예수님의 하느님 나라 운동이 120명의 마르코의 다락방 오순절 운동으로, 예루살렘 교회가 성장하는 운동으로, 그리고 그때까지는 없던 평신도 성직자 조직을 통해 교회를 새롭게 갱신하는 운동으로 이어졌습니다. 그러다가 그 개혁의 속도나 질을 유대 지배계층이 감당할 수 없게 되자 당시의 치안유지법, 곧 국가보안법인 율법을 보호한다는 명목으로 박해가 일어났습니다. 그러나 위기는 기회라는 말과 같이 이러한 과정 속에 많은 하느님의 일꾼들이 등장을 합니다. 베드로, 요한, 스데파노, 필립보, 바르나바, 바울로, 아나니아, 다비타, 고르넬리오 등등……. 큰 빛을 발휘했던 사람도 있었고 작은 빛을 발휘했던 사람도 있었지만, 그들 모두에게 공통적으로 적용된 하나의 원리가 있었는데, 그것은 하느님께서는 그들을 통해 계속 교회의 틀을 새롭게 바꿔갔다는 것입니다. 예수 그리스도를 통한 구속의 진리, 십자가의 작은 길을 통한 구원의 진리는 변함이 없었지만, 그 진리를 살려내기 위하여 하느님께서는 계속 기존의 틀을 깨시며 새롭게 하셨다는 말씀입니다.

새로운 틀

사람은 누구나 자신의 익숙함의 틀을 깨는 것을 원치 않습니다. 그러한 때 하느님께서는 억지로 이 틀을 깨십니다. 그때 우리 인간들은 이를 고통이라고 합니다. 초대교회에 박해가 일어나 예수를 따르는 사람들이 밖으로 흩어질 수밖에 없었습니다. 그러나 이 흩어짐으로 인해 교회는 더 멀리 나아가는 새로운 틀을 만들었습니다. 저는 그동안 우리 민족이 약소민족으로 주위의 강대국들에 의해 계속 침략을 받아온 것을 안타깝게만 생각했습니다만 꼭 그렇게만 역사를 볼 필요는 없다는 것을 깨달았습니다. 우리가 외국의 침입을 많이 받다 보니 자의 반 타의 반 고향을 떠나 사는 사람들이 많아졌습니다. 만주로, 시베리아로, 연해주로. 지금은 세계 구석구석에 우리 한인들이 없는 곳이 없습니다. 아마 우리나라같이 작은 나라치고 이렇게 세계 곳곳에 흩어진 민족은 없을 것입니다. 제가 보기에는 유대민족보다 더 넓게 퍼져 있는 것 같습니다. 그런데 이런 일은 우리가 힘이 약한 민족으로 남의 침략을 받다 보니 생긴 현상입니다. 지금은 세계를 무대로 살아가는 민족만이 살아남는 지구촌의 시대입니다. 저는 그래서 함석헌 선생이 말한 대로 우리나라는 지난 역사 속에서 동양의 하수구로 갈보와 같이 갈기갈기

찢어진 몸이지만, 이 안에서 세계를 구원할 엄청난 하느님의 구원역사의 새로운 틀이 만들어지고 있다고 믿습니다.

세상 안에는 많은 기준들과 차별이 있습니다. 그러나 교회는 처음부터 이런 차별을 없애기 위해 태어났습니다. 예수 그리스도는 바로 이런 차별을 없애기 위해 말구유에 태어나셨고, 갈릴래아의 가난하고 소외된 민중들과 더불어 하느님 나라 운동을 시작하셨습니다. 사도 바울로는 그래서 무엇이라고 말했습니까? '너희가 다 믿음으로 말미암아 그리스도 예수 안에서 하나님의 자녀가 되었으니 누구든지 그리스도와 합하여 세례를 받은 자는 그리스도로 옷 입었느니라. 너희는 유대인이나 헬라인이나 종이나 자유인이나 남자나 여자의 구별 없이 다 그리스도 예수 안에서 하나이니라.'

복음 운동 혹은 하느님 나라 운동이라는 것은 하나 되자고 하는 운동입니다. 사람마다 자기주장이 없을 수가 없습니다. 갓난애들도 자기주장이 있어서 뜻대로 안 되면 울고불고합니다. 그러나 그 자기주장을 넘어서서 예수주장에 자기를 내어 맡길 때, 그때가 바로 복음이 역사하는 때요 교회가 교회 되는 때입니다.

오늘의 하늘말씀 사도행전 11장 19절은 스데파노의 일로 일어난 박해 때문에 안티오키아 지역에 교회가 서게 된 것을 말하고 있습니다. 그런데 여기에 우리가 아주 중요하게 생각하는 일은 20절에 있습니다. 19절과 20절에서 모두 흩어진 신도들이 복음을 전했다는 사실은 똑같지만, 이 두 구절 사이에는 엄청난 질적 변화가 있었습니다. 그것은 그들이 이방인에게도 복음을 전했다는 것이었습니다. 그러니까 예루살렘 지역 밖에 세워진 가장 유력한 교회, 곧 안티오키아 교회는 처음부터 유대인과 이방인이 함께 세운 교회입니다. 예루살렘 성전은 여러 개의 경계선이 그어져 있어 이방인이 들어올 수 있는 지역, 여자가 들어올 수 있는 지역이 정해져 있었습니다. 그러나 안티오키아 교회는 처음부터 이런 구별을 없앤 것입니다. 이 안티오키아 교회가 태동하자 예루살렘 교회에서는 바르나바를 이 교회에 초대 목회자로 파송을 했습니다.

세움의 사람: 바르나바

바르나바는 어떤 사람이었는가? 사도행전 4장 마지막 부분에 이 바르나바에 관한 얘기가 짧게 언급되고 있습니다. 오순절 성령강림 이후 초대공동체가 형성되기 시작할 때입니다. "키프로스 태생의 레위사람으로 사도들에게서 '위로의 아들'이라는 뜻인 바르나바라고 불리는 요셉도 자기 밭을 팔아 그 돈을 사도들 앞에 가져다 바쳤다." 여기서 우리는 그의 본명은 요셉이고 바르나바는 별명인 것을 알 수 있습니다. 그런데 성서는 왜 본명 요셉을 말하지 않고 별명 바르나바라고 말하는가? 그것은 그가 위로를 잘 하였기 때문입니다. 어려움을 겪어 낙심한 사람, 병고로 시달리는 사람, 슬퍼하는 사람들을 찾아다니며 위로를 하는 사람이었기 때문입니다. 개역성경에는 이를 '권위가 있는 사람'이라고 번역했습니다. 여기서 말하는 권위는 어깨에 힘을 주고 목을 세우는 권위가 아닌, 권면하고 위로하는 사람이라는 뜻입니다. 그리고 여기서 현재 한국 교회의 특별한 제직인 권사의 유래를 찾을 수 있습니다.

바르나바는 자신의 가진 것을 교회에 내어놓고 예수 그리스도 안에서 새로운 인생길을 시작한 구도자였습니다. 마치 향린교회를 처음 시작한 12명의 젊은이들과 같이 그는 자기의 모든 것을 걸고 예수를 믿은 것입니다. 그러기에 그는 특별한 점이 있었던 사람입니다. 예루살렘 교회는 안티오키아 교회에 이 바르나바를 보냅니다. 물론 적당한 인물이라고도 할 수 있지만, 열두 유대인 사도 중의 한 사람이 아닌, 그리고 여섯 명의 헬라파 지도자 중 한 사람이 아닌 제3의 새로운 일꾼을 보냈다는 점에서 예루살렘 교회는 매우 파격적인 결정을 하였습니다. 새로운 시대, 새로운 교회에는 새로운 사람이 필요합니다. 그래서 바르나바가 왔습니다. 역시 예상대로 그가 와서 교우들을 격려하자 교회가 크게 성장하게 됩니다. 이때 그가 한 일이 무엇입니까? 25절에 보면 사울을 데리러 그의 고향 다르소에 갔습니다. 여러분, 이 당시의 사울은 어떤 사람이었습니까? 사울은 열렬한 율법파로 기독교인들을 잡아 가두기 위해 다마스쿠스를 가는 도중에 예수를 만나 예수따르미로 삶을 180도 전환한 사람이었지만, 그는 기독교인들을 박해하던 악질로 더 알려진 사람입니다. 바르나바가 사울을 데려와 동역자로 함께 사역하겠다고 했을 때, 안티오키아 교회 신도들의 반응은 비판이 훨씬 더 많았을 것입니다. 그러나 바르나바는 새로운 시대를 열어가기 위해 새로운 틀을 만들기 위해 사울을 자신의 동역자로 데려옵니다. 인간적으로 생각하면 바르나바가 사울을 찾아간다는 자체가 있을 수 없는 일이었습니다. 왜냐하면 바르나바가 자기 재산을 다 바쳐가며 교회를 위해 헌신하고 신도들을 찾아다니며 권고하고 위로할 때에 사울은 그 반대편에서 교회를 박해하고 신도들을 감옥에 가두는 일에 가장 악명 높은 사람이었기 때문입니다. 아마 바르나바에게 사울이라는 이름은 자다가도 벌떡벌떡 깨는 소름끼치는 이름이었을 것입니다. 그러나 그는 이 적대자 사울에게서 사도 바울로라는 새로운 하느님의 비전을 보았습니다. 그러기에 그는 주위의 많은 반대를 무릅쓰고 사울을 자기의 동역자로 부른 것입니다. 이것이 바로 예수 믿는 사람의 표적입니다. 자신의 기존 틀을 깨고 새로운 하느님의 틀을 바라보고 나아가는 사람.

이렇게 해서 이 두 사람은 동역자로 함께 안티오키아 교회를 섬겨 나갑니다. "두 사람은 만 일 년 동안 그곳 교회 신도들과 함께 지내면서 많은 사람들을 가르쳤다." 이 구절에 이어 26절에 보면 "이때부터 안티오키아에 있는 신도들이 처음으로 그리스도인이라 불리게 되었다"라고 하고 있습니다. 그러면 이전에는 신도들을 무엇이라 불렀는가? 그리스도라는 말은 메시아, 곧 기름부음을 받은 자라는 뜻입니다. 곧 안티오키아 신도들에게서 이전 신도들에게는 볼 수 없었던 메시아성이 보여졌다는 것입니다. 그냥 그리스도를 믿었던 수동적인 태도에서 한 명의 작은 그리스도로 성장한 능동성을 강조한 말이 아닐까 생각합니다. 자신의 믿음의 성장에만 관심하던 제자직에서 타인의 믿음에 관심을 기울이는 사도로의 전환을 말하는 것으로 이해가 됩니다. 또한 이 말씀을 다른 면으로 보면 그리스도인에도 자칭 그리스도인이 있고 타칭 그리스도인이 있음을 깨달을 수 있습니다. 불신지옥 예수천당을 외치며 교회 나가라고 전도하는 사람은 자칭 그리스도인입니다. 그러나 말이 아닌 삶을 통해 묵묵히 십자가의 길을 가는 사람은 타칭 그리스도인입니다. 신약성서에서 처음 그리스도인이라는 단어가 나오는데, 이 호칭이 스스로가 아닌 타인에 의해서 정의되었다는 것입니다. 여기서 우리는 나의 믿음은 과연 어떠한 것인지를 진지하게 되돌아볼 필요가 있습니다. 나의 그리스도인됨은 나에게서인가 아니면 타인으로부터인가? 주위의 사람들, 가족들과 친구들과 직장 동료들은 나를 그리스도인이라 부르고 있는가? 단지 내가 교회 나가기 때문이 아니라, 나의 말과 행동 속에서 인정받고 있는 것인가? 예수님도 자칭 그리스도인들을 향해 이렇게 말씀하셨습니다. '나더러 주여 주여 한다고 하늘나라에 들어가는 것이 아니다. 너희가 내 이름으로 예언을 하고 마귀를 쫓아내고 또 많은 기적을 행하였다고 하늘나라에 들어가는 것이 아니다. 내 아버지의 뜻을 실천하는 사람이라야 들어간다.' 다시 한 번 구원은 교회 안에서의 나의 모습이 아닌 교회 밖에서 행하는 나의 사회적 실천의 문제임을 깨닫게 됩니다.

평신도인가, 성직자인가?

우리는 구체적으로 안티오키아 교회의 어떤 모습을 통해 세상 사람들이 그들을 그리스도인이라 불렀는지에 대해서는 알 수가 없습니다. 그러나 본문을 통해 추정할 수 있는 것은 두 가지입니다. 하나는 말씀으로 훈련받고 나니까, 그때 이들을 향해 세상 사람들이 그리스도인이라 불렀다고 하는 것입니다. 총만 들고 있다고 군인이 아니라 훈련을 받았을 때 전투를 치러내는 군인이 되는 것과 같이, 성서를 들고 다닌다고 그리스도인이 되는 것이 아니라 삶에서 어떻게 적용할지를 알 때 참 그리스도인이 되는 것입니다. 영어단어에서 제자(disciple)와 훈련(discipline)은 같은 어원의 단어입니다. 예수를 따른다고 하는 것은 훈련을 말하고 훈련은 힘든 일, 하기 싫은 일, 공동체의 유익을 위한 일이 전제되어 있습니다. 그래서 저는 여러분에게 다시 한 번 묻습니다. 당신은 훈련받은 신자입니까? 아니면 기꺼이 훈련에 참가하고자 하는 마음의 준비가 있는 사람입니까? 처음 신약성서에서 불리는 그리스도인이라는 호칭에 훈련이 숨어 있는 것을 기억하시기 바랍니다. 두 번째 이 호칭과 관련된 다른 믿음의 요소 하나는 바르나바와 바울로가 함께 펼쳐나간 협력목회의 모습입니다.

　오늘 우리 향린교회는 틀을 바꾸는 중요한 전환점에 서 있습니다. 평신도가 목회의 주체자가 되도록 하기 위한 일련의 개혁들을 진행해나가는 출발점에 서 있습니다. 10명의 평신도 설교자들이 저들이 전하고자 하는 말씀을 붙들고 고민 중에 있습니다. 그리고 '나눔과 섬김의 작은 공동체' 형성을 위해 10여 명의 리더들이 준비하고 있습니다. 그런데 오늘 바르나바의 얘기는 우리에게 매우 귀중한 메시지를 전하고 있습니다. 첫째, 그것은 바르나바 자신이 사도도 아니었고, 후에 집사라고 불리는 그런 직분자도 아니었지만, 그가 가진 격려의 은사로 인해 그가 목회자가 되었다는 것입니다. 오늘날 교회의 목회자는 신학교를 나와야 한다는 대전제가 깔려 있습니다. 그래서 요즘 우리 사회는 신학교라는 명칭이 붙어 있는 곳마다 사람들로 붐빕니다. 저는 이러한 전제에 동의하지 않습니다. 신학교라는 곳을 굳이 나오지 않아도 교회의 지도자가 될 수 있고, 목회자가 나올 수 있는 열림과 유연성의 구조를 교회가 가져야 한다고 생각합니다. 예수님은 물론이고 12제자들 모두 당시의 인식으로 보아 절대 종교계의 지도자가 될 수 없었던 갈릴래아 출신들, 곧 정규과정을 이수하지 않았던 사람들이었습니다. 물론 이 자리에는 저의 신학교 스승님도 앉아 계시고 신학자, 목사님들도 여러 분 앉아 계시고 저도 같은 길을 걸어서 여러분 앞에 서 있지만, 우리가 교회를 갱신한다고 할 때 그 모델과 정신은 언제나 초대교회에 근거할 수밖에 없고, 그러기에 저는 사도행전의 말씀에 근거해서 이런 주장을 하는 것입니다.

그동안 교회와 신학은 평신도라는 단어를 남발하여 신도들의 능력을 너무 저하시켜놓았습니다. '목사님 전 설교 못해요.' 제가 물었습니다. 누가 못한다고 그러는 겁니까? 당신 스스로입니까, 아니면 주님입니까? 제가 아는 주님은 할 수 있다고 하는데요. 존 스토트(John Stott)는 말합니다. "성직자나 평신도에 대한 불균형한 개념은 교회에 대한 불균형한 개념에 기인하고 있다. 사실 좀 더 정확하게 말하자면 평신도에 대한 너무 낮은 견해는 성직자에 대한 너무 높은 견해에 기인하고 성직에 대한 너무 높은 견해는 교회에 대한 너무 낮은 견해에 기인한다."[1] 교회를 우습게 보니까 평신도라는 단어가 만들어졌다는 것입니다. 우리가 잘 아는 신학자 칼 바르트(Karl Barth)는 이렇게 말합니다. "신학은 신학자들만의 사적 보유물이 아니다. 그것은 교수들에게 한정된 사적인 문제도 아니다. …… 또한 목사들에게만 해당되는 사적인 사안도 아니다. …… 신학은 교회의 문제다. 교회는 교수와 목사가 없이는 제대로 굴러가지 않는다. 하지만 신학의 문제, 교회의 섬김의 순수성의 문제는 전 교회 앞에 놓인 것이다. '평신도'라는 용어는 종교적인 어휘

---

1) 폴 스티븐스, 『21세기를 위한 평신도 신학』(IVP, 2001), 66쪽에서 재인용.

에서 최악의 용어 중 하나이므로 그리스도인의 대화에서 사라져야 마땅하다."[2] 저는 향린교회가 초기 이념으로 내세웠던, 평신도가 목회의 주체자가 되는 평신도교회 이상을 다시금 세워나가야 할 때라고 믿습니다. 그래서 평신도라는 단어가 이 땅에서 사라지게 만들어야 합니다. 처음에는 목회자가 없이 20년 가까이 진행되어오다가 교인들을 돌보는 전임사역자의 필요성을 느껴 담임목사를 초청하게 되었습니다. 그리고 이후 우리 사회에서 향린교회가 사회선교와 민족문화 수용의 선두주자라는 자신만의 독특한 위상을 세운 것은 사실이지만, 평신도목회라는 관점에서 보면 사실 향린교회는 그때부터 이미 퇴락의 길을 걸었다고 말할 수 있습니다. 저는 평신도목회를 말하면서 정말 우리 교회가 잘 자라 저 같은 담임목사직은 사라져도 좋다고 말할 단계에까지 이르렀으면 좋겠습니다. 전 교인의 성직화. 이것이 성서가 꿈꾸고 예수님이 꿈꾸었던 진정한 교회의 모습입니다.

두 번째 바르나바가 우리에게 주는 중요한 교훈은 공동목회입니다. 이미 시작하였지만 다음달부터 '섬김과 나눔의 작은 공동체'를 본격적으로 시작하고자 합니다. 본격적이라는 말은 온 교인이 100% 참여한다는 말은 아닙니다. 몇 개의 그룹이 시작하지만 그 개념 컨셉을 분명히 하고 출발한다는 말입니다. 그리고 오늘 본문에서 바르나바와 바울로가 안티오키아 교회를 섬겼던 협력목회 혹은 공동목회를 보여준다는 점에서 더욱 그러합니다. 제가 애초부터 장로님들에게 그런 협력을 강조하기는 했지만, 제가 주도할 수는 없었습니다. 그러나 대강 드러난 바에 의하면, 분단의 아픔과 평화적 통일을 고민하는 공동체 모임을 생각하는 김낙중 선생님께서는 임태환 목사님과 더불어 시작하십니다. 스토리텔링이라는 그룹을 통해 삶의 아픔을 비

---

2) 폴 스티븐스, 『21세기를 위한 평신도 신학』(IVP, 2001), 35쪽에서 재인용.

상하는 새의 노래로 변화시키기를 원하는 황선희 집사님은 안정연 권사님과 더불어 공동목회를 하시고자 합니다. 또 좋은 영화보기의 주역이신 정선영 교우님은 홍영진 장로님과 더불어 영화매체를 통한 향린의 선교를 함께 고민하는 공동목회를 계획하십니다. 물론, 어느 그룹이든지 혼자 하는 것은 없습니다. 그러나 처음부터 리더십 자체를 나눠서 하는 것은 매우 바람직한 일입니다. 이 외에 이병희, 최영숙, 이충언, 임승계, 김선용, 이상춘, 이태환 장로님들이 각각 시작을 하며, 들녘교회 공부방을 돕기 위하여 인민지 교우를 중심으로 작은 공동체가 시작합니다.

공동목회라는 섬김과 나눔을 통해 안티오키아 신도들이 비로소 그리스도인이라 불림을 받았다는 오늘의 말씀을 기억하여주시면 좋겠습니다. 더 나아가서 자신을 희생하여서라도 상대방을 세워주는 세움의 목회를 기억하여주시기를 바랍니다. 결국 바르나바는 바울로를 세워주고 그는 역사에서 사라져 갔습니다. 지금 많은 그리스도인들이 사도 바울로를 다 알고 기억하고 있지만, 바르나바를 기억하는 사람은 많지 않습니다. 그러나 바르나바야말로 사람을 세울 줄 아는 진정한 목회자였습니다.

오늘 구약성서 하늘말씀은 사울왕의 아들 요나단이 다윗을 보호해준 아름다운 우정의 이야기입니다만 당시 주위 사람들의 눈에서 보면 요나단과 다윗은 어떤 관계였습니까? 사울왕의 뒤를 이어 누가 왕이 될 것인가를 다투는 경쟁의 관계였습니다. 일단 요나단이 유리한 위치를 점령했습니다. 그는 사울왕의 아들입니다. 그리고 혼자서 불레셋의 군대에 들어가 그들을 무찌른 용맹성은 이미 백성들 안에 널리 퍼져 있었습니다. 떠오르는 별 다윗은 분명히 그에게는 위험한 경쟁자였습니다. 그러나 요나단은 다윗을 경쟁자로 보지 않았습니다. 이 이스라엘 민족을 새롭게 이끌고 갈 위대한 지도자로 보았습니다. 그래서 그는 아버지와 적대관계가 되면서까지 다윗을 보호하였습니다. 요나단이 없었다면 다윗은 없었습니다. 그러기에 저는 다윗

보다 요나단이 더 훌륭하다고 믿습니다.

물론, 이제 시작하는 작은 공동체와 모든 그룹이 다 성공할 것이라고 보지는 않습니다. 잘 되는 공동체도 있겠고 가다가 어려움을 겪는 공동체도 있을 것입니다. 그러나 첫돌을 놓는 섬김이 리더 여러분들은 모두 신앙 안에서 이미 주님으로부터 '잘하였도다!'라는 믿음의 면류관을 받은 것입니다. 모든 사람이 다윗이나 바울로와 같이 위대한 일을 성취하지는 못해도 요나단이나 바르나바와 같이 사람을 길러내고 세우는 사람은 될 수 있습니다. 저는 지금 리더로 나선 모든 분들이 바로 이 꿈을 꾸어주시기를 바랍니다. 거기에 성공의 키가 있습니다. 미국의 흑인 인권운동가인 마틴 루터 킹 (Martin Luther King) 목사는 수많은 박해와 어려움을 겪었습니다. 감옥에 갇히기도 하고 테러로 돌에 맞기도 하고 칼에 찔리기도 하였습니다. 한밤중에 그의 집이 불에 타기도 했고 폭탄이 터지기도 했습니다. 멤피스에서 암살되기 바로 전날 밤 그는 이런 연설을 했습니다.

지금 나에게 무슨 일이 일어날지를 나는 알지 못합니다. 그러나 지금 그것은 나에게 아무런 문제가 되지 않습니다. 왜냐하면 나는 지금 산 정상에 와 있기 때문입니다. 물론 모든 사람들처럼 나도 오래 살고 싶습니다. 그러나 나는 지금 그 문제에 대해서는 신경 쓰지 않습니다. 나는 단지 하느님의 뜻을 행하기를 원합니다. 하느님은 내가 산에 올라갈 수 있도록 허락하셨습니다. 여기서 내가 멀리 내다보았더니 약속된 땅이 보입니다. 내가 당신들과 함께 약속된 땅에 도달할 수 있을는지 모르겠지만 나는 한 백성으로서 우리들이 약속된 땅에 도달할 수 있다는 것을 오늘밤 당신들이 알기를 원합니다. 그러므로 나는 오늘밤 대단히 행복합니다. 나는 어느 누구도 두려워하지 않습니다. 나의 눈은 오직 오실 주님의 영광을 바라봅니다.

마틴 루터 킹 목사. 그는 행복한 사람이었고 성공한 사람이었습니다. 왜
냐하면 암살의 순간에도 약속의 땅에 대한 꿈을 놓지 않았기 때문입니다.

　다 함께 침묵으로 기도하겠습니다.

처음 그리스도인 | 조헌정 목사 |

출애굽기 18:13~23, 사도행전 11:19~26

교회의 본질과 사명

그리스도인의 신앙생활은 교회를 떠나서는 생각할 수가 없습니다. 교회가 무엇인가? 쉽게 하는 답은 하느님이 거하시는 집입니다. 그러나 하느님 혼자 계시는 집이 아닌 그를 따르는 백성들이 함께 거하는 집입니다. 그리하여 교회는 두 가지의 특성을 갖게 되는데, 첫째는 하느님의 백성으로서의 교회이고 두 번째는 그리스도의 몸으로서의 교회입니다. 헬라어로 교회를 에클레시아라고 말하는데, 이는 '밖으로 불러내었다'는 뜻입니다. 하느님의 뜻 실현을 위해 그리고 하느님의 영광을 위해 세상 사람들 가운데 따로 부름받은 백성들이라는 말입니다. 그리고 이들은 따로따로 존재하는 것이 아니라, 예수 그리스도를 머리로 한 몸의 지체들로서 존재합니다. 이 관계를 예수님은 이렇게 말씀하셨습니다. '나는 포도나무요 너희는 가지다. 누구든지 나에게서 떠나지 않고 내가 그와 함께 있으면 그는 많은 열매를 맺는다. 나를 떠나서는 너희가 아무것도 할 수 없다.' 이 열매는 복음의 열매입니다.

그리하여 예수를 머리로 한 교회를 구원의 공동체 혹은 해방의 공동체라고 말합니다. 구원과 해방은 예수 안에서는 하나이지만, 오늘날 구원은 개인적인 차원에서 해방은 사회적인 차원에서 이해됩니다.

세상의 모든 교회는 나름대로의 특색을 갖고 있지만, 크게 보면 네 가지의 기능을 담당하고 있습니다. 예배, 교육, 선교, 친교입니다. 모든 그리스도인은 자신들이 교회 생활을 잘 하고 있는가? 하는 교인됨의 기준을 이 네 가지 점에서 파악해야 합니다.

1. 예배를 통해 하느님을 만나고 이 만남을 통해 힘을 얻고 자녀로서의 본분을 다합니다. 예배를 유형으로 보면 구교는 먹는 말씀인 성례전을 중요시하고 신교는 듣는 말씀인 하늘뜻펴기(설교)를 중요시합니다.

2. 교육은 몸의 골격과 같습니다. 교회는 그리스도인의 영적 성장과 책임 있는 신앙생활에 필요한 모든 것을 서로 가르치고 배워야 합니다.

3. 친교는 우리 몸의 혈관조직과 같습니다. 몸에 피가 통해야 모든 조직이 활발하게 움직이듯이 성도의 교제가 활발해야 합니다. 몸의 한 부분에 피가 가지 않으면 살이 썩어 결국은 몸에서 떨어져 나가듯이 성도의 교제가 끊기면 그 교인은 교회에서 떨어져 나갑니다. 오늘 저는 이 부분에 대해서 강조하는 말씀을 드릴 것입니다.

4. 선교입니다. 신약성서에서 세례를 통해 교회의 일원이 된 하느님의 백성들은 복음의 말씀을 듣고 함께 떡을 떼며 신앙의 양육과 훈련을 받은 다음에는 그리스도의 증인이 되어 세상 속으로 들어갔습니다. 선교는 예수님의 마지막 명령입니다. 이를 마태오복음서에서는 '모든 사람들을 제자 삼아 예수께서 보여주시고 말씀하신 것들을 가르쳐서 지키게 하라'고 말하고 있고 마르코복음서는 '민중의 땅 갈릴래아로부터 다시금 하느님 나라 운동을 시작하라'고 말하고 있고, 루가복음은 '예루살

렘으로부터 이방세계를 향한 새로운 신앙공동체를 시작하는 증인됨'을 말하고 있고, 요한복음서는 '서로 사랑함으로 하나가 되라'고 말합니다. 강조점은 조금씩 다르지만 이는 모두 하느님 나라 운동에 대한 명령입니다. 그런데 이러한 선교 복음 운동을 우리들은 보통 수직적 차원과 수평적 차원 두 차원으로 나누어 이해합니다. 수직적이라 함은 개인의 생명을 구원하시는 하느님의 행동이며 수평적 차원이라 함은 그리스도인들이 누룩과 빛과 소금의 직분을 다하며 이 땅의 정의와 평화를 실현해가는 행동을 말합니다. 개인전도와 사회정의구현은 따로 나누일 수가 없는 것입니다. 오히려 십자가가 수직과 수평이 만나서 이루어지듯이 이 둘이 함께 엮어질 때 진정한 십자가가 세워진다고 말하겠습니다.

교회 중심 목회와 하느님 나라 중심 목회

현재 다수의 남한의 교회는 이 수평적 선교를 소홀히 합니다. 복음전도만으로 선교를 다 하고 있다는 착각 속에 있습니다. 물론 향린교회는 반대로 수직적 선교를 소홀히 하는 경향이 많이 있습니다. 그런데 개인 영혼구원이라는 수직적 선교를 강조하는 교회들은 교회지상주의가 되어 교회를 키우는 일을 곧 선교의 최종목적으로 삼고 맙니다. 외국에 선교사를 파송하지만, 궁극적인 목적은 교회를 양적으로 키우는 일입니다. 그리하여 성수주일이라든가 십일조, 전도를 매우 강조하는 목회를 하게 됩니다. 반면 정의평화 구현이라는 수평적 선교를 지향하는 교회들은 하느님 나라라는 큰 목표를 세우지만 교회의 활동이 소홀히 취급을 당합니다. 성수주일 혹은 십일조를 율법적인 것으로 이해함으로써 교인으로서의 의무를 소홀히 합니다. 교회지상주의의 목회를 하는 교회들은 교회 안에 일꾼들이 차고 넘쳐 일이나 직분을 서로 하려고 하는 싸움이 일지만, 하느님 나라 목회를 하는 교회들은 서로 하지 않으려고 하여 일꾼 부족의 어려움을 겪고 있습니다. 눈치가 빠른 분들은 제가 무슨 얘기를 하고자 하는지 이미 눈치를 챘을 줄 압니다.

오늘 장로를 뽑는 공동의회가 열리는데, 뽑혀도 사양하는 분들이 많습니다. '부족하지만 최선을 다해 봉사하겠습니다' 하는 마음이 신앙인의 바른 자세라고 믿습니다. 목요일에는 교역자들이 모여 올 한 해를 돌아보며 내년을 준비하는 모임을 가졌습니다. 그런데 전도사님들은 한결같이 유아부로부터 유치부, 유초등부, 중고등부에 이르기까지 교사 충원에 어려움을 겪고 있다고 말합니다. 실천이 없는 믿음은 죽은 믿음이라고 하는데, 교인들이 예배에만 들어오려고 합니다. 바라기는 여러분의 믿음 성장을 위해, 교사나 다른 필요한 부서에 가서 실천을 하시기 바랍니다. 나중에 보다 준비된 신앙인이 되어서 봉사하겠다는 생각을 갖고 있는 분도 가끔 있는데, 바른 생각이기는 하지만 배움과 실천은 병행되어야 하는 일입니다. 봉사하면서 배움을 점검하고 배워가면서 새로운 깨달음과 힘을 얻는 것입니다. 물론 세상에서 하는 실천이 더 중요하겠지만, 교회 안에서 훈련받은 사람이 교회 밖에서 더 큰 실천을 하게 됩니다. 교회는 분명히 예수님을 따라 교회 중심의 목회가 아닌 하느님 나라 중심의 목회를 지향해야 합니다. '하느님이 세상을 사랑하사 독생자를 주셨으니…….' 성서는 하느님이 교회를 사랑하사 아들 예수 그리스도를 주셨다고 말하지 않습니다. 세상을 사랑하사 예수 그리스도를 보내신 것입니다. 세상은 하느님에 의해 창조되었지만 교만과 욕망으로 인해 하느님으로부터 멀어졌습니다. 그리하여 교회는 이 세상을 하느님의 것으로 회복하는 일에 부름받은 도구입니다. 사도 바울로는 에페소서 3장 10절에서 "이렇게 되어 결국 하늘에 있는 권세의 천신들과 세력의 천신들까지도 교회를 통하여 하느님의 무궁무진한 지혜를 알게 되는 것입니다. 이 모든 것은 우리 주 그리스도 예수를 내세워 이루시려고 작정하신 하느님의 영원한 계획입니다"라고 말합니다. 교회는 이 땅 위에서 하느님의 지혜가 드러나는 곳입니다. 교회 자체에 영구불변의 존재 목적이 있는 것은 아닙니다. 그러나 하느님은 교회를 통하여 그의 백성을 모으시고 그의 나라를 이루어가십니다. 그러니까 우리는 진정한 하느님 나라 건설을 위해 교회를 바로 세워 나아가야 할 책임이 있는 것입니다.

오늘날 많은 교회들이 교회의 본질과 사명을 오해하여 교회를 그저 건물이나 모임, 프로그램, 목사, 설교, 전도, 교회성장 등으로 인식하고 있습니다. 또 더욱 위험한 일은 현대의 안락하고 물질주의적인 생활방식에 맞춰 자기 필요에 따라 성서의 말씀을 해석한다는 것입니다. 어떤 경우는 지나치게 영적으로 해석하고 어떤 경우는 지나치게 문자적으로 해석합니다. 예를 들면, '가난한 자들에게 복음을 전하고 눈먼 자의 눈을 뜨게 하고 갇힌 자들에게 자유를 선포하라'는 말씀은 영적인 의미로 해석해야 한다고 주장하면서 '그리스도를 받아들이면 누구나 부유해지고 자유함을 얻게 된다'거나 '주의 이름으로 구하면 다 이루리라'는 축복의 말씀은 문자적으로 해석하여 기도하면 모든 소원이 다 이루어진다고 말합니다. 오래오래 건강하게 살고 부자가 되고 죽어서는 낙원의 땅 천국에 간다고 말합니다. 그러나 교회를 그리스도의 몸이요 하느님의 거룩한 집이요 새로운 가족이요 공동체로 이해하는 한 이렇게 자기 필요에 따라 제멋대로 해석하지는 않을 것입니다.

생활목회자와 교회목회자

교회를 바로 세워나가는 책임을 지는 일을 목회라 하고 이를 담당하는 사람을 목회자라고 얘기합니다. 그런데 문제는 목회자가 누구냐? 하는 질문을 하면 거의 모든 사람이 목사라고 답을 한다는 것입니다. 그런데 이는 틀린 답변일뿐더러 비성서적이고 예수님의 사상과 행동에 반역하는 말입니다.

예수님께서 당시 예루살렘 성전을 중심으로 하는 종교지도자들과 부딪힌 일은 겉으로는 안식일법이나 정결법의 해석과 관련이 있지만, 실제에 있어서는 하느님 나라가 예루살렘 성전 안에서 그리고 성전을 통해서만 이루어지는 것이 아니라 사람을 통해서 그것도 소외당하고 빼앗기고 멸시당하는 민중들을 통해서 이루어진다고 선포하신 것 때문입니다. 이 일로 예수님은 십자가에 죽임을 당하신 것입니다. 그리하여 예수를 따르는 사람들에 의해 새로운 신앙공동체가 시작되었습니다. 그러나 몇 백 년의 세월이 흘러 중세 교회에 이르러 교황을 머리로 한 성직자 그룹이 다시금 잘못을 저지릅니다. 이때 루터, 칼뱅, 츠빙글리와 같은 개혁가들을 통해 다시금 예수님의 민중 정신이 불러일으켜졌습니다. 선택된 소수만이 사제가 아니라 만인이 사제임을 천명한 것입니다. 교인들을 복음의 대상에서 복음의 주체로 회복시켰습니다. 그런데 500년의 시간이 흐른 오늘날 또다시 목사들만이 사제요 목사가 아닌 사람들은 소위 평신도라고 말하면서 교인들을 다시금 복음의 객체로 전락시키고 있습니다. 이는 분명한 잘못입니다.

저는 그리하여 이 만인사제직, 목사가 아닌 비목사 평신도들이야말로 복음의 주체요 목회의 주체라고 하는 진리를 향린교회 안에서 회복하기 위해 여러 개혁적인 일들을 시도하여왔습니다. 목사들만의 전유물로 여겨진 하늘뜻펴기(설교)에 교우들이 참여하도록 하였고, 심지어는 축도도 함께 드리고 있습니다. 특별한 절기에는 여러분들은 목에 사제의 후드를 걸기도 합니다. 앞으로는 성찬 집례식에도 여러분과 함께 할 것입니다.

정관 제정을 통한 새로운 목회운영위원회도 단순히 교인들의 참여를 유발하는 민주적 목회를 하자는 것을 넘어서서 목회가 여러분의 몫이기에 여러분에게 돌려드리는 것임을 분명히 밝힙니다. 교회 목회의 주연은 여러분이고 저는 여러분이 바른 목회를 할 수 있도록 돕는 조연자라고 하는 것을 말씀드립니다. 그래서 저는 평신도라는 용어를 바꾸었으면 합니다. 평신도라는 말은 이에 반대되는 평범하지 않은 특수신도를 은연중에 떠올리게 만듭니다. 평신도는 본래 목사가 아닌 모든 교인을 일컫는 말이지만, 요즈음은 장로나 집사가 아닌 비제직자들을 일컫는 말로도 사용됩니다.

이런 얘기가 있습니다. 어떤 목사가 죽어서 천당을 들어가는데 문지기를 보던 베드로가 신문을 보다가 힐끗 한번 쳐다보고는 말도 걸지 않는 것이었습니다. 그런데 뒤따라오던 장로가 들어오니까 이 베드로가 보던 신문을 확 집어 던지더니 "아이고 여기까지 오느라 수고 많았다" 하면서 어쩔 줄을 몰라 하더라는 것입니다. 그래서 이 목사가 너무 화가 나서 베드로에게 따졌지요. "베드로 사도님, 나는 평생을 주를 위해, 교회를 위해 몸을 바친 목사였고 저 사람은 가끔 와서 교회에 봉사하는 장로였습니다. 어떻게 목사였던 나를 무시하고 장로를 반길 수 있습니까?" 그러자 베드로는 이렇게 답합니다. "야, 너는 돈 받으면서 주를 섬겼고 저 사람은 돈을 내가면서 섬기지 않았느냐?"

저는 이게 당연하다고 생각합니다. 돈을 내가면서 주를 섬기는 여러분이 하늘나라에 가면 저보다 환대를 받아야 할 것입니다. 그리고 그 환대는 하늘나라에서뿐만 아니라 이 땅에서도 그래야 한다고 생각합니다. 그런데 실상은 그렇지 못하거든요. 저는 그래서 목사와 교인을 구별하는 평신도라는 용어를 바꿔야 한다고 생각합니다. 오늘날 이 말은 오해의 소지가 많으니 쓰지 말자는 것입니다. 그래서 제가 고민 끝에 생각해낸 용어가 모든 교인들은 '생활목회자'라 부르고 목사는 '교회목회자'라고 부르자는 것입니다. 여러분도 목회자이고 저도 목회자입니다. 여러분은 생활 속에서 삶 속에서 목회를 실천하는 실천목회자이고 저는 교회에서 여러분을 이론적으로 가르치는 이론목회자입니다. 여러분은 하느님 나라 최전선에서 싸우는 일선목회자이고 저는 후방에서 지원하는 후방목회자입니다. 여러분은 직접 발로 뛰는 선수목회자이고 저는 코치목회자입니다. 그런데 요즘은 이것이 잘못되어 목사가 선수가 되고 교인들은 구경꾼이 되어 박수나 치거나 잘하는지 못하는지나 따지고 비판하는 모양새가 되었습니다. 여러분, 목사는 선수가 아닙니다. 선수는 여러분이 되어야 합니다. 그리고 저는 훈련하는 코치입니다. 구경꾼은 누구입니까? 하느님과 예수 그리스도와 성령님이십니다.

파레토의 법칙

들어보신 분이 많겠지만, 20세기 초 이탈리아 출신의 경제학자이자 사회학자인 파레토(Vilfredo Pareto)는 80/20 법칙으로 알려진 새 이론을 내놓았습니다. 경제적인 관점에서 얘기한다면 한 개인이나 단체가 목표했던 목적의 80% 정도는 20% 정도의 노력으로 달성할 수 있다고 하는 이론이고, 사회학적인 관점에서 얘기한다면 어느 집단에 100명의 인원이 있다면 실제 일하는 사람은 20명 정도이고 나머지는 이를 돕거나 방관하는 사람들이라는 학설입니다. 곤충학자들의 연구에 의하면 땅을 부지런히 기어 다니는 개미들이라고 해서 다 일을 하는 것은 아니라고 합니다. 실제로 일을 하는 개미는 백 마리 중에 20~30마리 정도라는 것입니다. 나머지는 그저 적당히 왔다 갔다 한다는 것입니다. 그러면 일을 열심히 하는 개미들만 백 마리를 모아놓으면 어떤 결과를 가져오는가? 백 마리가 다 열심히 일을 하는가? 그렇지 않고 그중에서 20~30%만 일을 한다는 것입니다. 이 법칙을 파레토의 법칙이라고 부릅니다.

그래서 큰 회사의 고용매니저들은 이 법칙을 많이 이용하여 매년 상위 20%는 보상을 하는 반면 하위 10%는 해고하는 방식을 취하고 있습니다. 교회는 수익을 목적으로 하는 회사는 아니니까 누가 잘한다고 특별히 보상을 할 수도 없고 못한다고 해고를 시킬 수도 없습니다. 오히려 신앙공동체는 잘 못하는 사람들을 격려하고 그들을 세워나가는 '작은 자 우선의 법칙'을 갖고 있습니다. 그래서 경제적 관점에서 보면 매우 비효율적입니다.

그런데 이상하게도 교회는 세상의 조직과 다른 비영리단체이며 순전히 자원에 의해 운영되기에 달라야 하는데 이 파레토의 법칙이 적용됩니다. 저희 교회는 등록 장년교인이 500명에 달하지만, 평균출석수는 300명 정도입니다. 그렇다면 이 300명이 교회의 각 필요한 분야에서 열심히 일을 하고 있는가? 아닙니다. 파레토의 법칙이 적용된 약 60명 정도입니다. 그리고 이 파레토 법칙이 우리에게 제시하는 것은 그 정도의 숫자만 열심히 일을 하면 교회는 제대로 성장해간다는 것입니다.

예수님 주위에 수많은 사람들이 몰려다녔지만 핵심 제자가 있었습니다. 복음서는 보냄을 받은 70명의 사도들이 있었고, 12명의 제자들이 있었다고 말합니다. 이 외에도 니고데모, 라자로(나사로), 아리마태아 요셉(아리마대 요셉) 등 보이지 않는 남성 제자들이 있었고 여러 명의 여성 제자들도 있었습니다. 그리고 12명의 제자 가운데서도 특별히 베드로, 야고보, 요한 세 제자를 핵심 제자로 중요한 일에 데리고 다니셨고 그중에서도 베드로를 수제자로 삼았습니다. 그러니까 모든 인류를 사랑하신 예수님마저도 사회학적 눈으로 보면 매우 체계적인 조직구조를 택하셨음을 볼 수 있습니다. 이것이 상하구조였는지는 모르겠지만, 정보를 나누고 어떤 의사결정을 함에 있어서는 소수만 참여하였다는 사실을 볼 수 있습니다. 이것은 차별이 아니라 효과적인 사역을 위함이었습니다.

우리 교회에서 파레토의 법칙 20%에 해당하는 분들이 장로요, 신도회장과 부서장들로 구성된 목회운영위원이요, 그리고 교사들과 계수위원들입니다. 성가대나 예향단원도 여기에 포함시킬 수 있겠지만, 이것은 본인들이 원해서 하는 봉사이니까 조금은 차이가 있습니다. 물론 이 일들은 모두 영구직이 아니고 돌아가면서 임기 동안에 일을 합니다. 그러면 나머지 분들은 이분들을 도와서 함께 일을 하여나가는 것입니다. 우리 교회에는 모든 분들이 참여하는 기본적인 세 개의 조직이 있습니다. 성별 연령에 따른 신도회, 봉사하는 일에 따른 부서회, 사는 지역에 따른 구역회입니다. 한 사람이 이 모든 일에 다 열심을 낼 수도 없고 계속해서 몇 년 동안 지도자로 일할 수도 없습니다. 분업이 필요하고 돌아가며 봉사하는 일이 필요합니다. 봉사를 계속 하더라도 일을 바꿔가며 봉사하시기를 바랍니다. 올해에 성가대를 했다면 다음해에는 교사로 일을 해보고 관리부에 있다가 사회부로도 가보고, 부장을 했다가 부원으로 섬기기도 하여보시기 바랍니다. 친교 시간에 차도 따르고, 컵도 씻어보고, 주차관리도 해보시고 다양한 경험을 가져보시기를 바랍니다. 이런 다양한 경험을 하여본 후에 목회운영위원도 해보시고 장로도 해보시기를 바랍니다.

오늘 저희들이 예배 후 장로 세 분을 뽑는 1차 투표를 하게 됩니다. 교인 게시판에 오늘날 남한 교회에서 행해지는 장로직의 잘못된 부분들을 언급하면서 과연 우리 교회에 장로님이 더 필요한가? 하는 질문이 던져졌기에 제가 장로가 필요한 이유에 대해 짤막한 답변을 드렸습니다. 저는 그동안 향린교회에 와서 장로님들이 해야 할 일은 교회 운영이나 행정이 아닌 사람을 세우고 섬기는 일임을 자주 말씀드려왔습니다. 에페소서 4장 11절과 12절에 나오는 '성령은 각 사람들에게 직분을 주셨는데, 그것은 성도들을 준비시켜서 봉사 활동을 하게 하여 그리스도의 몸을 자라게 하시려는 것입니다'라는 말씀을 기회 있을 때마다 말씀드렸습니다. 교회 행정의 일을 하는 것이 아닌 교인들을 섬기는 일임을 말씀드렸습니다. 한 분 한 분이 바르게 생활목회자로서 설 수 있도록 도움을 베풀고 이끌어주는 역할을 담당하는 것이 장로목회자로서 할 일입니다. 이제 교회 운영과 행정의 대부분은 목회운영위원회로 넘어갔습니다. 이제야말로 본격적으로 사람을 섬기는 일에 열중해야 할 때입니다.

작년에도 전 교인 명단을 두고 장로님들이 섬김의 훈련을 하도록 분담하였습니다. 그랬더니 한 사람 앞에 40명이나 되었습니다. 본인들도 일을 하면서 전화 한 번 하는 일이 쉽지 않았습니다. 지금 아홉 분의 장로님들만으로는 이런 섬김의 목회를 제대로 할 수가 없습니다. 실은 본격적으로 하려면 10명이나 15명에 한 명씩 이런 지도자가 있어야 합니다. 예수님도 12명밖에 섬기지 못했습니다. 3년이나 훈련시켰지만, 결정적 순간에 그중 한명은 배반했고 나머지는 모두 도망을 쳤습니다. 그러니 사실 10명도 제대로 하려면 많은 것입니다. 그렇다고 우리가 지금 현재 50명의 장로를 뽑을 수는 없으니 조금씩 그 인원을 늘려갔으면 하는 것입니다. 장로님의 숫자를 적게 하는 것이 장로들로 인한 문제를 덜 야기시킬 것으로 생각하는 사람들도 많지만, 이는 문제를 피해가는 방법이지 해결의 방법은 아닙니다. 오히려 장로의 역할을 보다 분명히 하고 숫자를 늘려야 하는 것입니다. 모든 교인들이 평생 한 번은 장로의 직분을 감당하도록 하는 것이 바람직한 방법입니다. 출애굽기의 본문은 흔히 장로를 세워나가는 일에 있어 근거가 되는 말씀으로 자주 애용됩니다. 여기서 중요한 것은 지도자 한 사람이 모든 일을 다 감당할 수 없으니 함께 짐을 나누어진다는 협력목회의 관점입니다.

향린교회의 장로

그러면 지금 우리 향린교회에서 섬김의 직분을 감당할 만한 장로의 역할은 무엇인가? 그것은 지금 반 이상이 활동이 중지되어 있는 구역을 하나씩 맡아 그 안에서 섬김과 봉사가 일어나도록 하는 일입니다. 보다 본질적인 의미에서 초대교회에서와 같이 '가르침을 듣고 서로 도와주며 떡을 나누어 먹고 기도하는' 작은 신앙공동체로 되살아나는 일입니다. 장로님들이 생활 목회자가 되어 그들을 돌보는 일을 하는 것입니다. 물론 장로님 혼자서 하는 일은 아닙니다. 파레토의 법칙에 따라 그 안의 권사님들과 집사님들 또

한 목회자의 심정으로 장로님을 도와야 합니다. 지금 저희 교회에서는 이 일이 매우 중요합니다. 그렇게 되면 우리가 하는 사회적 선교는 더욱 많은 힘을 받게 될 것입니다.

지난주에 우리는 전태일 동상 앞에 모여 거리기도회를 가지면서 우리의 결의를 새롭게 하였습니다. 우리 어르신들을 중심으로 많은 교우들이 참석하여 주셨습니다. 향린교회의 특성을 잘 살린 모임이었습니다. 그런데 만약 누군가가 이끌어주는 일이 있었다면 훨씬 더 많은 교인들이 참석하였을 것이라고 저는 믿습니다. 장로님들이 생활목회자로서 어린 양들을 도와주었다면 교인 전체가 참여하는 기도회가 되었을 것입니다.

우리가 예수의 피로 거듭났다, 구원받았다, 새롭게 되었다는 말은 단지 마음의 변화, 생활의 변화만을 뜻하는 것이 아닙니다. 새로운 가족관계가 형성되었음을 말합니다. 지금까지는 같은 성의 한 아버지 어머니 밑에서 태어나고 한 지붕 밑에서 살아가는 사람만을 가족으로 여겼지만, 이제부터는 그리스도로 연결되고 한 교회의 지붕 아래 있는 모든 사람이 나의 형이요 누나요 동생이요 어머니요 아버지요 이모요 고모부요 할아버지 할머니가 되었음을 알아채는 것입니다. 이것이 진정 그리스도 안에서 거듭난 사람들의 깨달음입니다.

지금까지도 향린교회는 우리 사회에 많은 영향을 주었지만 더 큰 영향을 주고 사회적 변화를 이끌어낼 수 있는 역량이 있습니다. 저는 없는 것을 억지로 만들어내기 위해서가 아니라 이미 있는 자원과 역량을 충분히 발휘할 수 있는 교회가 되기를 바라는 것입니다. 우리 교우들은 모두가 지도자가 될 수 있는 사람들입니다. 그렇다면 모두가 지도자로 설 수 있도록 교회 조직을 바꾸고 그렇게 노력하면 됩니다. 이 일을 위해 여러분들은 저와 같은 목사들을 부른 것입니다. 저한테 '무슨 일을 해야 합니까?'라고 묻는 것이 아니라, '목사님, 제가 이런 목회를 하였으면 하는데 저를 좀 도와주십시오. 말씀으로 훈련시켜주시고 기도로 도와주십시오'라고 물어주십시오. 생각을 바꾸시기 바랍니다. 왜냐하면 여러분은 이 일을 위해 선택된 사람들이며 하느님의 사제들이기 때문입니다(벧전 2:9). 여러분은 예수님의 말씀처럼 예수님이 하신 일을 할 수 있을뿐더러 이보다 더 큰 일도 할 수 있기 때문입니다(요한 14:12).

동료 목사님들을 만나면 장로님들을 많이 뽑지 않습니다. 구멍을 작게 만들어 경쟁을 시키는 의미도 있고, 다른 한편으로는 무슨 일을 결정할 때 사람이 많으면 의견이 많아지기 때문입니다. 우스갯소리로 옛날 미국의 작은 마을에서 교회에 불이 났다고 하니 침례교인들은 물통을 들고 나오는데, 장로교인들은 빨리 당회를 소집해 어떻게 할지를 의논하자고 하고, 감리교인들은 감독에게 먼저 알리고 지시를 받아야 한다고 하더라는 것입니다. 사공이 많으면 배가 산으로 올라간다는 말이 있듯이 머리가 많으면 말만 많습니다. 그러나 발이 많은 것은 좋습니다. 사람을 섬기는 일은 많을수록 좋은 것입니다. 저는 그래서 장로의 역할을 사람을 섬기는 목회로 하고, 그 일을 위해 많은 사람을 뽑자는 것입니다. 장로가 많으면 좀 이상하지 않느냐? 이럴 때 하는 말이 패러다임 전환입니다. 본질에 입각해서 사고구조를 바꾸면 전혀 다른 길이 보입니다.

저는 여러분 모두가 장로가 되기를 희망합니다. '아니, 목사님 꿈에서 깨십시오. 그건 하나의 이상에 불과합니다.' 정말 그렇습니까? 여러분 모두를 장로로 세우는 일이 불가능한 일입니까? 사관학교는 장교만을 배출합니다. 우리 향린교회는 일종의 사관학교같이 사회적 지도자를 훈련하는 교회입니다. 만약에 이곳에 나는 사회에 나가 졸병이 되겠다고 생각하시는 분이 계시면 논산 훈련소로 가시기 바랍니다. 꿈에서 깨어날 사람은 제가 아닌 여러분입니다. 흔히 기장 목사님들이 말하기를 기장 교회의 교인 한 명은 다른 교단 교회의 열 명과 같다고 말합니다. 왜냐하면 다른 교단들이 기장 교회를 구원이 없다고 말하고 이단이라고 말하기 때문입니다. 그래서 교회 간판을 보고 교인들이 왔다가도 기장 교단인 줄 알면 떠나가는 경우가 비일비재합니다. 거기에다 향린교회는 기장 교단 중에서도 구원 없는 교회로 비난을 받습니다. 그래서 향린교인들은 기장 교인들 가운데서도 열 배 이상의 고과점수를 받는 교인들입니다. 그래서 저는 우리 교인 숫자를 하느님 나라 수학방정식을 도입하여 등록교인 곱하기 열, 거기에 곱하기 열을 하고 있습니다. 향린교회는 세상을 바꾸는 교회이며 정의와 평화의 하느님 나라를 펼쳐나가는 일에 지도자를 양성하는 섬김의 훈련 교회입니다.

안티오키아 교회의 지도자

저는 이렇게 사람을 세우는 일에 본을 보인 한 사람을 소개하고자 합니다. 그는 다름 아닌 오늘의 성서에서 읽은 바르나바입니다. 사도행전 4장에 의하면 그는 키프로스 섬 출신으로 예루살렘 초대교회에 새롭게 등장한 지도자였습니다. 그의 본명은 요셉이었습니다. 바르나바라는 별명을 얻게 된 것은 그가 위로하고 권면하는 일을 너무 잘하였기 때문입니다. 사람을 세우는 목회를 한 사람입니다. 그는 예수님과 함께 한 제자는 아니었습니다. 사도라고 불리지도 않았습니다. 그러나 그는 초대교회의 지도자였고, 안티오키아 교회의 초대 목회자로 일했습니다. 물론 혼자는 아니었습니다. 사도행전 13장에 보면 이 교회의 지도자들 이름이 5명이 더 언급됩니다. 안티오키아 교회 교인들이 50명이었는지 500명이었는지 알 길은 없지만 여러 지도자들이 있었습니다.

바르나바가 이 안티오키아 교회를 섬길 때에 교회가 성장합니다. 이때 바르나바는 사울을 동역자로 데려옵니다. 이는 쉬운 결정은 아니었습니다. 왜냐하면 당시만 해도 사울이라는 사람은 교회핍박자로 널리 알려진 악질이었기 때문입니다. 변화되었다는 소문은 있었지만, 바르나바 외에는 그의 변화에 대해 확신을 갖는 사람이 별로 없었습니다. 그러나 바르나바는 교인들을 설득하고 몇 주일을 걸어서, 다르소에 가 있던 사울을 데려옵니다. 그런 후 일 년 동안 이 두 사람은 신도들과 함께 하며 이들을 가르칩니다. 성서본문은 "이때부터 안티오키아에 있는 신도들이 처음으로 그리스도인이라고 불리게 되었다"라고 말합니다. 바르나바의 위로하고 권면하는 달란트와, 헬라문명에 능통하고 구약성서 말씀에 해박하며 그리스도의 십자가와 부활을 확신 있게 고백하는 사울의 달란트가 서로 만나 가장 이상적인 교회공동체를 만들어낸 것입니다.

처음 그리스도인의 의미

안티오키아 교회 이전에도 초대교회에는 많은 신도들이 있었습니다. 120명의 신도들이 마르코의 다락방에서 기도하다가 성령의 충만함을 받았고, 예루살렘 교회에는 베드로의 설교를 듣고 회개하고 믿은 사람이 5천 명이나 되었습니다. 그런데 갑자기 안티오키아 교회 얘기를 하면서 사람들이 그들을 처음으로 그리스도인이라고 불렀다는 것입니다. 이건 무슨 뚱딴지같은 얘기입니까? 그러면 그전에는 뭐라고 불렀나요?

우선은 열두 제자를 향해 사도라고 불렀고, 다락방에 모인 120명에 대해 '교우'라고 번역을 했고(사도 1:15) '신도'들과 '믿는 사람'이라는 표현이 나옵니다. 쉽게 말하면 지금 이 사도행전을 기록한 루가는 이 바르나바와 바울로와 더불어 일 년을 지낸 안티오키아 교회의 교인들을 그 이전의 교인들과 구분하여 부르고 있다는 사실입니다. 그렇다면 교인 혹은 신도와 그리스도인의 차이는 무엇인가? 루가는 어떤 관점에서 이런 표현을 쓰고 있는가? 신도는 믿는 사람이었다는 말입니다. 그러면 그리스도인은 그냥 믿는 사람은 아니었다는 말입니다. 우리는 그리스도인을 그리스도를 믿는 사람이라고 쉽게 표현합니다만, 루가는 이것을 구분한 것입니다. 우리가 아는 대로 후에 안티오키아 교회는 이 바르나바와 바울로를 선교사로 세워 파송을 합니다. 이를 감안하면 안티오키아 이전의 교인들은 그리스도를 믿는 사람들이었지만 이 믿음은 피동적인 믿음, 종교적인 의미에서 예수를 구주로 믿는 사람들이었다는 말입니다. 그러나 안티오키아 교인들은 믿는 교인들에서 한 발자국 더 전진하여 이 믿음을 전파하는 사람으로 바뀌었던 것입니다. 그리스도를 믿는 사람에서 그리스도를 전파하는 사람으로, 그리스도와 같이 생각하고 그리스도와 같이 말하고 행동하고 그리고 무엇보다도 그리스도를 믿는 사람을 만들어내는 지도자적인 교회로 탈바꿈하였다는 것을 말하는 것입니다. 안티오키아 교인들은 그냥 예수 믿어 축복받자 그런 식의 1차원적인 교인의 틀을 벗어나 자신의 삶을 바쳐서 세상을 변화시켜보자는 변화의 주체자로 바뀐 것입니다.

우리가 구원받은 백성이라는 말은 세상의 가치에 더 이상 매이지 않고 하느님 나라의 가치에 매여 산다는 말입니다. 하느님 나라의 가치는 무엇입니까? 사도 바울로가 로마서에서 명쾌하게 말하고 있습니다. 로마서 6장 13절은 "여러분의 지체를 죄에 내맡기어 악의 도구가 되게 하는 일은 없어야 합니다. 오히려 여러분은 죽었다가 다시 살아난 사람으로서 여러분 자신을 하느님께 바치고 여러분의 지체가 하느님을 위한 정의의 도구로 쓰이게 하십시오"라고 말합니다. 12장에서는 더욱 강력하게 말합니다. "여러분 자신을 하느님께서 기쁘게 받아주실 거룩한 산 제물로 바치십시오. 그것이 여러분이 드릴 진정한 예배입니다." 오늘 여러분은 예배를 드리러 왔습니다. 예배를 보러 온 것이 아니라 여러분 자신을 드리러 왔습니다.

여러분을 향한 사도 바울로의 권면의 말씀입니다. "형제 여러분, 하느님께서는 자유를 주시려고 여러분을 부르셨습니다. 그러나 그 자유를 여러분의 육정을 만족시키는 기회로 삼지 마십시오. 오히려 여러분은 사랑으로 서로 종이 되십시오"(갈라 5:13). 성서가 말하는 자유는 종이 되는 자유입니다. 다른 사람의 자유를 위해 섬김의 종이 되는 자유를 말합니다. 다른 사람의 발을 씻기는 자유 말입니다.

오늘 나에게 임한 하늘뜻을 생각하며 다 함께 침묵으로 기도하겠습니다.

엮음 / 향린 생활목회자 하늘뜻펴기 모음 편찬위원회

향린교회의 '생활목회자 하늘뜻펴기(평신도 설교)'는 조헌정 목사의 시무기간(2003~2017)에 집중적으로 진행되었다. 이는 당초 '평신도 교회'로 출발한 향린교회 창립정신의 구현인 동시에 '평신도 또한 목회자와 동일하게 목회적 사명을 부여받았다'는 교회개혁 정신의 실천이었다. 여러 가지 방식이 시도되었지만 최근에는 대개 '세계교회의 성서일과'에 따른 성서 본문들에 맞추어 생활목회자가 먼저 하늘뜻을 펴고, 이어서 교회목회자가 같은 본문을 갖고 하늘뜻을 펴는 방식으로 진행되고 있다. '하늘뜻펴기 모음'은 그렇게 해서 지난 14년 동안 향린강단에서 진행된 생활목회자 하늘뜻펴기들 가운데 일부를 가려 모은 것이다. 창립정신, 사회선교, 교회갱신 등의 9개 주제에 적합한 내용들만 간추렸다. 때마침 기독교개혁 500주년 되는 해에 펴내는 이 평신도 설교 모음이 한국 사회에서 여전히 사회선교와 교회갱신을 위해 노력하고 있는 한국 교회의 숨은 일꾼들, 그중에서도 평신도 주체성의 계발과 확산에 진력하고 있는 이들에게 작지만 의미 있는 선물이 되기를 기대한다.

향린 생활목회자 하늘뜻펴기 모음 편찬위원회 명단 (가나다순)

고상균, 김숙영, 김종수, 김지수, 김창희, 김형민, 정상희, 정수영, 조헌정, 한세욱, 홍이승권

자유인의 하늘뜻펴기
향린교회 평신도 설교 모음

ⓒ 향린 생활목회자 하늘뜻펴기 모음 편찬위원회, 2017

엮음 향린 생활목회자 하늘뜻펴기 모음 편찬위원회
펴낸이 김종수
펴낸곳 한울엠플러스(주)
편집책임 배유진

초판 1쇄 인쇄 2017년 5월 12일
초판 1쇄 발행 2017년 5월 19일

주소 10881 경기도 파주시 광인사길 153 한울시소빌딩 3층
전화 031-955-0655
팩스 031-955-0656
홈페이지 www.hanulmplus.kr
등록번호 제406-2015-000143호

Printed in Korea
ISBN 978-89-460-6280-1 03230 (양장)
      978-89-460-6343-3 03230 (반양장)

* 책값은 겉표지에 표시되어 있습니다.